大学生常见心理问题及心理健康教育对策研究

王晶 著

WUHAN UNIVERSITY PRESS
武汉大学出版社

图书在版编目(CIP)数据

大学生常见心理问题及心理健康教育对策研究/王晶著.—武汉：
武汉大学出版社,2024.9
ISBN 978-7-307-24123-7

Ⅰ.大…　Ⅱ.王…　Ⅲ.大学生—心理卫生—健康教育—研究
Ⅳ.G444

中国国家版本馆 CIP 数据核字(2023)第 220674 号

责任编辑:周媛媛　冯红彩　　　责任校对:牟　丹　　　版式设计:文豪设计

出版发行:**武汉大学出版社**　　(430072　武昌　珞珈山)
　　　　　(电子邮箱:cbs22@whu.edu.cn　网址:www.wdp.com.cn)
印刷:武汉图物印刷有限公司
开本:720×1000　1/16　印张:14　字数:218 千字
版次:2024 年 9 月第 1 版　　2024 年 9 月第 1 次印刷
ISBN 978-7-307-24123-7　　　定价:68.00 元

前　言

　　大学阶段是个体身心发展、知识储备、健康素养培养的关键时期。我国高校心理健康教育起步于 20 世纪 80 年代中期。加强心理健康教育，提高大学生心理素质，促进大学生身心健康和谐发展等已成为现今各大高校的教育目标和任务。几十年来，我国的高校心理健康教育经历了由个体心理咨询到面向全体学生心理健康教育的过程，经历了大学生从回避、不配合到现在主动进行咨询、配合治疗的过程，这些都表明了大学生心理健康教育不仅有长足的发展，而且已经受到社会的重视。

　　2022 年，教育部将"加强和改进学生心理健康教育工作，实施学生心理健康促进计划，做好科学识别、实时预警、专业咨询和妥善应对"作为年度工作要点之一。

　　中国科学院心理研究所、社会科学文献出版社联合发布了我国第三本心理健康蓝皮书，书中收录了《2022 年大学生心理健康状况调查报告》，调查结果显示：我国大学生总体心理健康状况良好，但应该加强对大学生的生活方式、生涯规划和恋爱心理健康教育的关注。

　　本书分别从大学生人际交往心理、恋爱心理、就业心理、网络心理等角度切入，在全国多所高校发放问卷 1600 份，通过实地访谈，结合大量第一手的数据和材料，展现当代大学生生活、学习、社交等方面的心理状态，以期通过科学分析和有效探讨，对问题进行归因，提出有针对性的对策与建议。

　　大学生心理健康教育是高等教育的重要内容和任务。大力加强新时代大学生心理健康教育工作是时代发展的需要，是社会全面发展、培养创新人才的必然要求。这对提高新时代大学生适应社会生活的能力，培养大学生良好的个性心理品质，促进大学生身心素质提高和全面协调发展，提高高等教育德育工作的针对性、实效性和主动性，都具有重要意义。

目 录

第一章 心理健康及心理健康教育相关概念解析

对大学生心理健康教育进行研究，首先需要对大学生心理健康教育的内涵进行一定的了解与探索，只有这样才能为后续的工作提供基本保障。

第一节 大学生心理健康教育

明确大学生心理健康教育的基本概念是保证高校开展大学生心理健康教育具有正确思维的基础。而且需要在此基础上理解相关概念的外延，厘清彼此的关系。

一、心理健康及心理健康教育的相关概念

在高校中开展大学生心理健康教育，首先必须清楚心理健康和心理健康教育的概念，只有这样才能以中国大学生的实际心理状况为基础开展心理健康教育，进而取得更好的效果。

（一）心理健康

心理健康内涵一直都是哲学领域、心理学领域和文化学界讨论的重点问题。因为各领域切入角度不同，所以对心理健康的内涵有着不同的理解，甚至产生了非常激烈的讨论。通过对整个讨论过程进行分析，可以将其划分为三个不同的阶段。

第一阶段是病理学取向阶段。当时受生物医学理念的影响，很多学者认为心理健康属于心理疾病的消除，而有心理疾病就代表身体不健康，所以很多学者将重点放在对心理疾病的研究和探索中。这种观念的影响非常深远，甚至影响到今天的心理健康研究。*Diagnostic and Statistical Manual of Mental Disorders* 是全世界最权威的心理疾病专用指导手册。1952 年,这一手册中记录的心理疾病有 106 种,

到 1968 年，心理疾病种类就增加到了 182 种。而 2013 年出版的第 5 版记录的心理疾病已经超过了 300 种。直至今日仍然有很多心理疾病正在被不断挖掘。[1]

第二阶段是社会适应取向阶段。这一阶段的主要理念认为，心理健康代表拥有良好的心境和适应社会的能力。1974 年，世界卫生组织对"健康"的定义进行了进一步的补充——"心理和社会的完满状态"。美国学者科尔曼认为，在判断一个人的心理是否健康时，要以他个人的行为是否与周围环境相互协调为基础，同时还包括他的人际关系是否恰当、他对社会事件的态度是否符合社会要求等。我国的学者受传统集体思维的影响比较大，认为一个人对社会集体的适应能力是衡量他心理健康状态的重要标准。不论是外国的学者还是我国的学者，在讨论心理健康的标准时，都将社会适应能力和人际关系当作重要元素。

第三阶段是发展取向阶段。这一阶段开始将重点放在激发个人潜能和实现个人追求层面，其中最具代表性的观点是人本主义学者的观点。美国社会心理学家马斯洛从 38 位近代史中的成功人士身上提炼出自我实现的心理健康内涵，并且在对心理健康教育进行理解时，着重强调要实现人内在本善天性的发展，只有这样，才能最大限度地将个人潜能释放出来，进而创造意义。美国心理学家罗杰斯则强调生活目标、潜能展现、人格塑造及持续发展都是对心理健康进行衡量的重要标准，而这些标准也能够最大限度地促进人们实现自我发展，最终达到内外的高度协调。这一观点甚至得到哲学界和文学界多位学者的认可。马克思从辩证唯物主义的角度对人的自由全面发展进行了探索，并且表示人的自由全面发展是人的本性追求，更是推动社会不断进步发展的重要动力。我国有很多学者在对心理健康教育的内涵进行分析时，是从传统文化的角度出发的，强调个人发展的过程中需要达到随心所欲而不逾矩的自由状态。发展取向的观点要求人们将核心放在激发个人的潜能和实现个人价值发展方面，进而促进个人创造能力的培养，最终形成良好的独立性特征。

从理论角度对心理健康的内涵进行探索，我们可以发现其包含的内容和元素在不断增加，同时与心理之外其他因素之间的联系也更加密切。总体来说，心理健康的价值取向经历了由个人到社会、再由社会到个人与社会共同发展的阶段。

[1] 吴霞. 改革开放以来大学生心理健康教育研究 [D]. 重庆：西南大学，2015.

在这一发展过程中，心理健康不断受到各种文化的洗礼，最终得以丰富和完善。现如今，心理健康的概念仍然在不断完善和发展，而且从相关学者对其内涵的界定来看，主要从三个方向进行。

第一个方向是心理健康内涵需要代表社会的进步和发展方向。心理健康与社会之间的关系不能是单向的个人适应社会，这是低层次的心理健康表现，若以此作为依据对心理健康内涵进行研究，很有可能引发社会混乱。在社会发展过程中，核心价值观具有统领社会导向的作用，同时具有主体作用和主体地位，如果社会核心价值观是正确的、积极向上的，那么它对人也会产生积极的影响，并且促使人们在适应社会的过程中呈现出更加良好的心理健康状态。但如果社会核心价值观是错误的、消极的，那么它会在引导人们适应社会的过程中产生比较普遍的负面情绪，进而导致社会倒退。

第二个方向是心理健康内涵需要与民族文化认同相一致。一直以来，我国学者对心理健康的标准进行研究，都是以西方文化中的心理学、统计学等理论为基础，从客观性和普适性的视角对心理健康内涵进行探索。但是通过对我国心理健康内涵的研究进行梳理，可以发现，不论是从静态角度对心理健康进行研究的理论，还是以动态为基础对心理健康进行研究的理论，都始终保持着非常严谨的态度，而这也在一定程度上使心理健康理论与社会文化因素出现了隔绝的状态。

第三个方向是心理健康内涵需要体现自我发展的追求。人类通过不断的实践和劳动逐渐改变世界，并且推动世界的发展与进步，而在世界发展的过程中，人类自身也会实现发展，这便是人天生具有的本性。在罗杰斯和马斯洛的相关概念中可以发现，不论是从自我和谐的角度进行分析，还是从自我实现的角度进行分析，都符合个人追求全面发展的取向。

在对心理健康的内涵进行界定时，我们也可以从学者的研究成果中发现，心理健康内涵的发展能够在一定程度上代表社会进步和发展的方向，也可以代表自我发展的追求和民族文化的认同，所以需要在我国国情和民情的基础上，对心理健康的内涵进行分析。心理健康要求个人具有较强的历史使命感，同时还能够承担起继承中华优秀传统文化的重任，在这一过程中，逐渐实现个人自由、全面的发展。

首先，具有较强的社会责任感和历史使命感是心理健康的核心要素，同时也需要在此基础上对心理健康的性质和方向进行辨别，保证其代表社会进步的主要方向。在社会发展的过程中，政治进步会使人们逐渐从传统的自然观念中解脱出来，从而增强自我意识，并且提高自我调控能力。经济的进步与发展能够让人们摆脱对他人和传统工具的依赖，进而提高追求。而文化的进步会让人们远离盲目的服从，逐渐认识到自我的存在价值，并且在社会进步与发展的过程中肯定自我，最终做到自我实现。总体来说，社会进步不仅会让人们更加科学地看待自然和社会发展，还能够使人们更加科学地处理好与外界的关系，如人际关系、生态关系和伦理关系。我国生产力的不断发展，使人们的素质实现了高度提升，而这本身就是社会主义社会不断进步的方向。邓小平同志指出："社会主义的优越性归根到底要体现在它的生产力比资本主义发展得更快一些、更高一些，并且在发展生产力的基础上不断改善人民的物质文化生活。"[1] 尤其是在改革开放之后，我国已经在政治、经济、文化、教育等多个领域取得了巨大的发展和成就，实践也足以证明社会主义具有极大的先进性。因此我国在探索心理健康标准时，首先需要保证其与社会主义的发展方向相一致，同时还需要人们具有较强的社会责任感和历史使命感。

其次，具备继承中华民族优秀传统文化的能力，不断推动中华文化的发展和进步。在不同文化规范下，人们所具有的心理和行为，也与相应的文化传统具有较深的联系。而中华民族具有悠久的历史和深厚的文化基础，这也决定了我国人民群众的特性。在疾病表达、疾病理解和应对方式等多个方面，我国的传统文化和西方文化都存在较大的差异。比如，我国传统文化赋予了疾病不同的含义，仅针对感冒就有风热和风寒两种不同的类型，而且在我国传统文化中，对于疾病的理解也存在不同的主观经验。通过研究可以发现，群体心理健康问题的类型与文化适应程度具有一定的关系，如西化程度比较低的人往往比西化程度高的人表现出更多与文化相关的症状，西化程度比较高的人表现出更加多样化的西方心理问题类型。因此，中华民族文化群体在对健康和疾病的相关概念进行理解时，必然会与我国的特定文化历史密切相关，特有的民族文化经验也会对心理健康问题的

---

[1] 秦刚. 社会主义是当代中国实现现代化的成功之路 [EB/OL]（2018-01-15）[2023-12-30] http://www.qstheory.cn/ducan/qs/2018-01/15-c-1122241978.htm

表现产生一定的影响。在我国民族文化环境中，心理健康内涵必须将中华优秀传统文化的认同和传承当作一个重要的标准。

最后，追求自由、全面的发展。作为一个有思想的个体，人们需要将自己的聪明和才能充分发挥出来，并且应用到改造世界中，进而促进社会的进步与发展，以此来证明自己的心理健康。从人的天性中可以发现，人们总是在不断寻找自我、追求自我完善的过程中实现自我价值。从自然科学的角度来讲，这与一粒种子迫切希望成长为大树的现象是一致的。由此可见，在大学生实现自我发展的过程中，也需要不断追求个人的实践价值和心理健康价值。人在世界上参与劳动和实践的意义，足以说明他的天性和个人发展是非常重要的，而这也是个体素质在时间维度上积极向上的变化，所以呈现出更加成熟、更加丰富、更加健全的心理品质。

（二）心理健康教育

在探究心理健康教育的内涵时，需要满足两方面要求：一是符合心理健康的要求，也就是要按照心理健康的标准进行人才培养，保证培养的人才不存在相关心理问题；二是符合教育发展要求，即以提高人才在某一方面的专业素养为出发点开展教育教学活动。因此，可以认为，心理健康教育是指以提高心理素质为核心，培养大学生的社会责任感和历史使命感，促进其全面发展的教育活动。

心理健康教育首要的是提高个人的心理素质。当然心理健康教育是从正面对人才进行培养，而不是过多地强调大学生的心理健康与否。提升大学生的心理素质并不仅仅是医学才关注的问题，而是面向社会整体的问题。提升个人的心理素质，也是符合我国国情的心理健康教育方式，能够充分体现中国特色社会主义的特殊之处。在开展心理健康教育时，有必要积极提升人才的社会责任感和历史使命感，让他们承担起传承民族优秀文化、促进文化进步的责任。在这一过程中，需要通过教育培养，充分挖掘大学生的潜力，帮助他们养成良好的心理素质。大学生心理素质与我国的全面素质教育相呼应，全面素质教育强调在人才培养的过程中，每个人都能够充分发挥个人的聪明才智，积极改造世界，促进社会的进步。尤其是在当今社会，心理素质和道德素质、文化素质、专业素质之间都是平等的，所以有必要促进彼此之间的协调发展。

二、大学生心理健康教育的内涵

大学生心理健康教育主要是指以大学生为主体开展的培养其良好心理品质，帮助其塑造健全人格的教育活动。从这一概念中可以发现，大学生心理健康教育首先需要帮助其培养良好的心理品质，其次还需要帮助其塑造健全的人格。

在高校开展大学生心理健康教育，需要注重大学生良好心理品质的形成。传统的大学生心理健康教育一直将帮助大学生解决心理疾病作为核心。这样的大学生心理健康教育，仅仅将大学生心理的非病状态当作教育目标，忽视了大学生心理状态的更高追求。因此，在当今时代，开展大学生心理健康教育，不仅要帮助大学生解决心理层面存在的疾病，还要有效提升大学生的心理品质。在这一过程中，要给予大学生足够的尊重，并促进大学生自我意识提高，通过对大学生进行积极引导，让大学生的自我教育能力、自我管理能力得到提升。当然，对于个别自我意识相对较差的大学生，需要给予他们足够的关注和关怀，为他们提供有针对性的教育教学，有效提升他们的心理品质。在高校开展大学生心理健康教育的过程中，教师还要为学生树立榜样，利用榜样的作用对大学生进行引导，从而有效提升大学生的自我意识调控能力。通过对大学生开展专业的教育教学，可以让大学生逐渐学会自尊、自爱、自立、自强，进而形成更加积极和坚定的理想信念，成为社会需要的人才。只有这样才能保证大学生充分发挥个人的聪明才智，从而在社会发展的过程中发挥个人才能，促进社会进步的同时实现个人的价值。

大学生心理健康教育，还需要帮助大学生塑造健全的人格，促进大学生的全面发展。这就要求高校在开展教育教学活动时，不仅要提升大学生的知识能力，还要完善大学生的人格。当前大学生大多是"00后"，他们的自理自立能力相对较弱，如何对自己的未来进行有效规划是他们需要解决的重要问题。要解决这些问题离不开大学生个人综合能力的提升。高校可以在教学过程中利用情感教育法、榜样示范法、自我教育法等多种方式帮助大学生实现个人人格的塑造。

第二节　大学生心理问题

大学生主要是指在高等学校就读的 18 ~ 23 岁的个体，在对大学生心理问题进行研究时，需要从这一特殊的年龄段出发进行分析。当今社会，科学技术发展速度越来越快，一定程度上加速了国家之间的竞争，引发了一系列社会问题。这些因素不可避免地对大学生的心理造成了一定影响，导致大学生出现各种各样的心理问题。

一、人际交往问题

大学生的人际交往主要包括大学生与教师的交往、与同学的交往及与亲人的交往。在大学生个人发展的过程中，人际关系会对大学生的心理健康状态产生极大的影响，如人际关系不和谐就易导致心理出现一定的问题。林崇德通过研究发现，大学生的人际交往能力能够非常直观地体现出他的心理健康水平。举一个例子，某大学生小李来自农村，体育运动能力和音乐表演能力较为缺乏，当别人踢球跳舞时，他不好意思向他人请教，久而久之，自傲心理和自卑心理发生冲突与矛盾，最终导致自己患上孤独症。

在人际交往的过程中，大学生的心理问题多表现为以下几方面。

第一种是嫉妒。嫉妒是因为自己没有得到社会尊重，因此产生的不良情绪。当大学生出现嫉妒心理时，个体会产生焦虑、悲哀、失望、愤怒等不愉快的情绪，尤其是虚荣心和自尊心强的人，他们的嫉妒心理会更加强烈。

第二种是自卑。自卑是一种相对消极的心理状态。从心理学的角度说，自卑属于个人性格的弱点，指一个人对自己的能力和品质持否定态度。在人际交往的过程中，具有自卑心理的人往往会呈现不合群的状态，同时自信心受到压制，当他们受到别人的轻视时，其自卑心理就会进一步增强。大学生产生自卑心理大多是因为自尊心受挫。

第三种是自负。自负主要是指以自我为中心，具有极强的优越感，并且不主动与他人进行交流和交往的心理现象。自负最主要的特征就是以自我为中心，当一个人的自负心理过于严重时，他就会看不起别人，并且进行过度的自我防御。

第四种是害羞。害羞是指个体非常渴望与他人进行交流交往，但是又缺乏足够的勇气，因此呈现出胆怯状态，同时这也代表个人的自我防御心理较强。如果害羞情况比较严重，则会进一步发展为胆小、被动、自信心不足等特征，致使个体在公共场合也不敢主动发言，害怕与他人进行交流。

二、恋爱心理问题

恋爱是人与生俱来的本能，也是人性发展的内在需要，尤其对于大学生来说，正处于性心理发展基本成熟的时期，恋爱意识会得到进一步增强，也会具有更加强烈的情感冲动。大学生都非常渴望与异性交朋友，并且非常向往爱情，大多数大学生非常支持在大学阶段谈恋爱。值得注意的是，大学生谈恋爱既与早恋不同，也与成年人以婚姻为目的的恋爱存在差异。所以，在这一时期谈恋爱很容易导致大学生出现多种心理问题。尤其是当大学生遭遇失恋，或者对方出现越轨行为时，会对大学生个人造成非常严重的打击，甚至有可能导致他们失魂落魄、心理失常，最终影响大学生个人的发展。

三、就业心理问题

随着我国教育体制改革的深入及人事制度的变化，大学生就业市场的竞争越来越激烈。大学生在就业逐渐实现自主性选择的同时，更大的心理压力也随之而来。这一情况很容易导致大学生出现以下心理问题。

一是期望值过高。很多大学生毕业之后进行就业，对当前的就业形势了解不够充分，完全是按照自己的理想化状态来寻求岗位。这就很容易导致大学生个人的理想与现实相脱节，最终影响个人的自信心，出现就业困难。

二是利己心理比较严重。很多大学生在求职的过程中比较看重职业能够为自己带来什么样的经济价值，非常注重个人利益的实现，很少考虑职业和岗位本身的社会价值，最终导致自身丧失应有的社会责任感。

三是"铁饭碗"情结比较严重。很多大学生受传统观念影响较深，一直抱着"择业定终身"的思维来寻找工作，这样的观念不仅会导致大学生的潜能无法发挥，甚至有可能导致大学生错失很多机会。而且这种择业观念本身就违背了社会发展规律，并不适合大学生个人的发展。

四是从众心理。从众心理主要是指个人的认知和相关行为在无形中被所处的群体影响，进而与多数人保持一致的心理现象。社会心理学的相关理论认为，人在一定的群体中生活时，很容易产生从众心理。大学生正处于人格逐渐完善的关键阶段，在这一时期很容易受到各种社会思潮的影响，进而产生从众心理，最主要的表现就是在就业过程中忽视专业特点，过分追求工资待遇，盲目地到经济发达的地区择业，没有从个人前途发展和国家需求的角度进行考虑。

五是自卑自负心理。很多大学生对个人的潜能并不了解，同时又缺乏足够的自信，所以无法充分地参与社会就业竞争。这种自卑心理不仅限制了大学生个人能力的发挥，甚至还有可能导致大学生过度自我封闭，最终出现心理扭曲。当然大学生过度高估自己的能力，不切实际地进行自我分析，在就业过程中盲目乐观，也会在无形中对自己的就业产生影响，导致失去很多就业机会。

四、网络成瘾问题

成瘾是因为人们的神经中枢经常受到某些外界因素的刺激，进而形成的一种习惯。网络成瘾就是一种成瘾现象。网络成瘾最早是由美国纽约的精神病医生Goldberg 提出的，之后又有很多相关学者对网络成瘾进行了实证研究。对网络成瘾进行界定大概有以下几种类型：第一种是在没有明显成瘾物质的情况下产生的上网行为冲动，具体表现就是人们因过度上网而导致的心理适应性伤害；第二种是由美国纽约神经科医生界定的，网络成瘾是因为过度使用网络而导致个人缺乏幸福感的一种综合征；第三种是临床医学领域的界定，指患者在没有特殊理由的情况下，花费大量的时间和精力参与网络游戏和网络聊天，进而导致个人的健康生活受到影响，最终出现一定的心理障碍和神经性功能障碍。虽然三种界定方式在表达方面略有不同，但都一致认为网络成瘾具有强迫性特征，并且会给个人的身心健康带来负面影响。

现如今互联网已经实现了极大的发展和普及，上网人数不断增长，同时网络成瘾的人数也在不断增加。在众多的网民中，以青年为主的大学生群体是网民的主体，再加上大学生的自控能力相对较差，所以很容易出现网络成瘾的现象。相关学者通过对网络成瘾进行研究，发现大学生沉溺于网络不仅是简单的上瘾行为，更是一种心理问题，代表大学生的心理不健康。严重的网络成瘾，会导致大学生产生情绪障碍，适应社会难度增加，并表现出注意力不集中、记忆力衰退、对生活失去兴趣，更为严重的甚至会出现攻击性行为，最终造成严重的后果。

大学生网络成瘾的表现主要包括以下几种。

第一种是网络依赖性成瘾。网络依赖性成瘾主要是指大学生重复使用网络，导致个人的生理和心理对网络造成的快感产生了极大的依赖。大学生网络依赖性成瘾的表现包括网络色情成瘾、网络游戏成瘾等，这些成瘾情况都会导致大学生陷入其中而不能自拔。

第二种是网络孤独。网络孤独主要是指大学生过度沉迷于网络中的交流交往，导致自己难以适应现实生活中的社会活动，在与他人相处和交流的过程中表现得非常冷漠，甚至无法与身边的朋友进行积极交流，日常休闲活动也很少参加。

第三种是网络焦虑。网络焦虑主要是指大学生因为过度上网产生的紧张和恐惧等情绪，具体包括学习焦虑、人际焦虑、安全焦虑等。

第四种是网络人格障碍。网络人格障碍是指大学生过度沉迷于网络，导致自己无法有效区分现实生活中的角色和网络中的角色。一部分大学生在上网的过程中经常使用脏话或者攻击他人，还有一部分大学生会在网络上泄露他人的隐私。如果这些情况不能得到有效控制，就会导致大学生沉溺于网络中的角色，甚至造成严重的后果，最终走上违法犯罪道路。

第二章　大学生人际交往心理问题

人际交往是一个非常重要的话题，在人类社会发展的过程中，人际交往有着重要的作用。在人际交往中人们会产生各种各样的心理问题，因此对人际交往心理问题进行研究，能够有效明确人际交往和心理的辩证关系。

第一节　大学生人际交往及心理相关理论

一、大学生人际交往的概念和类型

马克思认为人的本质并不是单个人所固有的抽象物，而是一切社会关系的总和。马克思在揭示人这一概念的本质时，明确指出人并不是孤立地存在于社会中的，而是通过与其他人的交流与往来得以体现的。在社会心理学中，交往是基于人与人的共同活动产生的，也是确立和发展人们相互关系的一个复杂的过程，在这个过程中，人与人之间需要进行直接沟通或者心理接触，进而保证彼此能够发展到一定的认知程度。或者说，人们之间的交往并不是简单的人与人之间的接触，也不仅仅是语言或者行为上的交流。从人的个体角度来说，人的交往能力主要包括认知、情感和行为三种不同的成分，其中，认知是理性条件，情感是交流交往的基础，行为则是交往的外在体现。

大学生的人际交往主要是指在大学阶段，学生在校内校外生活中的人际交往，包括学习层面的交往、生活层面的交往及社会实践层面的交往。对大学生的人际交往进行分析，可以从广义和狭义的角度进行区别。从广义的角度来看，大学生人际交往主要是指大学生和与之相关的一切人进行交往而形成的心理关系。从狭义的角度来看，大学生人际交往是指大学生在学校期间与周围的人通过相处和交往形成的心理关系。

大学生人际交往有多种不同的方式，大概可以分为血缘型、地域型、学业型、网络型等几种。血缘型主要是指大学生和与其具有血缘关系的人之间的交往，这种关系既简单又复杂，而且在发展的过程中不会出现较大的矛盾。地域型主要是指大学生与地域相近的人们之间形成的人际交往关系。大学中的地域型关系主要为同乡关系。大学生进入大学之后，因为处于陌生的环境，所以他们对结识同乡人的渴望最为强烈。学业型主要是指大学生因为学习而建立起的人际关系，这也是大学生活中最普遍的一种人际关系。学业型的人际关系主要包括同学关系和师生关系。相比之下，同学关系是在大学生活中所占比重最大的一种人际关系，所以处理好同学关系，对于大学生的人际交往心理来说，具有良好的促进作用。师生关系在高校中也非常普遍，如果没有良好的师生关系，大学生的个人发展就会受到影响，同时大学生的个人心理也会受到严重影响。网络型主要是指大学生通过网络的方式与他人进行交流交往。随着互联网技术的不断发展，网络型的人际关系越来越普遍，在大学生群体中非常常见。但是网络型人际交往存在一定的虚拟性和盲目性，容易导致很多大学生沉迷其中，无法正确面对现实，最终导致大学生产生自我封闭的不良心理。

二、大学生人际交往心理

随着大学生的成长，他们的心理也在不断成熟，因此在大学期间，他们会有着相对比较强烈的交往需求，不仅希望与他人进行交往，也渴望得到他人的认可，因此，大学生在与他人交往的过程中会产生各种交往心理。

人际交往心理主要是指人们在与他人交往的过程中，通过相互作用产生的心理，同时也是人们在交往过程中的心理表现。从心理学的角度来看，人际交往心理具有比较强的主观能动性，每个人都可以根据个人的心理需求对自己的交往行动进行支配。比如，人们看到自己喜欢的人时，就会不自主地产生与之交往的欲望，而看到讨厌的人时则会主动避开。另外，人际关系的形成和变化，也会因为个人需求的变化、情感的变化而发生一定转变。

大学生人际交往心理通常具有以下几个特征。

第一个特征是交往心理的差异性。人际交往从本质上来讲是一种心理上的交流，每个人的先天遗传和后天经验都会导致个人与他人的心理存在一定差异，这种心理差异也会在人际交往中得到体现，这就是交往心理的差异性特征。

第二个特征是交往心理的兼容性。在交往的过程中，大学生的心理领域会不断扩展，而在这一过程中就需要其交往心理具有一定的兼容性，只有这样才能逐渐接受他人，并且与他人产生更多的共同语言，达到相互吸引的效果。

第三个特征是自身调整的制约性。人际交往是一种有目的的主动行为，大学生在交往过程中会根据交往对象的差异选择不同的交往方式，同时在交往过程中又会根据个人需求及心理状态的变化，对个人的交往行为进行一定的调整，进而保证交往活动能够有序进行。

第四个特征是层次递进性。人际交往的心理会随着交往过程的逐渐深入，而呈现更加多元化的层次。大学生与他人在刚认识的时候，亲密程度是最低的，但是随着关系的不断发展，两个人也会变得更加熟悉，至此，彼此的关系也会更加亲密。

第二节　当代大学生人际交往心理的现状调查

进入大学之后，学生面临的人际关系变得更加复杂，因此，大学生更需要具有良好的人际交往心理，只有这样才能在与他人交流交往的过程中更好地展现自己，并且处理好自己与他人的关系。

一、大学生人际交往心理调查概况

调查是了解大学生人际交往心理问题的重要方式。尤其是当代大学生，他们正处于社会转型发展的时期，处于身心发展的关键时期，要对他们的人际交往心理情况进行了解，离不开实地调查。

本书中，笔者主要使用问卷调查法和访谈法来对大学生的人际交往心理作调查。通过对问卷调查的结果进行分析总结，最终将大学生在人际交往过程中的心理情况呈现出来。在本次问卷调查过程中，作者在 6 所高校发放了 1300 份调查问卷，既包括理工科学校，也包括艺术类院校，最终收回调查问卷 1166 份，其中有效问卷 1072 份，调查问卷的有效率为 82.5%。通过对调查问卷的结果进行分析，可以发现大学生的人际交往心理问题包括多个不同的方面。

二、大学生人际交往中存在的心理问题

在大学生人际交往的过程中，由于诸多因素的影响，大学生可能会出现多种心理问题，这给大学生个人的学习和身心健康发展造成了严重影响。

（一）虚荣心理

虚荣心理主要是指在人际交往的过程中，部分大学生因为拥有过强的自尊心，而使用各种手段，甚至是不正当的方式来追求虚表而呈现出的心理问题。如有一些大学生希望在与他人交往的过程中可以获得一定的物质利益，这部分人大多数具有很强的自尊心，同时好大喜功，比较在乎他人的评价，过度追求表面的东西。因此他们在与别人交往的过程中，甚至不惜夸大个人的能力，希望以此获得更多人的关注和认可，但是在此之后，他们又需要使用更多的谎言对自己营造的虚假形象进行维护，久而久之就会给自己带来更多的困扰，最终阻碍自己的人际交往。

（二）恐惧心理

恐惧心理也是大学生在人际交往过程中经常出现的一种心理问题。有这种心理的大学生在与他人交往的过程中往往会产生逃避的想法，久而久之就会形成社交恐惧。导致大学生产生恐惧心理的原因，很有可能是失败的交往经历在一定程度上给他们的心理带来了创伤和打击，如果这种不良情绪得不到有效缓解，久而久之就会使他们形成一种固定的交往模式，那便是在遇到相似的情景时，会产生不安和排斥的恐惧心理。网络为具有社交恐惧心理的大学生提供了新的人际交往渠道。这些大学生经常通过网络的虚拟社交来排解自己的心理焦躁，但同时也导致他们与真实社会的接触日益减少，甚至逐渐丧失与他人进行面对面交流的技能，这样一来，这部分大学生的人际交往就会陷入恶性循环中。

（三）嫉妒心理

嫉妒心理是指人们在与他人进行交流交往的过程中，遇到了在各方面都比自己优秀的人，进而将其当作自己的威胁，因此产生的包括怨恨和羡慕等心理的一种复杂情绪。大学生在与他人进行交往的过程中，经常会因为贫富差距及其他因素产生心理不平衡。有的大学生在面对这种情况时，会积极进行自我鼓励，从而

不断努力，最终提升自身的综合实力，实现自己的目标。有的大学生却在这一过程中对他人产生嫉妒心理，并且通过一些不合适的手段来宣泄个人的不满情绪，实现内心的平衡，如诋毁他人。具有嫉妒心理的大学生无法客观地看待他人的成功，很容易做出一些偏激的行为，对个人和他人都造成严重的伤害，最终影响个人的人际交往。

（四）孤独心理

在人际交往的过程中，大学生也有可能会因为各种因素产生孤独的心理问题。一些大学生进入新的环境之后，由于远离亲人和朋友，面对陌生的环境，很难在较短的时间内建立起新的人际交往关系，这时他们就会产生孤独感。有的大学生因为与他人没有共同的兴趣爱好，所以经常会产生无法被他人接纳的感觉，这就导致他们在遇到问题时，无法很好地与他人进行沟通与分享，从而产生孤独感。有的大学生缺乏稳定的人际关系，很多时候建立的关系无法长久发展，这也会给大学生带来不安全的感觉，从而导致大学生产生缺乏社会支持的孤独感。

（五）自私心理

自私心理主要是指大学生在与他人交往的过程中带有比较强烈的主观性，时时刻刻只为自己着想，而不考虑他人的感受和利益，忽略他人的看法。如在与他人交往的过程中，自己心情不好时就对他人发脾气，完全不在乎他人的感受。而这一部分大学生往往又非常渴望得到他人的关注，获得他人的关心。在这种矛盾的心理作用下，他们会逐渐陷入不良情绪的恶性循环中，最终影响正常的人际交往。

（六）自卑心理

自卑心理也是在人际交往过程中非常常见的一种心理问题，如很多大学生会因为自己经济条件差、长相不够出众、体形不如他人而产生自卑心理。有的大学生对自己缺乏客观的认识，过高地评价他人，用自己的短处与他人的长处进行比较，导致个人产生自卑心理。具有自卑心理的大学生往往非常敏感，同时又缺乏自信心，在与他人交往的过程中会非常谨慎，很害怕因为出丑或者处理事情不当而被他人嘲讽，但事实可能并非如此。实际上，大多数大学生是将自己禁锢在"自卑"的局限中，使交往受到限制，最终影响人际交往的发展。

第三节　当代大学生人际交往心理问题的成因

导致大学生在人际交往过程中出现心理问题的原因是多方面的，既包括主观层面的因素，也包括客观层面的因素。正是因为多种因素的相互作用，导致大学生呈现的人际交往心理问题类型和形式各不相同。

一、主观层面因素

主观层面因素是影响大学生人际交往的根本原因，无论各种外在环境多么优越，如果大学生自身对人际交往缺乏正确的认知，那么人际交往活动也会因此受到影响。通过归纳总结，可以将大学生自身主观的影响因素划分为以下四个方面。

（一）认知层面

部分大学生对真善美和假恶丑缺乏深层次的认知，这导致他们经常会出现错误判断，尤其是在人际交往过程中，时常产生认知偏差。究其原因，可从三个方面分析。一是部分大学生缺乏对自我的客观认识，无论是对自己评价过高导致自负，还是对自己评价过低导致自卑，在交往过程中都会影响个体与他人的交流交往。二是部分大学生无法客观地对他人进行看待和评价，进而导致在与他人交往的过程中缺乏理解和包容，不能站在他人的角度考虑问题，所以无法真正对他人进行了解。三是一些大学生在与他人交往的过程中无法认识到自己与他人的差异，导致个体在与他人交往的过程中盲目地采用自己习惯的方式，这样一来，必然会导致自己无法与他人建立起良好的人际关系。

（二）性格层面

性格是一个人通过个人行为表现出来的自身心理特征，它是一个人最本质、最稳定的特征，也是与他人进行区分的重要特点。在与他人交流交往的过程中，一个人的性格会对个人能力的展现产生重要影响，同时也对个人的人生发展发挥作用。良好的性格会使个人在发展的过程中始终具有积极向上的能量，不良的性格则会对个人发展造成一定的负面影响。当代的大学生个性特征非常鲜明，但同时对父母的依赖又比较强，性格层面呈现出比较明显的矛盾性。有的学生性格古怪，情绪变化难以捉摸；有的学生性格比较急躁，非常容易生气。这些不良的性格在人际交往过程中容易让别人产生反感情绪，不利于大学生的人际交往。

（三）能力层面

能力是指一个人在完成某项活动时必须具备的特征，也是影响活动效果的重要因素。心理学将能力划分为一般能力和特殊能力两种类型。一般能力是指每个人都具有的基本的综合能力，如观察力、记忆力、想象力等。特殊能力则是指不同的人在某些特殊领域所具备的能力，如音乐能力、社交能力、运动能力等，这些特殊能力并不是每个人都具备的。

能力会直接或者间接地对大学生的人际交往产生一定影响，尤其是其中的社交能力，对大学生的影响最直接也最大。当今很多大学生存在智商高、情商低的问题，他们的学习成绩非常优秀，但是心理承受能力非常差，因此在参加各种实践活动和与他人交往的过程中，不知道该如何与他人进行交流和沟通，也正因如此，他们经常无法与他人建立良好的友谊和感情。对于那些语言表达能力较差的大学生来说，他们在与人交往的过程中不能将个人的想法真实准确地表达出来，甚至可能会因此产生一定的误会。当然除了社交能力之外，大学生个人的学习能力、组织和协调能力、经济能力等也会对他们的人际交往造成影响，如学习能力较强的人在与他人交流交往的过程中，会因为学习成绩相对较好，得到更多同学的喜欢，从而较容易处理好交往关系。那些自我表现能力较强的人，在与他人交往的过程中会更好地将自身的优势呈现出来，进而巩固与他人的关系。

（四）生理层面

生理层面的因素也会对大学生的人际交往造成一定影响。随着我国经济的不断发展，人们的生活水平提高，与此同时，有越来越多的残疾人开始得到社会的关注。国家为了对这些人进行保护，也在陆续制定、出台相关的法律法规，希望从法律和制度层面对这些人进行保护，防止他们的权益受到侵害。我们不能忽视残疾大学生存在的心理问题，尤其是孤独心理和自卑心理。在对这些残疾大学生进行采访时，他们非常抵触。大多数残疾大学生不愿意在与他人交流的过程中将自己的缺陷暴露出来。有些大学生内心脆弱，在与他人交往的过程中，害怕别人戴着有色眼镜看待自己。但实际上，他们也渴望同学能够正常地看待自己，可同学的很多无意之举会在无形中触发他们的敏感之处，这也是导致残疾大学生群体害怕与他人交往的主要原因之一。

二、客观层面因素

除了大学生自身主观层面因素之外，很多客观因素也会对大学生的人际交往造成影响，如学校环境、家庭环境和社会环境等。

（一）学校环境的影响

学校环境包括物质环境和精神文化环境。这两方面的环境都会在大学生参与人际交往的过程中对其造成一定的影响。如高校忽视对大学生人际交往方面的教育，也没有开设相关的课程，这就会导致高校教师无法及时准确地了解大学生的心理变化状况。在教学的过程中，一些教师以理论知识讲解为主，无法做到知行合一，使大学生无法与教师和他人建立起良好的沟通交流关系。当然，学校缺乏心理健康机构也会给大学生的人际交往带来影响。大学生在与他人交流交往的过程中，经常会出现各种各样的心理问题，又缺乏向他人求助的勇气，这就会导致大学生在与他人交流交往的过程中出现很多问题，而且得不到有效解决。显而易见，学校环境会对大学生的人际交往产生影响，当学校环境无法满足大学生交往需求时，就会导致大学生出现一定的人际交往问题。

（二）家庭环境的影响

家庭是孩子出生之后的第一环境，也是大学生进入社会之前生活时间比较长的环境之一，所以家庭环境会对大学生个人的成长产生非常关键的作用。父母作为孩子的启蒙老师，会对孩子的认知与行为产生非常明显的影响。如今社会存在一个比较普遍的现象，就是当孩子进入大学之后，很多家长就开始放任不管，只负责按时给他们生活费，很少关心孩子在学校的表现。也有一种情况是家长对于孩子的管教非常严厉，时时刻刻都在关注孩子的情况，这也会给孩子的发展带来较大的压力。这两种相对极端的教育方式都会在大学生成长的过程中造成一定的负面影响。除了家长的教育方式之外，家庭氛围也是重要的影响因素，一个和谐的家庭氛围，能够为孩子创造一个非常温馨的成长环境，同时将孩子塑造成为积极乐观的人，不和谐的家庭氛围则会导致孩子的性格和行为出现问题，最终影响他们的人际交往。

（三）社会环境的影响

学校环境和家庭环境都属于小环境，而社会是大环境。随着社会的不断发展，社会环境变得越来越复杂，这给大学生的心理健康成长带来了更大的压力，同时还会对大学生的人际交往造成严重影响。

社会的转型发展及我国的经济体制改革，要求我们坚持和完善社会主义基本经济制度，充分发挥市场在资源配置中的决定性作用，这一变化为人们带来了更好的物质生活条件，使人们的物质需求得到了有效满足。这样的变化也对人们的精神生活造成了一定的压力，一些人将追求经济利益放在首位，过度贪图享乐。这样的思想也逐渐蔓延到学校中，使一些大学生在无形中养成了不良的行为习惯。此外，随着我国对外开放的不断扩大，西方的很多文化和思想逐渐在我国传播，而大学生又是最容易接受新鲜事物的群体之一，西方的自由独立思想就对大学生产生了重要影响，这就造成部分大学生在与他人交往的过程中喜欢追求特立独行，过度追求另类。长此以往，就容易导致他们形成孤僻和极端的性格。此外，电视、网络、杂志等媒体也在无形中对大学生的价值观产生一定影响，尤其是随着网络的不断发展，低俗化的内容越来越多，很多媒体为了博取大众的眼球，在传播内容中加入了很多低级趣味的元素，这些内容会在无形中对大学生的价值取向产生误导，使部分大学生在人际交往的过程中形成错误的价值观。

第四节 改善当代大学生人际交往心理问题的对策

在帮助大学生解决人际交往心理问题时，需要从两方面出发，分别是创造良好的人际交往外部环境和优化大学生人际交往内部条件。

一、创造良好的人际交往外部环境

在大学生人际交往的过程中，外部环境有着非常重要的影响作用，通常来说，良好的外部环境会对大学生人际关系的发展产生积极的促进作用。

（一）营造温馨的家庭环境

首先，家长要为孩子营造温馨的家庭环境。因为孩子的心理健康在很大程度上会受到家庭氛围的影响，因此家长有必要意识到家庭氛围的重要性，并且与孩子构建融洽的关系。父母要注意合理控制个人情绪，尽量不将个人在工作和生活中的负面情绪传播给家庭中的其他人。大学生在相对积极的家庭环境中生活，才能够逐渐形成积极健康的交友心理。其次，家长要积极转变教育方式，改变以考试分数评价孩子的标准，更加客观地对待孩子。父母在与孩子进行交流时，应使用更加科学的方式和手段，以平等的朋友身份倾听孩子内心的声音，只有这样才能逐渐走进孩子的内心，发现孩子存在的心理问题。当然父母在与孩子相处的过程中，还需要帮助孩子提升个人的独立性，因为过度依赖父母的孩子，往往没有较强的交往能力，也很难真正融入大学集体生活中，更难以建立属于个人的交往圈。最后，家长要不断提升个人的文化修养和素质，为孩子树立榜样，通过言传身教，在无形中影响孩子，只有这样才能帮助孩子树立正确的交友观，家长还要在孩子遇到困难时做好他们的导师。

（二）创造良好的校园环境

校园是大学生每天学习和生活的场所，校园环境也会在无形中对大学生的三观造成影响。积极向上的校园环境能够培养出身心健康的大学生，因此营造良好的校园环境非常重要。在创造良好校园环境的过程中，首先，高校要积极宣传校风校训，并且将宣传工作落到实处，同时还要让大学教师起到典范和榜样的作用，拒绝迟到早退，引领大学生自觉抵制各种不文明现象，保证大学生在无形中养成良好的价值观。其次，高校要积极开展心理健康教育，对大学生的人际交往能力进行培养。但是从实际情况来看，高校的大学生心理健康教育工作开展效果还不够好，所以在之后的工作中，高校应有针对性地开展心理健康教育工作，针对大学生的实际心理状况，量身定制人际交往课程，提升大学生的人际交往能力。最后，高校还可以在学校内部建立专业的心理咨询机构，为存在心理问题的大学生提供专业解答，以帮助他们解决困扰并保持良好的心理健康状况。

（三）建设和谐的社会环境

社会环境也会对大学生的人际交往造成一定影响。现如今的社会环境越来越复杂，其中的不良因素在无形中腐蚀着大学生的思想，使一些大学生的价值观逐渐扭曲，同时也对个人的人际交往心理造成一定的影响。因此，实现社会环境的和谐发展，对于大学生人际交往心理的变化具有促进作用。在进行社会环境建设时，一方面，要积极宣传社会主义核心价值观，对大学生的思想和行为进行有效引导，提升大学生的道德修养。对于社会中的不良行为要进行谴责，同时还要对道德模范进行宣传，让大学生学习道德模范具有的优良品质，践行社会主义荣辱观，为社会优良风气的传播做贡献。

（四）构建文明的网络环境

经济的发展带动了科技的进步，互联网技术的不断发展，为大学生的人际交往提供了一条全新的途径，但是因为缺乏有力的网络监管，网络中充斥着各种各样的色情与暴力内容，这些内容都在悄然对大学生的思想造成腐蚀，因此相关部门需要加强对网络的监管，有效清除网络中的不良内容，打击那些危害大学生心理健康的非法内容。构建文明的网络环境要做到如下几点：首先，公安机关要积极对高校外面的网吧进行监管，保证大学生上网时进行身份登记，并且网吧需按照规定的时间关门。对于不正常经营的网吧，要责令其停业整顿。其次，要积极进行网络文明建设，网络监管部门和公安机关要在网吧进行优秀文化的宣传，倡导积极、健康的网络文化，对大学生的上网行为进行引导，通过提升大学生的网络自律意识，让大学生可以自觉地抵制不良网络信息。

二、优化大学生人际交往内部条件

对大学生人际交往过程中内部条件的优化是一项长期系统化的工程，不仅需要家庭和学校参与其中，还需要借助社会各方面的力量。只有充分发挥多方主体的作用，才能为大学生正常人际交往构建良好的内部条件。

（一）组织学生参加心理训练

组织大学生参加心理训练能够有效促进大学生的心理发展。心理训练通过各种实践活动，为大学生的情感交流和情绪宣泄提供更好的机会，进而不断提升大学生的心理承受能力。尤其是对"00后"大学生来说，他们从小的生活环境非常好，缺乏足够的锻炼，通过训练，能够帮助存在一定心理障碍的大学生解开疑惑，实现心理健康发展。这一类型的心理训练对促进大学生改善个人人际关系问题具有非常好的效果，通过参加这些训练，能够增进大学生之间的亲密度，减少彼此之间的矛盾。在参加训练时，可以使用自我训练法、信任训练法和沟通训练法等多种不同的方式。

（二）提升大学生的人际交往认知能力

认知主要是指一个人认识外界事物的过程，也可以说是人们通过自身的感官对外界事物的相关信息进行分类和加工的过程。一个人的认知会对个人的心理与行为产生深刻的影响，所以提升大学生的人际交往认知能力是非常重要的。提升大学生对人际交往能力的认知要做到如下几点：首先，可以让大学生明白人际交往能力在交往过程中的重要性，促进其积极参与人际交往。大学生的人际交往能力，不仅会在大学中对大学生的学习与生活产生影响，同时也会影响其融入社会的能力。其次，可以让大学生正确认识认知心理和人际交往之间的关系，认知心理对人际交往具有一定的支配作用，会对交往活动产生一定影响。健康的认知心理能够促使人际关系朝更好的方向发展，消极的认知心理则会对人际关系的发展造成负面影响。

（三）提升大学生的综合能力

因为个人能力的差异，不同的人在做同一件事时会呈现不同的结果，因此在人际交往过程中，有必要不断提升大学生的综合能力，帮助他们更加轻松地处理好自己的人际关系。

提升大学生的综合能力要做到如下几点：首先，要积极培养大学生的理解能力和语言表达能力。理解是进行沟通和交流的前提，只有对对方表达的内容进行正确理解，才能给予更好的回应。要提升个人的理解能力，就需要多读书积累知识，学会从不同的角度看待问题。语言表达能力是人与人进行交流的基本技能，可以通过后天的努力和训练进行提高。一般来说，语言流畅得体、能够明确地进行思想表达是交往的基本要求，这需要大学生在日常的学习和生活中不断进行知识积累，才不至于在与他人交流的过程中出现词穷的情况。为了提升表达能力，大学生可以在学校学习期间积极参加演讲比赛和辩论赛，对个人的口才进行锻炼。

其次，还要积极培养大学生的合作能力。合作能力是促进大学生进行人际交往的关键因素，在培养大学生合作能力的过程中，需要让大学生养成良好的合作意识，认识到合作的重要性，只有这样才能积极主动地与他人进行合作。同时，可以积极组织学生参加班级或者学校的团体活动，让学生参与实践，感受合作的魅力。

最后，帮助大学生学会换位思考，积极主动地站在他人的角度考虑问题，理解他人的感受。只有这样才能更好地学会与他人进行相处，与他人产生共鸣，懂得在什么时候进行情感表达，最终与他人建立良好的人际交往关系。

第三章　大学生恋爱心理问题

恋爱是人生中必须经历的一件事情。通过恋爱，能够帮助人们找到终身伴侣，迎来幸福婚姻。大学生正处于青春期，处在特殊的生理和心理发展阶段，其恋爱情感需求尤为强烈。但是这一阶段的部分大学生对恋爱的概念并没有明确的认识，大多都处于模糊不清的状态，所以导致他们不能正确对待恋爱，在恋爱的过程中也没有正确的动因、目的，采取的方法也存在一定问题。下文针对恋爱心理的相关内容进行概括与分析。

第一节　大学生恋爱心理相关理论

一、恋爱心理

恋爱心理是指人们随着生理方面的不断成熟，以及自身心理的不断发展，在此基础上被相应的社会环境不断影响，最终以自我意识为核心呈现出来的对异性的好奇、接近和恋爱行为，以及基于此产生的各种心理现象的综合。随着时代的不断发展，大学生的恋爱心理在与社会心理不断交流与互动的过程中，呈现出明显的社会化发展趋势，这也在一定程度上导致大学生在恋爱中的各种行为、现象有可能变得更加复杂。因此，高校有必要对大学生进行积极正确的引导，帮助大学生在未来拥有幸福的婚姻，并且能够实现个人的人生价值和社会价值。

二、恋爱的相关理论

（一）马克思主义恋爱观

马克思主义认为爱情是一对男女基于一定的社会基础和共同理想，在内心形成的相互倾慕的感情，在这种感情的作用下，男女双方会极度渴望对方成为自己的生活伴侣。在一段恋爱关系中，理想、责任和性爱是三个基本要素，而且马克思对爱情进行了全方位的分析和诠释，从人性本能、身心发展、社会性质等几个不同的角度对大学生的恋爱观养成进行引导，为高校开展大学生恋爱心理教育提供了科学的依据。

（二）斯腾伯格的爱情理论

斯腾伯格的爱情理论就是指爱情金三角理论，由美国著名的心理学家斯腾伯格提出，这一理论认为爱情的基本要素分别是激情、亲密和承诺。在斯腾伯格的理论中，激情、亲密和承诺是三角形的三个顶点，通过不同的比例，能够产生不同类型的爱情，不同结构的三角形反映不同的爱情类型。而完美的爱情是由激情、亲密和承诺三种不同的元素组成的完整的正三角形。但是从现实情况来看，真正完美的正三角形爱情是很难实现的，大多数时候，爱情是由三种不平衡的元素构成的组合。通过对爱情的不同成分进行组合，可以将其划分为以下七种不同的类型。

第一种类型是喜欢，即只有亲密，没有激情和承诺。男女双方在长期的相处过程中，因为相互了解产生了深厚的情感，但是彼此并没有考虑过是否要长相厮守。如友谊就是一个典型的例子，两个好朋友在一起相处会很舒服，但是没有激情。

第二种类型是迷恋，即只有激情，没有亲密和承诺。男女双方对彼此没有过多的了解，也不会考虑在未来如何相处，只是在某一刻会觉得对方非常具有吸引力，但是这种感情出现和消失的速度都很快。

第三种类型是空洞的爱，即只有承诺，没有亲密和激情。如纯粹为了结婚而产生的爱情。

第四种类型是浪漫的爱，即只有激情和亲密，没有承诺。

第五种类型是伴侣式爱情，即只有亲密和承诺，缺乏激情。男女双方在相互尊重的基础上建立起牢固的感情，双方具有非常深厚的依恋关系。虽然双方之间的恋情并不是很强烈，却有非常稳定的感情，能够相濡以沫。

第六种是愚蠢式爱情，即只有激情和承诺，缺乏亲密。是以强烈的性吸引力而建立起的感情。

第七种是完美式爱情，即激情、亲密和承诺三种元素同时具备，最终形成的一种完美的爱情。

（三）莫斯特因的SVR理论

心理学家莫斯特因在 1987 年提出了亲密关系发展的 SVR 理论，并且认为这一关系发展会根据主体的接触次数与频率分为三个不同的阶段，分别是刺激阶段、价值阶段和角色阶段。刺激阶段主要是指人们在第一次接触之后产生了相互吸引的感觉，这些吸引是建立在外在因素基础上的，如对方的外貌和身材等。价值阶段是指双方在经过一定次数的见面之后，已经逐渐了解了对方对一些事物的看法，并且发现在价值观和信念方面具有一定的相似之处，进而引发情感依附。角色阶段主要是指双方已经接触了八次以上，并且相互许下承诺，这一阶段的核心问题是当事人能否扮演好对方对自己要求的角色。

从爱情亲密关系的发展阶段来看，三种不同的因素在各阶段都会对亲密关系产生一定的影响，但每个阶段的主导影响因素各不相同。如在最开始的接触阶段，刺激是比较重要的影响因素，甚至还会随着接触次数的不断增加出现上升的趋势。然而随着双方接触次数的进一步增加，刺激感就会逐渐稳定，接触次数也会逐渐减少。价值因素在人们刚认识时所占的比重是相对较小的，但是随着双方关系的不断发展，当进入价值阶段之后，价值因素所占的比重便会逐渐提升。进入角色阶段之后，价值因素的比重会处于平稳发展的阶段，而且在这一阶段，即使价值因素平稳发展，所占的比重也会高于刺激因素。角色因素所占的比重一开始最低，但是会逐渐上升，进入角色阶段之后会反超另外两个因素，并且会随着双方关系的不断发展而持续上升。

以上理论对恋爱心理的发展规律进行了一定的分析，也为之后的大学生恋爱心理研究提供了重要依据。

第二节　当代大学生恋爱心理现状及存在的问题

一、当代大学生恋爱心理状况调查

对当代大学生恋爱心理状况进行调查，使用的是统计分析方法，将自制的调查问卷下发到部分高校中，进行相关数据的收集和分析。问卷调查的主要目的是对大学生恋爱心理方面的相关特点及相关问题进行一定的了解。本次共发放调查问卷1000份，收回有效问卷972份。

二、调查对象的基本信息

本次问卷主要针对4所高校的1000名大学生进行调查，专业主要包括中文、外语、新闻、国际贸易、旅游管理、化学、计算机、医学等，在发放调查问卷的过程中使用了平均分配的原则。本次共发放调查问卷1000份，收回问卷988份，其中有效调查问卷972份，有效回收率为97.2%。在参与调查的学生群体中，男生共有476人，女生共有496人，男女所占比例分别为48.97%和51.03%。另外，文科生所占比例为56.17%，共546人，理科生所占比例为43.83%，共426人。另外，484人是农村学生，488人是城镇学生。具体情况如表3-1所示。

表3-1　当代大学生恋爱心理状况调查对象基本信息　　单位：人

学校	男	女	文科	理科	农村	城镇
学校A	128	122	140	110	128	122
学校B	126	136	146	56	120	142
学校C	92	116	142	66	110	98
学校D	130	122	118	194	126	126
总计	476	496	546	426	484	488

三、调查问卷制作的基本情况

（一）调查问卷的设计

笔者从4所大学的总体情况出发进行了调查问卷的设计，对恋爱动机、恋爱方式、爱情的认知等多方面的内容进行了调查，调查问卷共包括30个问题。大学生在回答的过程中可以通过不记名的形势填写。

（二）问卷调查的方式

本次问卷调查的方式主要是在不同学校的不同专业中随机抽取学生发放问卷。问卷调查的发放和回收都由不同专业的相关学生配合完成。

四、当代大学生恋爱心理现状调查及存在的主要问题

通过问卷调查可以发现，当前阶段的大学生，恋爱心理状况总体上比较健康。而且大部分大学生具有明确的学习目标和职业规划，并不会受谈恋爱影响。很多

大学生谈恋爱的原因只是因为爱情，恋爱的动机比较纯粹。另外，在大学生群体中也存在一些其他方面的问题，如很多大学生不能将恋爱与婚姻结合起来进行考虑，在谈恋爱的过程中存在缺乏责任感的问题。也有一部分大学生谈恋爱只是为了展示个人的魅力，甚至还同时和几位异性进行交往。通过调查问卷可以发现，大学生的恋爱心理问题主要包括以下几个不同的方面（见表3-2）。

表3-2　大学生恋爱动机调查

类型	男生人数/人	男生人数所占总数比例/%	女生人数/人	女生人数所占总数比例/%	总比例/%
情不自禁型	206	21	220	23	44
务实型	176	18	212	22	40
空虚寂寞型	54	5.5	44	4.5	10
虚荣型	36	3.7	14	1.4	5.1
好奇型	4	0.4	6	0.6	1

（一）恋爱动机多样

1. 情不自禁型

高校中的大学生已经基本成年，他们的生理发育逐渐成熟，对于异性的渴望也逐渐变得更加强烈，这一阶段被称为异性吸引期。大学生如果在这一阶段遇到了自己喜欢的人，就会对其发起"攻势"，进而满足自己的感情需求。这种人在与恋人相处的过程中往往情感表达非常专一，在感情中也非常尊重对方，愿意为对方分担痛苦。在实际的调查中还发现，这一类型的大学生所占比例非常大，约为44%。

2. 务实型

有很多大学生在谈恋爱的过程中比较注重两人是否拥有共同的理想，因为双方拥有共同的志趣和理想才能够为双方的事业发展提供良好的基础。务实型大学生谈恋爱的重要标准就是找一个志同道合的人，并且可以在未来走向婚姻的殿堂。这种大学生在与他人恋爱的过程中，并不会因为恋爱而影响学习，反而能够与恋人相互鼓励，共同进步。这一种类型的人所占比例为40%左右。

3. 空虚寂寞型

高中阶段长时间的学习压力使大学生在刚刚进入大学后过度追求自由，再加上高校教师的管理相对宽松，家长离大学生也比较远，所以，大学生更加无所顾忌。而且大学生刚刚进入高校，对其他学生也不了解，经常会出现孤独寂寞的感觉，在这时候，大学生最先想到的就是谈恋爱，通过恋爱来填补自己的空虚。因为这一目的而谈恋爱的大学生约占 10%。

4. 虚荣型

虚荣型大学生的恋爱大多具有比较强的从众心理，尤其是当他们看到周围的大学生都坠入爱河，自己却孤身一人的时候，个人的寂寞感也会变得更加强烈。因此，他们会进一步加快寻找恋爱对象的速度。这一部分大学生谈恋爱既不是为了寻找伴侣，也不是基于对对方的喜欢，而是为了追求虚荣心。他们看到周围的同学恋爱之后，自己不甘示弱，就会很草率地找一个恋爱对象。这一部分大学生所占比例大概为 5.1%。

5. 好奇型

现如今，一部分学生在高中甚至是初中阶段就已经开始恋爱，尤其是随着互联网技术的不断发展，人们之间的联系也变得更加容易，谈恋爱已经成为一件非常普遍的事情。有不少学生因为家教比较严格，对于爱情并不了解，他们进入大学之后对这一领域非常好奇，在好奇心的驱使下选择恋爱。这一部分大学生所占比例大概为 1%。

（二）恋爱自主性比较强

大学生的自主性比较强，具有非常明显的个体意识，尤其是在追求爱情的过程中，非常渴望拥有平等的权利。他们希望自己能够在感情中做主，自由地选择和谁恋爱，用什么样的方式恋爱。当然，他们对于浪漫的恋爱也非常渴望，希望拥有丰富的精神生活，对结婚、生儿育女等现实问题缺乏关注。通过调查总结可以发现，大学生恋爱自主性比较强的表现包括以下几个不同的方面。

1. 大学生恋爱的理想化

大多数大学生对于纯洁的恋爱非常向往，很多大学生的恋爱非常单纯。大学生在恋爱的过程中，非常注重在精神方面能够实现彼此的相互认可。由于大学阶段的恋爱不需要面临现实生活的压力，所以大多数大学生的目标就是能够轰轰烈烈地谈恋爱。大学生人际关系相对比较简单，大多数大学生对于真实的社会并不了解，在恋爱的过程中只知道眼前的浪漫，对未来的生活过于乐观，缺乏风险意识，无法有效意识到未来可能出现的现实困难，面对可能存在的现实压力也没有充分的准备。

2. 大学生恋爱过于热情奔放

大学阶段正是大学生生理发育的旺盛时期，很容易情绪冲动。在感情方面，大学生往往表现得非常热情，感性成分较多，由于不够理性且缺乏责任感，他们在遇到一些问题时，常常会手足无措，甚至有可能因此分手。当大学生失恋之后，他们很容易陷入情绪的低迷期，很长时间不能自拔。

3. 大学生恋爱目的比较多元

和高中相比，大学时期的学习氛围和学习环境相对比较宽松，也比较自由。再加上大学生群体刚刚离开父母进入社会，在短时间内比较茫然。也有一部分大学生还没有树立明确的发展目标，对未来比较迷惘，想趁此机会谈恋爱，填补自己的精神空虚。甚至有的大学生认为恋爱是大学阶段的一个重要目标和任务。在很多大学生看来，拥有异性朋友是一件值得别人羡慕的事情，能够充分满足自己的虚荣心。有的女孩认为越多的男生追求自己就越能够展现出个人的魅力。当然，也有一些男生抱着玩一玩的心态谈恋爱。总之，在大学生群体中，恋爱目的呈现出多元化的发展趋势，这也让爱情变得不再严肃。

（三）恋爱观念比较开放

时代不断发展，也促进当代大学生的恋爱观得到发展，越来越多的大学生逐渐摆脱了传统观念的束缚，非常勇敢地追求爱情，并且愿意公开地表达自己的爱意。虽然大学生的恋爱观念越来越开放，但是同时出现了传统恋爱道德观念淡化的情况，最明显的表现就是大学生群体对性自由和婚前性行为的态度。

当今时代已经不是传统社会男女授受不亲的时代，尤其是在改革开放之后，中国人对性的认知发生了极大的变化。同时在外来观念的影响下，人们对于性的接受程度越来越高。在人们对性的观念发生改变的过程中，大学生发挥了非常重要的影响作用。如表 3-3 的调查结果所示，在大学生男生群体中，61% 左右的男生支持婚前性行为，23% 左右的男生认为对待婚前性行为需要保持谨慎，11% 左右的男生对婚前性行为持反对意见。在女生群体中，有 30% 左右的女生支持婚前性行为，有 46% 左右的女生表示对婚前性行为需要谨慎，有 24% 左右的女生对婚前性行为持反对意见。从表 3-3 的调查数据可以发现，在大学生群体中，男生和女生相比，男生的观念和行为相对比较开放，女生的观念和行为比较保守。从生理角度来讲，大学生群体已经基本发育成熟，但是他们的心理还不够成熟。另外，大学生群体还没有承担相应责任的能力，他们没有稳定的经济来源，自立能力还比较差，也没有足够的能力解决性行为带来的相关问题和压力。尤其是大学生群体因为性行为带来严重的后果时，不论是精神压力还是物质压力都会急剧增加。大学生个人的价值观还不够成熟，在发展的过程中很容易被外界因素影响，尤其受到社会不良因素的干扰，导致很多大学生为了性而谈恋爱，这对大学生个人及他人都会造成不良影响，甚至会危害社会。

表 3-3　关于大学生性行为的相关调查

调查项目		男生		女生	
		人数 / 人	所占比例 /%	人数 / 人	所占比例 /%
是否接受婚前性行为	很支持	292	61	148	30
	看情况	134	23	230	46
	坚决反对	50	11	118	24
恋爱过程中的肢体亲密程度	有过接吻	190	40	234	94
	有过性爱抚	122	26	110	44
	有过性行为	50	10.5	40	8

注：“恋爱过程中的肢体亲密程度调查”为可多选或不选项调查。

（四）学业与爱情产生冲突

学生进入大学阶段意味着他们开始离开父母和原来的朋友进入一个全新的环境。在这一环境中，大学生需要独自进行学习和生活，面临的压力也会更大，如需要面对人际关系、经济、学习、就业等多方面的压力，所以大学生需要花费大量的时间和精力去成长。同时，恋爱也需要大学生花费一定的时间和精力，这也是大学生在大学期间需要面对的重要考验。有很多大学生通过恋爱的方式激励自己，希望自己能够取得更好的成绩，以此回报对方对自己的感情。总之，大学生需要对恋爱有正确的认识，意识到恋爱是严肃的，通过一定的调剂能够增进彼此感情。由此可见，正确、健康的恋爱观能够成为推动大学生认真学习、努力工作的动力。而歪曲的恋爱观则会影响大学生的发展，为大学生带来极大的压力。

在对高校大学生进行的调查中，笔者发现有一部分大学生对学业与爱情之间的关系并没有正确的认识。调查结果显示，有43%左右的大学生认为学业比爱情重要，有7%左右的大学生认为爱情比学业重要，剩下的大学生认为两者同样重要。这一项调查结果表明，大部分大学生在处理学业与爱情的关系时都能够以正确的态度面对，但是仍然有一部分大学生不能正确处理两者的关系，所以当他们陷入恋爱关系中便不能自拔。有的大学生整天沉溺于爱情中，无法正确处理学业与爱情的关系，甚至出现迟到早退、厌学的情况，最终导致自己成绩不及格，学业受到严重的负面影响，耽误自己的前程。

（五）恋爱承受能力比较差

感情挫折是每一位大学生都可能经历的。对于当代大学生来说，感情具有复杂性，他们在追求爱情的过程中遇到挫折是在所难免的。失恋被列为较为严重的挫折之一。当大学生失恋后，虽然他们在言语上表现出无所谓的样子，但是内心受到了巨大的伤害，学习必然会受到影响。大学生缺乏充足的社会生活实践经验，思想也不够成熟，在谈恋爱的过程中过于理想化，在思考相关问题时过于单纯。所以，他们面对突如其来的失恋时，通常会手足无措，甚至做出一系列不正常的行为。在问卷调查中，"当你失恋时你会怎么做？"这一问题的调查结果显示，有49%的大学生认为"做不成恋人也可以做朋友"，有36.5%左右的大学生会选择更加努力学习以此来抵抗失恋的痛苦，有10.6%的大学生会选择通过寻找朋友来寻求安慰，还有2.4%的大学生会选择对对方进行报复，有1.6%的大学生表示自己会非常悲观。从这一项调查数据可以发现，失恋对大学生来说是一个非常严重的挫折，虽然大部分大学生能够比较正确、客观地对待失恋，也会表现出比较理智的情绪，但是仍然有部分大学生在失恋之后无法正确排解这种消极的情绪，甚至自暴自弃，进而产生自杀的冲动。在他们看来，连自己最爱的人都会抛弃自己，活在世界上也就没有任何的意义。当然也有一些人在失恋之后依然不忘旧情，怀念过去与对方的美好，陷入幻想中不能自拔。还有一些大学生在失恋之后会绝望愤怒，对任何事物都表示怀疑，得过且过，以此来发泄心中的不满情绪。比较典型的心理状态就是"我得不到幸福你也别想幸福"。总之，失恋对大学生造成的影响非常严重，会对大学生的身心健康发展造成极大的负面影响。

第三节　当代大学生恋爱心理的影响因素分析

大学生的恋爱心理受到所处时代、社会因素、教育环境等多方面的影响。通过总结可以发现，影响大学生恋爱心理形成的因素主要包括以下几个方面。

一、社会文化对大学生恋爱心理形成造成的影响

我国改革开放之后，社会环境发生了翻天覆地的变化，这对大学生的爱情观造成了极大的影响和冲击。

（一）大众审美文化的失落

客观来讲，社会文化的发展对校园文化的走向产生了极大的影响，校园文化是社会文化的一个缩影。改革开放之后，我国经济得到了快速发展，同时西方思想和文化也开始进入我国，对我国传统道德文化造成了强烈的冲击，使人们的审美与以往产生了较大的差异。从目前阶段来看，大众的审美趋向已经开始由追求文化的高尚性向追求文化的感官刺激方向发展，很显然，这一转变与一部分大众的扭曲心理是相互迎合的。在社会中流行的那种开放自由的思想和轻浮的态度，对校园的文化环境造成了极大的影响，同时也给大学生的爱情观和价值观带来了负面影响，很有可能导致大学生产生错误的恋爱观，最终导致大学生无法正确看待爱情。

（二）大众传媒的宣传和影响

大众传媒的宣传也会在一定程度上对大学生的爱情观造成影响。大众宣传不仅会对大学生的感官进行刺激，还会逐渐让大学生的思想观念发生改变。改革开放之后，我国越来越多的文艺作品开始对恋爱和性进行过度描写和渲染，创作者通过这种方式来吸引消费者，从而获取更多的利益。在利益驱使下，越来越多的创作者在创作作品时对爱情进行夸大和渲染，对大学生的感官产生了刺激。甚至还有一些不法分子将西方价值观念中的玩世不恭、颓废潦倒等爱情观借助网络进行传播，对我国传统的伦理爱情观造成了极大冲击，尤其是对那些社会经验不

足、恋爱观不成熟的大学生造成了不良影响，很容易导致大学生面对爱情时误入歧途。

（三）网络文化的负面影响

随着网络的发展，互联网中充斥着西方大量的文化信息和价值观念，黄色信息也越来越泛滥，但是大学生群体还没有形成成熟的人生观与价值观，个人辨别能力相对较差，他们面对复杂的网络信息很难进行有效筛选，难以形成正确的爱情观。而且网络中传播的西方社会的"性开放""性自由"思想，对大学生产生的负面影响是显而易见的。

互联网中有很多内容不健康的网站，网站中的低俗内容不仅会对大学生的身心健康造成影响，还会扭曲大学生的个人人格。互联网能够帮助人们认识世界，拉近人与人之间的距离，为人们学习和娱乐提供了更好的媒介，却也会被个别不法分子利用。他们通过开设不法网站对大学生传播色情文化，对大学生的价值观造成了极大的负面影响，甚至可能危害大学生的身心健康。网络的出现还催生了一种新的恋爱形式——网恋。网恋不仅可能影响大学生身心健康，还有可能影响大学生的正常学习与生活。但是对于一部分大学生来说，网恋为他们提供了一种交流情感的方式，能够让他们感受到恋爱的感觉。而且在现实中也有很多大学生通过网恋的方式进行恋爱，甚至对这种方式非常迷恋。

（四）西方思想的不断渗透

改革开放之后，我国与世界其他国家之间的交流越来越密切，而且随着经济全球化的发展，世界各国之间也开始了紧密的文化交流。西方国家更是利用这一契机积极进行西方文化的宣传与渗透，过度渲染西方文化价值观念，这对大学生的行为规范和价值观念造成了极大的影响。再加上大学生的分辨能力有限，无法对西方的文化价值观念进行有效辨别，容易受到不良价值观的负面影响。

（五）社会不良风气的影响

在大学生恋爱心理形成的过程中，社会因素也会产生重要的影响作用。人是社会中的人，在不同的社会环境和社会关系中，人们的恋爱观也存在一定差异。改革开放之后，我国与世界其他国家的交流越来越深入，这为西方思想的涌入提供了一定的契机，同时也对我国传统的伦理道德思想造成冲击。在西方恋爱价值观的影响下，我国国民对婚姻的认知越来越开放。尤其在西方的拜金主义、享乐主义等思想的影响下，越来越多的大学生在恋爱过程中过度追求个人的感官刺激和肉体享受，导致他们对爱情的态度过于轻率。现如今信息技术越来越发达，这为色情文化的传播和泛滥提供了一定的条件，也进一步增加了这些不良文化对大学生产生影响的可能。这些信息导致人们在恋爱的过程中将金钱、地位等当作主要的衡量标准，道德价值取向逐渐被功利化的价值取向替代。在网络中，关于两性和情感问题的讨论越来越多，这在一定程度上激发了大学生的好奇心。而高校本身就是一个小社会，大学生长期生活在这个环境中很容易产生相互攀比的心理，进而导致大学生在没有找到心爱的人的情况下，随便进行恋爱。因为当他们看到别的同学都有了伴侣之后，就会出现一定的失落感，进而进行效仿，放弃学业，盲目追求恋爱。也有一些大学生是因为家庭经济困难，爱慕虚荣而选择恋爱，他们希望通过恋爱的方式让对方帮助自己缓解一定的经济压力，甚至有人会选择以欺骗的方式进行恋爱，脚踏几条船。总之，随着社会主义市场经济的不断发展，人们的思想越来越开放，而那些辨别能力相对较差的大学生，很容易被社会中的不良信息诱导，进而导致他们无法形成正确的爱情观。

二、高校教育对大学生恋爱心理形成造成的影响

不得不承认，大学生正确恋爱观的形成与高校教育也有一定的关系，但很多高校在这方面存在一定问题。在我国的高等教育中，很多学校过于注重大学生的学习成绩，而在教学过程中忽视了大学生的人格养成。一些高校的教育工作者没有意识到大学生正处于成长的关键阶段，他们普遍缺乏正确对待和处理感情的方法和正确的价值观，极易在学习、感情、就业等多个方面面临巨大的压力，对未来人生发展感到无能为力。此时他们会期望通过恋爱的方式来缓解压力，排解内心的孤独。

（一）思想政治教育实效性较差

现如今虽然越来越多的高校已经认识到思想政治教育的重要性，并且在教学过程中积极推进这一工作的开展，在一定程度上对大学生个人品行和价值观的养成起到了规范和引导作用。但是从实际看，效果并不理想。一些高校教育重理论

教学，教学方式单调、乏味，无法有效说服学生，而且从思想政治教育的内容来看，一些内容已经无法适应时代的发展需求，与时代发展脱轨。仅仅从性教育来看，就可以发现存在明显的缺失。教科书中关于性教育的相关内容非常少，大学生对性进行了解的渠道主要包括小说、电影、网络，这些渠道传播的内容良莠不齐，大学生难以形成正确的恋爱价值观。从高校思想政治教育内容来看，恋爱观的教育内容也非常匮乏。这一情况充分表明，高校思想政治教育内容没有顺应时代的发展，没有根据时代变化积极进行相应的调整。尤其是改革开放之后，随着我国经济的发展和政策的影响，人们的恋爱观和择偶标准发生了极大的改变。如果高校在思想政治教育过程中无法通过教育活动，对大学生恋爱观进行积极引导，大学生就难以适应时代的变化，容易被不良社会文化影响，进而产生不健康的恋爱心理。

（二）恋爱观教育明显不足

很多高校没有针对大学生进行恋爱观教育，即使有些高校实施了大学生恋爱观教育，但是教学内容仅仅局限于课本，比较死板，在教学过程中使用灌输式的方法进行理论教学，这样的方式不仅无法让大学生产生共鸣，甚至还会适得其反，无法满足大学生需求。大学生不得不通过其他方式对恋爱进行了解。我们可以发现在高校中存在许多盲目恋爱的例子，由此导致很多恋爱问题产生，进而诱发大学生的心理健康问题。

（三）高校管理工作相对薄弱

我国经济的迅速发展，同时也让物质文化在社会中得以盛行。人们不再像以前一样用固定的模式对自己进行约束，尤其对于大学生群体来说，大学阶段正是体现个性自由生长的关键阶段。高校的态度也从过去禁止大学生谈恋爱逐渐发生了转变。不得不承认，在社会主义市场经济不断发展的过程中，高校也在大学生教育方面不断探索。现如今大学生恋爱拥有了更加自由的环境，而婚姻法的制定和完善也让大学生结婚变得合法，所以高校对大学生恋爱的管理越来越松。高校对大学生恋爱管理工作的薄弱，虽然给予了大学生充足的自由空间，但是也在一定程度上导致了大学生恋爱观念的偏离，如果这种情况得不到一定的控制，很有可能会对大学生造成更加严重的影响。

（四）学校周围环境的影响

学校周围的环境也会对大学生的恋爱观念形成造成影响，如果学校周围的环境存在一定问题，则会在无形中对大学生的恋爱心理产生消极影响。如很多高校周围设有网吧、酒吧、酒店等设施，这无疑会对大学生的心理造成刺激。甚至有的酒店为了招揽生意，还在学校内部发放传单进行宣传，这些情况都为大学生发生不正当关系提供了便利。

三、家庭环境对大学生恋爱心理形成造成的影响

在大学生成长的过程中，家庭是非常重要的一个环节。但是在很多家庭中，父母因为工作原因，与孩子沟通的时间较少，这使得父母与孩子之间因缺少理解而产生隔阂或矛盾。父母对孩子提出了较高的要求，却没有为孩子的成长发展提供良好的环境，使孩子在成长过程中感受不到家庭的温暖，也不愿意与父母进行正常交流，而恋爱就成了他们寻求情感寄托、缓解自身情感压力的一种方式。因此我们不能忽视家庭教育对大学生爱情观形成的重要影响作用，尤其是在大学生成长的过程中，父母应给予他们关心，与他们多交流，这是当代父母需要重视的一个关键问题。父母在教育孩子的过程中应进行合理引导，而不是过度地约束和控制孩子，否则只会影响父母与子女之间的感情，亲子关系不融洽就会导致孩子通过恋爱寻求情感寄托。

随着社会竞争愈加激烈，越来越多的人将重心放在事业上，他们没有多余的精力考虑感情问题，出现了很多大龄适婚青年。"孩子不急家长急"已经成为当今时代感情问题的一个重要特点。在很多大城市中有家长相亲会，家长会代替子女前去相亲，在双方家长都认为合适的情况下再安排子女见面。这种相亲会在大城市中非常受欢迎，有很多父母表示：早知道会有这样的结果，就应该在大学期间支持孩子谈恋爱。所以越来越多的家长态度发生了转变，他们开始支持孩子在大学阶段谈恋爱。大学阶段的恋爱并不全是无疾而终的，有很多感情能够走到最后。再加上现如今的交通非常便利，大学生愿意在毕业之后跟随另一半在一个城市工作，回家也非常方便。总之，家长需要与大学生积极进行交流，尽可能帮助子女树立正确的恋爱观。

四、自身因素对大学生恋爱心理形成造成的影响

（一）大学生身体发育的影响

大学是人生中非常重要的一个阶段，在这一阶段大学生的生理逐渐成熟，身体发育也逐渐成熟。他们对于爱情和性的欲望也变得更加强烈，这都是身体发育过程中的正常现象。不得不承认，性欲的满足是人成长过程中的一种本能需求，而满足个人的性冲动，则是大学生恋爱的一个重要因素，尤其是当情侣发展到热恋阶段之后，他们的性意识也变得更加敏感，对于性的需求也更加强烈。

（二）大学生心理成熟的影响

大学生群体大多在 20 岁左右，在这一阶段，他们逐渐从群体生活转变为小团体生活。个人的成长使心理也发生了一定的变化，他们开始逐渐追求与异性单独相处，并且试图与自己喜欢的异性进行相处，进而带来更加美妙的感觉。心理的成熟加强了大学生对异性的好奇心，也让他们更加渴望对异性进行了解。

（三）社会情感发展的需求

一个人从婴儿到儿童时期，接触最多的就是自己的家人，在这一阶段，他们感受最多的情感就是亲情。随着年龄的增长，他们需要获得的情感也越来越多。其实在青少年阶段，人们对社会情感的需求就已经逐渐体现出来，这一阶段会拥有一些比较亲近的朋友，让他们感受到除了亲情之外的友情。进入大学之后，大学生开始正式离开家人独立生活，他们个人的独立想法完全可以在大学阶段进行实施。因为在大学阶段脱离了家人，所以需要建立别的关系对自己的情感进行弥补，从而达到缓解压力和获得快乐的目的。因此在这一阶段，大学生对于感情的需求变得更加明显，而在所有的亲密关系中，大学生对于爱情的需求明显与其他关系是不同的。

（四）大学生自我意识的提升

当学生进入大学之后，他们对于社会信息的接受更加自主，激发了他们自我意识的提升。在这一阶段，他们离开了教师和父母的过度约束，个人思维得以更加自由地体现。越来越多的大学生认为在大学期间，不仅需要学好文化知识，为自己将来的事业做准备，同时也需要处理好个人的感情生活，通过谈恋爱为自

己之后建立家庭做好准备。这些想法都是随着大学生自我意识的提升而逐渐出现的。

（五）群体性社会心理的影响

一个人身处一定的社会群体中，必然会受到社会中各种因素的影响，当然这些影响因素既包括积极的一面，也包括消极的一面。对于成年人来说，他们的个人判断能力相对较强，在面对外界影响时能够进行相对准确的判断，并且对个人行为进行克制。然而对于大学生群体来说，他们正处于人生的关键发展阶段，对各种新鲜事物充满好奇，个人的辨别能力和克制能力都相对比较薄弱。大学生在校园中通过学习，能够与其他同学建立一定的关系，进而逐渐从学习层面延展到生活方面，使个人的关系得到进一步的延伸和拓展。大学生看到其他同学每天和恋人共同吃饭、共同上课；看到其他同学在伤心时有恋人安慰，共同渡过难关；看到其他同学在节日收到礼物时，就会在无形中产生攀比心理。这时他们就会觉得，如果自己不找一个恋人就会比别人差，甚至低人一等。总之，在学校周围其他同学的影响下，很多大学生为了展现出个人的魅力，也开始加入恋爱的行列，寻找自己喜欢的异性。而且大学生正处于叛逆期，如果有反对的声音，他们就会更加想要尝试，所以有的大学生在面对家长和教师劝说时，他们反而会更加坚定地进行尝试。他们认为高校开展的思想道德教育是保守的教育，会束缚个人的情感发展。

第四节　当代大学生恋爱心理教育对策

一、充分发挥社会文化的引导作用

通过积极开展思想政治教育工作，对大学生进行人文关怀和心理疏导，能够逐渐提升大学生的人际关系处理能力，进而帮助大学生正确地处理人际关系。另外，积极发动社会中的各种力量，能够更好地开展大学生思想政治教育工作，为大学生心理健康发展构建良好的环境基础。

（一）积极进行社会思想文化建设，引导大学生恋爱观正确发展

我国社会文化建设面临着西方思想渗透的严峻挑战，因此我们必须引起重视，并且在这一过程中积极探索思想文化建设的方法，保证我国社会思想文化建设能够与时俱进，始终具有强大的生命力和活力。思想文化建设需要围绕理想信念这一核心展开，并且积极进行以爱国主义为核心的民族精神和以改革创新为核心的时代精神的传播。在这一过程中，高校也需要承担起民族文化传播与弘扬、民族精神培育与建设的重任，对大学生进行正确的引导，让他们可以始终坚持中国共产党的领导，坚定不移地走中国特色社会主义道路。激发大学生的凝聚力，为了中华民族的伟大复兴而不断奋斗。鼓励大学生充分参与社会实践，为我国的经济发展做贡献，自觉抵制西方文化的渗透。

（二）积极进行网络文化建设，对大学生恋爱心理进行引导

随着互联网技术的不断发展，各种新媒介层出不穷，为思想政治教育提供了全新的方式与渠道，但同时思想政治教育面临的环境也更加复杂。从现实情况来看，利用互联网对大学生恋爱进行引导这一方面相对薄弱。在网络技术不断发展的时代，要想抵制西方不良思想的渗透，我们必须正面积极回应，牢牢把握住网络阵地的主动权，积极利用网络媒介进行党的宣传，坚守马克思主义网络阵地，逐渐清除西方腐朽思想在网络中的影响，有效净化互联网环境，为大学生的健康发展构建良好的网络环境，保证社会主义核心价值观可以在网络中大力弘扬。我国明确表示新闻出版和广播影视必须坚持正确的导向，只有这样才能保证互联网成为宣传先进文化的重要阵地，并且有效提升先进文化的影响力和穿透力，对大学生的行为进行有效的约束和规范。政府部门也要针对网络进行网络立法，对网络进行有效监管，构建良好的网络环境。除此之外，还可利用相关的技术手段，对网络中传播的各种信息进行审查和筛选，开发专业的过滤软件，对违法信息和垃圾信息进行拦截，充分发挥网络的育人功能，让大学生可以安全上网。

（三）利用大众媒体对大学生的恋爱心理进行引导

很多大众媒体为了获取更多的经济利益，推动自身产业链的发展，在信息传播过程中会运用吸引人眼球的方式来增加收视率和点击率，如添加一些庸俗、擦边的图片，甚至有一些电影院在播放电影的宣传片时，也会故意在宣传片中增加性的相关内容，以对人的感官进行刺激，从而吸引人们的注意。虽然这些内容能够在一定程度上帮助商家获得利益，却对年轻人造成了一定的危害，对年轻人的心灵产生了负面影响。大众媒体对于大学生恋爱的关注度，大多只停留在伦理方面，而不是心理层面。所以大众媒体在对大学生恋爱的相关内容进行报道时，报道内容主要集中在两个方面：一方面是恋爱与学习之间的矛盾，通常会表达大学生应以学业为主，谈恋爱必然会影响大学生的学习；另一方面是针对大学生恋爱过程中出现的一些不良现象，如大学生因为失恋而轻生、在恋爱过程中怀孕和堕胎等。大众媒体仅仅在伦理层面对大学生的恋爱行为进行批评和指责，无法从心理层面对大学生给予一定的关怀，这势必对大学生正确恋爱观的形成产生不良影响，最终导致大学生无法理解真正的爱情。总之，大众媒体在宣传和报道时，需要做好表率作用，对大学生的心理进行正确引导。相关部门也需要对大众传媒进行管理，保证相关媒体在信息传播时能够始终坚持社会主义理论方向，积极传播主流健康文化，抵制社会中的不良思想，遏制不良风气，最终构建良好的社会环境。

二、充分发挥高校的教育主体作用

在我国的高等教育体系中，思想政治教育是重要的教育教学内容，也是高校的一项重要工作。但是高校在开展思想政治教育工作时，需要以大学生为基础，从大学生个人特点出发进行工作设计，有针对性地安排思想政治教育内容。恋爱观是大学生人生观、价值观在恋爱问题中的体现，代表大学生对爱情和恋爱等内容的观点与态度，也能够直接体现一个人的人生观和价值观是否正确。换句话说，如果大学生没有正确的人生观和价值观，那么他的恋爱观就没有正确的导向基础，他对爱情和婚姻的看法也会存在一定偏颇。而且大学阶段正是大学生恋爱观形成的关键时期。在这一阶段，他们的情感和心理非常丰富，主观性非常强，如果高校不能对大学生的恋爱观进行正确引导，必然会导致大学生未来发展面临重大隐患。因此，高校在对大学生进行教育教学时，需要积极开展恋爱观教育，有针对性地对大学生的恋爱观形成进行引导和管理。这一项工作是高校必须开展的一项重要工作。

（一）积极学习马克思主义恋爱观

高校在对大学生开展思想政治教育的过程中，需要利用马克思主义恋爱观对大学生进行教育指导。通过对大学生进行恋爱观教育，让他们了解马克思主义爱情观的基本内涵，并且在感情中尊重对方的人格。恩格斯曾经也说过，爱情需要以互爱为前提，这充分体现出在爱情中情侣双方的平等性，而两者的平等互爱则是形成幸福爱情的必要条件。在爱情中，男女双方需要彼此尊重，在保持亲密关系的基础上给予对方一定的独立空间，只有这样才能使感情变得更加长久。大学生在感情中需要尊重彼此，不能过于依赖对方，否则很容易在感情中失去自我，进而导致爱情的本质意义丧失。当代大学生在恋爱的过程中需要尊重对方的人格，同时保持自己的人格，相互爱护、相互尊敬。

（二）积极进行思想品德教育

高校还需要对大学生进行思想品德教育，开设专业的课程，从理论层面对大学生进行指导，帮助大学生处理好恋爱中的关系和各种问题。在大学阶段除了恋爱之外，学业、人际关系和就业问题都是大学生需要面对并且必须解决的重要问题。大学生处理好这些问题并且协调好各方的关系对于大学生的未来发展至关重要。因此高校需要通过开展思想品德教育，帮助大学生树立远大的目标，在处理不同问题时能够始终正确地看待爱情。同时还要对大学生积极进行引导和扶持，帮助大学生清醒地认识爱情，并且理清理想、道德、责任、性爱等不同元素的地位。

（三）积极为大学生开展心理健康教育

在大学阶段为大学生开展心理健康教育，能够在一定程度上帮助大学生塑造良好的恋爱心理。从实际情况来看，大学生的身心还处于发展阶段，并没有完全成熟，对于事物的看法不够全面，所以学校有必要对学生进行一定的教育与引导。尤其是高校中的思想政治教育工作者需要以班级为单位，对大学生开展心理健康教育，并且邀请专家开展讲座，充分激发大学生的兴趣，拓宽大学生的视野。对于个别存在一定心理问题的大学生，高校需要通过心理健康教育，对其积极进行有针对性的分析，及时发现其心理方面存在的问题，促进其心理健康发展。为此，高校可以在校内建立专业的心理咨询机构，定期对大学生心理进行分析，帮助大学生养成良好的心理咨询习惯，切实促进大学生心理健康发展。

通过帮助大学生塑造良好的恋爱心理，能够有效提升大学生的个人责任感，让他们明白，在爱情中需要承担一定的责任，进而逐渐克服在感情中存在的心理问题。

（四）正确地开展两性教育

在必要情况下，还需要在高校中为大学生开展两性教育，主要从性知识教育和性道德教育两个方面出发。性文化是社会文化的重要组成部分，考虑到大学生对性知识的渴望及性欲望比较强烈等特点，高校在教学过程中必须对大学生进行强化管理，有计划、有步骤、有针对性地对大学生开展性教育，帮助大学生打破对性的无知状态，并且逐步解答他们对性的疑问，使他们的控制力得到有效提升。

（五）构建积极健康的校园文化

高校的校园文化能够在一定程度上体现出一所高校的整体精神面貌和价值取向，同时还是具有一定引导功能的特殊校园教育资源。高校校园文化作为一种特殊的教育力量，在大学生成长发展的过程中有着极大的影响作用，因此高校应在开展教育教学工作时，积极进行校园文化环境的建设，发挥校园环境的隐性作用，陶冶大学生的情操，全面提升大学生素质。通过积极进行校园文化建设，能够在潜移默化中促进大学生的身心健康发展，而且对于大学生群体来说，高校作为学习和生活的地方，良好的校园环境可以调动学生的积极性，从而引导大学生更加主动地进行学习。良好的校园文化环境能够拓宽大学生的眼界，陶冶大学生的情操，并且不断提升大学生的品位，让大学生找到更多缓解压力的方式，恋爱问题自然也会随之减少。

在校园文化建设的过程中，高校利用丰富的物质文化载体进行精神文化宣传，最终实现物质文化与精神文化的相互融合，起到良好的精神净化作用。校园物质文化是校园文化的硬件，看得见摸得着，物质文化与实体之间的关系能够体现出一所高校的价值观，而高校的价值观又在潜移默化中会对大学生的价值观产生影响。校园精神文化建设是校园文化建设的核心内容，能够有效体现出校园文化的层次与水准，是高校中全体师生与工作人员公认的文化观念和价值观念，属于意识形态领域，能够体现出一所高校的精神面貌。

三、充分发挥家庭教育的重要作用

对于大学生来说，虽然他们进入大学之后远离了父母的呵护和家庭的保护，但是家庭作为他们从小生活成长的环境，是每一位大学生成长的重要影响因素。大学生对家庭和亲情的依赖会在无形中对大学生产生影响，大学生的品德和性情都离不开家庭环境的影响。家庭对大学生恋爱观的形成具有极大的影响作用，因此家庭需要积极对大学生进行教育和引导，帮助大学生树立正确的恋爱观。

（一）培养大学生的恋爱能力和责任感

进入青春期，大学生谈恋爱是非常正常的行为和现象，也是他们人生中必须经历的事情，因此，孩子进入青春期后，家长需要用自身的言行对大学生进行引导，帮助他们树立正确的价值观，同时加强对子女的教育，帮助他们树立良好的责任意识。如果子女已经开始谈恋爱，家长在不了解细节的情况下，不宜对子女的感情进行强行阻拦，否则可能会适得其反。家长需要对子女的感情状况充分了解后，再通过对子女进行教育，使子女形成正确的恋爱意识，让他们在遇到喜欢的异性时，能更加理性地进行恋爱。家长通过对子女进行一定的教育引导，让子女做一个有主见的人，对自己有深入的了解，知道自己的喜好，可以帮助他们提升接受爱的能力，引导他们清楚自己需要的是什么，适合什么样的人，只有这样才能在遇到自己喜欢的人时能更加明确地表达自己的感情。当面对他人的感情时，他们也能够进行正确判断，客观地做出接受或者拒绝的决定。家长要以身作则，为子女做好榜样，积极培养子女的责任感，不轻易谈感情，但是也不要对感情产生畏惧心理，要负责任地对待感情，积极地维持感情。

（二）培养子女的失恋抗挫能力

恋爱需要男女双方共同付出和维系。在一段感情中，恋爱的发展会受到多种不同因素的影响，如果在这个过程中恋爱双方发现彼此并不合适，很有可能中断恋人关系，这是经常出现的情况。但是，大学生失恋必然会对学习和生活造成一定的影响，如果不能正确处理，很有可能对大学生未来的生活甚至是整个人生都造成一定的影响。因此，如何正确面对失恋是每一位大学生都需要理性思考的问题，针对这一问题，家长也需要积极对大学生进行教育和引导，不断提升大学生的失恋承受能力。

培养大学生的失恋承受能力，需要从以下几个方面出发：第一，要针对大学生群体积极开展恋爱技巧培训，因为大部分大学生对于爱情都比较憧憬，甚至将恋爱想象得特别美好，所以一旦在恋爱过程中遇到问题，就会对其造成极大的打击。为此，辅导员可以通过心理沟通、团体辅导等不同的方式对大学生进行恋爱技巧培训，让大学生掌握恋爱的基本原则。第二，还要积极帮助大学生开展恋爱心理健康教育。大学生群体在恋爱时很容易沉浸其中，所以当大学生出现情感危机时，自身的心理情绪就会出现明显变化。这时高校辅导员要积极对大学生进行心理干预，向他们传授正确的恋爱观，避免他们在失恋时出现极端情况。第三，还要帮助大学生塑造正确的恋爱观，对于恋爱中的大学生，学校要积极开展相关的思想政治主题教育，帮助大学生塑造正确的恋爱观，帮助大学生培养正确的情操，在恋爱过程中做到自尊、自爱、自信。

四、提高大学生的恋爱能力，养成正确的恋爱观

（一）建立正确的恋爱观

在恋爱活动中，大学生的恋爱观能够起到一定的导向作用，因此，培养正确的恋爱观，能够帮助大学生正确地看待和处理感情问题，进而收获幸福爱情。

首先，大学生要正确地看待和理解爱情，这也是树立正确恋爱观的基本前提。如果大学生对感情没有正确的认知，或者受到其他不良因素的影响，就会导致在恋爱过程中出现恋爱动机不良等问题。如有的大学生恋爱只是因为看到他人恋爱，或者为了摆脱寂寞而草率地进行恋爱。这些情况都易导致大学生的恋爱最终走向失败，甚至会对大学生的身心发展产生不良影响，因此，在建立正确的恋爱观的过程中，需要大学生正确地认识和看待爱情，既不轻易说爱，也不轻易拒绝爱。

其次，大学生在恋爱的过程中还需要正确处理恋爱与学习的关系，只有处理好两者的关系，才能更好地进行恋爱。一段健康的恋爱并不是要把所有的时间都花在谈情说爱上，而是要通过恋爱促进学习进步。也就是说，大学生在处理恋爱和学习的关系时，仍然需要将学习放在首位，对于大学生而言，学业仍然是最重要的事情，是未来事业发展的重要基础。如果大学生不能正视爱情，在大学阶段

盲目追求爱情，忽视学业，则有可能影响未来的就业和人生发展。这样一来，即使拥有了爱情，未来也不一定能够经得起各种现实的考验。

（二）提升大学生爱的能力

对于大学生来说，要正确地处理恋爱问题，正确地看待爱情，还需要提升自己爱的能力。而在提升爱的能力时，大学生要学会培养自身爱的能力，如施爱的能力和接受爱的能力。施爱主要是指一个人感受到爱之后，要学会表达，向别人展示自己的爱。接受爱的能力则是指当感受到别人发出的爱的信号之后，如何接受别人的爱。当然大学生除了培养接受爱的能力之外，也要学会拒绝爱，这就要求每位大学生都能够明确自己的需求，进而在遇到自己不喜欢或者不能接受的感情时，要勇敢地拒绝。诚然，在拒绝时需要选择合适的方式，尽管不能接受别人的感情，但是也要尊重他人，不能对他人造成伤害。大学生除了要培养爱的能力，还要培养发展爱的能力。大学生在提升爱的能力时，要意识到爱的能力是需要不断进行学习的，只有实现爱的能力的发展，才能为自己的爱打好基础。在这一过程中，大学生需要不断学习，掌握爱的技巧和表达方式，处理好不同的矛盾，与恋人友好相处，为之后的婚姻生活打好基础。

提升大学生爱的能力，高校还要积极为大学生开展道德责任教育，提升大学生爱的责任感，即在恋爱的过程中，男女双方需要相互尊重彼此，不强人所难，也不强迫对方做自己不愿意做的事情。恋爱中的双方需要对自己的行为负责，也要对对方负责。

当感情出现危机时，大学生还需要学会处理感情问题。大学生要提升自己的理智感，当遇到恋爱问题和挫折时，要客观理性地看待。恋爱和其他事情一样，都有可能遇到挫折，任何事情都不可能完全按照个人的主观意愿发展，恋爱是一个双向选择的过程，如果有一方觉得感情出现了问题，或者不能接纳感情的时候，就会选择退出这段感情关系，这时另一方就会觉得痛苦。之所以大学生会出现痛苦，一方面是因为心理错觉，另一方面则是因为他们习惯了这种恋人关系，突然地中断会让他们不适应，所以在短时间内不能接受。当然，针对失恋及感情中的其他问题，还需要大学生具有一定的情绪调节能力，这样可以在一定程度上削减因失恋造成的痛苦，并且合理有效地进行情绪发泄。人们遇到一定的挫折时，会产生大量负面情绪，这些情绪是很难抑制的，需要通过合适的方式进行宣泄，从而起到缓解压力的效果。大学生受到负面情绪的影响时，同样需要积极克服思维狭隘、固执、偏激等心理。

大学生面对失恋时还要学会转移注意力，将个人的注意力从一些消极方面转移，实现个人情绪的解脱，激发个人的积极情绪。在注意力转移时，也可以采取回避的方式，如通过看电影、听音乐、运动等方式，让自己暂时不去思考失恋的场景，进而抵消失恋产生的痛苦。

总之，失恋在恋爱中是很常见的，大学生需要正确看待失恋问题，做到该放手时就放手，在一起时承担起应有的责任，失去之后也要给予对方祝福。

第四章　当代大学生就业心理问题

第一节　当代大学生就业及就业心理相关理论

一、大学生就业心理的概念界定

（一）就业

就业主要是指具有劳动能力的公民在法定劳动年龄内依法从事的某种有报酬或者劳动收入的社会职业。我国的就业政策规定，只要劳动者通过一定的途径实现了同生产资料的相互结合，并且从事一种合法的社会劳动，取得了一定的报酬或者收入，就可以算是就业。

（二）大学生就业心理

要想对我国大学生的就业心理问题进行研究，首先需要明确大学生就业心理的基本概念，进而在此基础上不断对相关内容进行拓展。目前，学术界关于大学生就业心理的相关概念还没有统一的论述。

孟祥俊认为，大学生就业心理是指大学生在职业选择的过程中表现出的心理活动过程，包括就业准备、就业冲突、就业调试等。就业准备主要包括心理准备和思想准备两个方面。心理准备主要是指大学生主动就业的意识、积极的就业竞争意识和勇敢面对失败的心理。思想准备是指正确把握机遇、服从社会需求、了解用人单位情况等准备。就业冲突主要是指大学生过高的就业期望与现实情况之间的冲突、就业的趋利性和自我发展之间的冲突、多样化的选择与依赖心理之间的冲突等。就业调试主要是指大学生改变自身原有的认知结构，更好地适应现实环境的心路历程。

也有学者认为大学生的就业心理主要包括认知心理、情绪心理和社会心理三个层面。在对大学生的就业心理进行归纳时，可以从就业心理倾向、就业心理素质和就业心态三个方面出发。就业心理的指标体系包括大学生的自我认知、对岗位的认知、对社会及就业相关事务的认知、个人的择业意识、对工资的期望值、就业地点倾向、择业价值标准、就业信息渠道和就业途径、就业心理压力、就业心理状态等多方面的内容。

但是学者普遍认为，大学生的就业心理主要是指大学生在考虑就业问题过程中，以及在寻求就业过程中产生的各种心理现象。对于大学生来说，就业是必要的，也是大学生在成长发展过程中需要面对的重要抉择。甚至有很多大学生在刚进大学时就开始考虑自己的前途问题，并且为自己毕业之后的就业做准备，因此就业心理是贯穿大学生整个大学生涯的一种心理现象。

通过对以上内容进行总结可以发现，大学生的就业心理是以就业为中心，并且与其他心理现象交互时产生的，大学生就业心理的产生还会因为其年龄、年级的差异而呈现出一定的区别。

大学阶段是大学生整个人生中的关键时期，是大学生走向成熟的重要标志，在这一时期，大学生的心理会发生极大的变化。尤其是对于初次就业的大学生群体来说，他们对就业市场的了解不够全面，在求职过程中会遇到各种各样的问题。有的大学生会表现出消极的情绪，有的大学生即使面对求职失败也会非常积极。尤其是心理承受能力相对较强的大学生，他们如果在就业过程中遇到了问题，也可以很好地进行自我调节，以更加积极的面貌应对就业。而那些心理承受能力相对较差的大学生在面对就业问题时，则会产生抵触情绪，甚至有可能选择逃避。因此，高校需要积极对大学生进行就业心理培训，帮助大学生养成良好的就业心理，在就业过程中正确地看待就业问题，并且学会从他人的角度出发进行积极思考。

二、当代大学生就业心理的特征表现

（一）当代大学生就业心理的差异性

大学生的就业心理是独特的、各不相同的，大学生在就业过程中会受到就业心理的影响，这种影响使得每个人的就业方向存在差异，从而导致最终的就业选择出现较大的区别。从性别角度来看，男生和女生在就业过程中也存在一定的差异，如男生的就业焦虑程度相对较高，虽然当今社会倡导男女平等，但是在社会责任承担方面，男性的压力明显要高于女性。而且很多男生希望能够在大城市立足，让家人过上衣食无忧的生活，所以他们在工作的过程中会给自己更大的压力，但是对于刚刚毕业的大学生来说，这显然是很难实现的。现实与理想之间的差距过大，会诱发大学生焦虑情绪的产生。另外，由于男女生之间的性格差异，导致男生在遇到挫折时不愿意向他人倾诉，女生则有所不同，她们在遇到困难时会选择向他人倾诉，以此来排遣内心的烦恼和消极情绪，这也使得她们更容易获得别人的帮助。由此可见，当代大学生的就业心理是存在明显差异的。

（二）当代大学生就业心理的复杂性

大学生毕业之后，他们会发生明显的心理变化，同时个人心理也处于不稳定的发展阶段。尤其是在刚毕业阶段，个人的生理和心理发展处于不同步的状态，一些大学生生理发育相对成熟，但心理还不够成熟。每个人从小到大的生活环境、教育背景、成长经历等并不相同，因此产生各种不同的个性。大学毕业生在就业过程中，个性也会逐渐凸显，进而转变为复杂多样的心理。在我国的大学生就业制度改革之后，就业从分配转变为企业与大学生的双向选择，这样的变化为所有的大学毕业生都提供了相对公平的竞争方式，那些有理想的大学生可以更加自主地追逐自己的梦想，但是这也对大学生的心理素质提出了更高的要求。一些大学生在求职过程中有自卑心理，如对个人成长经历、毕业院校和专业的不满等，都成为这部分大学生在求职过程中产生自卑的诱因。还有一些大学生过度高估自己的能力，眼高手低，所以在就业过程中也会屡屡遭受挫折，最终对个人的心理造成极大的打击。也有一些大学生因为第一次进入社会，过于紧张，不敢尝试。总体来说，大学生在毕业后求职的过程中会出现很多心理问题，这些心理问题大多是由自卑、焦躁、恐惧等负面心理影响而导致的，同时他们的心理状态不够稳定，有可能会因为各种因素的变化而发生改变，所以总体呈现出复杂多变的特征。

（三）当代大学生就业心理的矛盾性

很多大学生认为自己在大学期间非常努力，掌握了比较充足的专业知识，而且在大学期间也经常参加各种社会实践活动，克服了在性格方面存在的问题，语言能力、社交能力都得到了一定提升，因此他们在就业过程中始终非常乐观。这也让他们能够正确地看待就业问题，即使遇到挫折也能够积极进行自我调适，不会因为一点挫折就被打倒。这一部分大学生往往具有相对成熟的心智，虽然他们缺乏足够的社会经验，但是不乏拼搏的勇气。即使如此，他们受到严重的打击之后，仍然会对自身能力产生怀疑，怀有远大的理想却没有坚持下去的毅力，害怕失败。在社会的打击之下，他们失去了冷静思考和解决矛盾的能力，最终就业受到严重的影响。

第二节　当代大学生就业心理调查

一、大学生就业心理调查

（一）调查目的与调查方法

从目前阶段来看，我国对高校大学生就业问题的研究不够深入，仍然局限于对国外研究资料的参考，无法在原来的理论基础上进行进一步的拓展，也没有针对我国的实际情况进行问卷调查，没有针对性地对大学生就业心理进行研究分析，这导致得出的相关理论不够全面和具体。因此，在本次调查研究中，笔者通过自制调查问卷抽样分发的方式，在多所高校针对大四学生进行就业心理问题调查，更加有效地对当前就业环境下大学生的就业心理问题进行了解。在调查问卷发放的过程中，使用随机抽样的方式，在 A 省内选择了几所比较具有代表性的高校，在工作人员的帮助下进行问卷发放，并且在填完问卷之后进行回收。

（二）调查对象

在本次调查中，调查对象主要是 4 所高校的 550 名本科毕业学生，其中有 296 名男生和 254 名女生，这些学生的专业包括中文、外语、计算机、法律、新闻、市场、营销、土木工程等。选择的调查对象基本能够覆盖该省高校的多数大学生，所以对他们进行就业心理调查具有一定的代表性，也能够反映出当前阶段大学生普遍存在的就业心理。

二、大学生就业心理问题调查结果分析

（一）过度自卑和过度自信引发的逃避就业与挑剔就业

在大学生就业过程中，自卑恐惧心理是非常普遍的一个问题。尤其是在现如

今激烈的就业竞争环境中，很多大学生对自己没有客观的认知，不敢肯定个人的能力和行为，缺乏足够的自信。这部分大学生在就业过程中通常会产生恐惧与害怕的心理，如果在就业时遇到了挫折，自卑感会变得更加严重，求职时无法更好地展现出个人的能力。根据上述调查，有60%以上的大学生在求职过程中具有消极、退缩、畏惧等心理，而认为自己就业竞争力较强的大学生只有17%左右。这一调查结果充分表明，在当前严峻的就业形势下，大部分大学生对自己缺乏客观的认识，在就业的过程中易产生恐慌心理。由于不能正确认识自身的优势和缺点，这部分大学生在求职过程中一旦遇到困难就容易对自己的能力进行全盘否定，削弱自信心，极易导致自己无法正常就业，错失良好的就业机会。

有一些大学生则完全相反，他们没有自卑恐惧的就业心理，而是过于自信。过于自信主要是指大学生对自身的能力过于乐观，这也是对自己缺乏客观正确认识的表现。因为高估自身的能力，所以通常无视就业过程中存在的各种挫折，盲目乐观，不能准确地看待就业问题及在就业过程中可能出现的问题，这也会导致他们在求职过程中因缺乏充足的准备而失去很多机会。调查结果显示，很多大学生找到的工作远远低于个人的期望，但是只有32.7%的大学生选择进行心态调整，接受现在的职业，并且为之后的发展做好准备；有45.6%的大学生选择暂时接受现在的工作，但一旦遇到更满意的机会，随时有可能跳槽；还有20.1%的大学生选择直接放弃当前的工作，继续求职；剩下的大学生则不知道应如何进行选择。从这一项调查结果可以发现，在当前的工作没有达到自己的期望时，大多数大学生能够积极调整自己的心态，客观理性地处理，但是仍然有一部分大学生在面对这样的情况时，无法进行正确合理的选择，这一部分大学生往往没有充足的社会经验，又过度乐观。

综上所述，一些大学生在面对就业压力时，心理承受能力不足，个人的就业心理问题会通过行为表现出来，如在面试过程中过于紧张，遇到困难时过于消极，依靠高校提供的招聘会将就地进行就业等。有的学生因为害怕就业而选择考研，利用考研来作挡箭牌。通过本次问卷调查可以发现，在毕业之后能够马上找到工作的大学生数量不到50%，选择继续深造的大学生占43%左右，当然不能排除其中有一部分大学生是真正在学术研究方面具有一定的理想和抱负，但是这么高的比例仍然能够在一定程度上说明，部分大学生在就业过程中会通过考研的方式来逃避就业压力。尽管我国的教育体制改革导致研究生的数量逐渐增多，但是这并不代表大学生的就业压力会因此降低，相反，随着研究生数量的增加，就业形势更加严峻。还有一部分大学生在临近毕业时什么都不做，更不会为自己的未来发展制订计划，但是在求职的过程中非常挑剔，要么觉得薪资比较低，要么觉得工作环境不好，或者就是专业不对口。这些情况都表明，有很多大学毕业生在面对就业时，会采用逃避的方式将自己局限在自己营造的小空间中，不能正确地对待就业这一问题。

（二）恐惧和抑郁引发的恐惧就业

恐惧和抑郁是在就业过程中，因为紧张、担心等各种感受而造成的一种复杂的情绪反应。在当代大学生就业过程中，这种情绪的出现非常普遍。问卷调查结果显示，导致大学生在就业过程中出现焦虑、恐惧的因素是多方面的。因为很多大学生非常在意自己能否找到合适并且喜欢的工作，所以在面试的过程中会想方设法掩盖自身的缺点，担心缺点被面试官发现后导致择业失败。有的大学生还会担心因为性别被用人单位拒绝。总体来说，大学生在就业过程中存在的恐惧、忧虑和抑郁等心理多是由严峻的就业形势导致的。在调查中发现，有 36.8% 左右的大学生认为，当前阶段就业非常难；有 52.3% 左右的大学生认为，虽然就业形势比较严峻，但是机会仍然很多；有 5% 左右的大学生认为，就业形势相对较好，就业也比较容易；剩下的毕业生认为当前的就业形势比较正常。从调查结果来看，大部分大学生能够对当前的就业环境有理性的认知，也有一部分大学生在面对就业时，能够以积极健康的心态应对，有一小部分大学生认为当前的就业压力非常大，并且会因此而感到苦恼。这也表明，大部分大学生能够意识到当前的就业形势比较严峻，就业压力较大，但是在这一部分大学生中能够克服这些压力的只有一半左右。由此可以发现，在面对沉重的就业压力时无法坚持下去的大学生并不少，因此有必要针对这一部分大学生开展就业心理指导。若不能及时进行指导，就会导致他们的心理问题逐渐积压，进而变得更加严重，随着时间的推移，很有可能造成更加严重的后果，最终对今后的生活造成影响。针对这一情况，笔者对大学毕业生的看法进行了调查，结果显示，有 32.5% 左右的大学生认为自杀过于可惜，即使就业压力再大，也不应该这样做；有 38.4% 的大学生表示非常不理解；还有 24.8% 的大学生表示可以理解；甚至有的大学生表示自己有可能会成为下一个这样的人。由此可见，大学毕业生的抗压能力较差，对其进行心理教育至关重要，学校、家庭、社会都应对大学生的心理问题加强关注，进而及时发现问题，解决问题。

择业和就业是大多数大学生在毕业时面临的重要考核。在这次考核中，他们可能会遭受挫折，很多人会不知所措，产生迷茫和恐惧的情绪，严重者甚至会抑郁、自杀。这主要是因为大学生在求职之前过度自信，期望值过高，所以在面对现实时会产生心理落差，如果这时不能对大学生进行及时开导，他们有可能会变得抑郁，影响正常生活。

（三）嫉妒羡慕导致的盲目攀比就业

一些大学生在就业过程中不能正确看待自身的优势，总是拿别人的长处和自己的短处比较，进而产生自卑心理；另外有些大学生会通过一些不正当的方式去诋毁他人，试图通过这样的方式寻求平衡，这就是明显的嫉妒心理。这些大学生不能接受别人在某些方面比自己强，又不甘心落后，所以通过不正当的方式进行竞争，并且掩盖自己的脆弱。在调查中发现，大学生在求职过程中，当身边的同学找到理想的工作之后，有 5.8% 左右的大学生为同学高兴；有 52.7% 左右的大学生在为同学高兴的同时也为自己担忧；还有 8% 左右的大学生表示会嫉妒同学，同时希望自己有更好的工作；剩下的大学生则认为同学的工作与自己无关。调查结果显示，存在嫉妒心理的大学生相对较少，但是仍然会因为羡慕他人而产生攀比心理，攀比又会导致盲目从众。很多大学生的虚荣心比较强，对自身认识不清，在就业过程中不懂得扬长避短，他们甚至意识不到自身的长处，在工作过程中不能将自己的长处发挥出来。他们看到身边的同学找到理想的工作后，就会盲目地和身边的同学进行比较，害怕落后于他人，盲目追求大城市工资高的岗位，却不考虑大城市是否适合自己，这种眼高手低的做法，会导致自己错失良机，最终与适合自己的岗位擦肩而过。

调查结果表明，很多大学生在找工作时，并没有从自身实际情况出发，他们过度在乎他人的工作情况，也高估个人能力，致使在就业过程中可以选择的职业和岗位过少，最终导致就业成功率偏低。

（四）依赖家人导致的被动就业

过度依赖家人的人被称为"啃老族"，很多"啃老族"并不是找不到工作，而是他们主动放弃了就业的机会，在家里依靠父母维持生活。"啃老族"的年龄大多在 23 ~ 30 岁，他们虽然有谋生的能力，却依然需要依靠父母来供养。通过调查可以发现，有很多大学生虽然怀有远大的理想，并且对未来充满想象与激情，但是实践能力相对较差，也缺乏足够的勇气面对问题，更不愿意承担任何风险，当他们遇到一点小挫折后就会马上退缩。他们更喜欢沉浸在网络构建的虚拟世界中，通过上网寻求安慰。当然，导致这一结果的原因不仅是就业压力大，还与父母教育孩子的方式有一定的关系。很多大学生是独生子女，从小娇生惯养，习惯于父母的保护。在就业过程中，复杂的社会环境和较大的就业压力使这些大学生逐渐丧失自信，即使父母不在身边，仍然想寻求父母的帮助。同时他们还眼高手低，对于一些赚钱少、比较辛苦的工作直接放弃，最终不得不啃老。

在家人对大学生就业所起的作用这项调查中，有 8.8% 的大学生表示自己会在家人的安排下就业；有 40.2% 的大学生认为家人虽然不能帮助找工作，但是陪伴与鼓励非常重要；有 41.9% 左右的大学生认为家人对于自己就业方面没有太大帮助；剩下的大学生表示家人在个人就业过程中毫无帮助。除了问卷调查之外，笔者对部分大学生进行了走访调查，有一部分大学生认为，社会的发展给他们的就业带来了很大的压力，家人不经意间也给他们施加了压力。如家人过度的关心，其实在无形中对大学生的心理造成了影响。有很多大学生缺乏主见，在就业过程中决策能力较差，过度依赖家人，导致他们产生自卑心理，最终成为"啃老族"。对于那些经济条件较好的大学生来说，如果找不到理想的工作，可以选择回家或者报考事业单位，有了合适的机会再选择自主创业。总体来说，家人的催促是导致大学生就业压力过大的一个重要原因。再加上一部分大学生缺乏独立处事的能力，就业时选择与父母相距较近的单位，这样的情况也在一定程度上限制了大学生的就业范围。甚至有的大学生希望能够依靠亲戚朋友的推荐和介绍找到工作，这样的方式也是啃老的体现。啃老的就业心理不仅体现出大学生独立能力相对较差，甚至也体现出大学生的心理承受能力相对较差，导致他们在激烈的就业竞争中很容易被淘汰。

三、大学生就业心理及应对方式的群体差异比较分析

（一）性别差异的对比分析

性别差异一直是大学生就业心理研究过程中一个非常重要的问题，通过调查结果可以发现，男大学生在就业过程中会更多地使用消极的方式应对性别差异。这一调查结果也表明在大学生就业过程中，女大学生面对应激事件时的依赖性会比男大学生更高。虽然在就业过程中女生的就业压力也大，同时女生具有情感脆弱、敏感多疑等特点，在就业过程中更容易产生心理冲突。但是女生善于将心中的不满与压抑进行表达和宣泄，同时能够正确看待现实，积极主动地应对各种压力。在就业心理的研究领域中，与性别相关的研究几乎都是针对女大学生进行的，因为在就业过程中，女性一直是作为弱势群体的身份出现的，所以以女大学生为主要研究对象似乎更有意义。但是客观来讲，与女大学生相比，男大学生在就业过程中更加缺少危机意识，而且表达能力相对较差，在出现就业压力时，他们通常会采取更加不合理的应对方式。

（二）生源地差异的对比分析

生源地之间的差异也是大学生就业过程中存在的一个重要问题。相关的研究发现，来自城镇的大学生和来自农村的大学生在就业认知方面存在明显的差异。从焦虑情绪来看，农村大学生的焦虑明显更加强烈，这也与之前的相关研究结果非常相似。这种焦虑情绪的产生与大学生从小生长的环境及感受的文化氛围有着极大的关系。来自农村的大学生经济条件相对较差，生活环境也不是很好，当他们和来自城镇的大学生生活在一起时，无论是在经济基础还是在才艺文化素养等方面，都无法与之进行比较，这样的情况会加重他们的自卑心理。来自农村的大学生家庭背景大多不是很好，在面对激烈的就业环境时往往会选择继续深造。因为他们缺乏准确的就业信息，也没有足够的社会支持，所以在求职过程中缺乏充足的自信心，这也在一定程度上体现出来自农村的大学生存在更加强烈的消极情绪。

（三）家庭经济情况差异的对比分析

通过研究调查可以发现，家庭经济情况的差异也会通过大学生就业心理问题得到一定的体现。在大学生就业过程中，家庭经济情况相对较好的大学生，在就业观、就业能力和就业压力感受程度方面相对较高。他们在面对就业压力时，通常会选择消极回避的方式，这也在一定程度上体现出他们的心理健康状况相对较差。通过对比可以发现，家庭经济情况相对较差的大学生会产生更加强烈的情绪。当出现就业问题时，这类大学生会更加理智地对相关问题进行分析，从而制订详细的计划，有安排地采取行动进行应对。同时这些大学生具有吃苦耐劳、意志力坚强等特点。和家庭经济情况相对较好的大学生群体相比，这一部分大学生更加渴望得到他人的认可，所以在学习过程中会更加努力，希望通过优异的成绩来展示个人的能力，他们大多拥有顽强拼搏、奋发努力、积极进取等心理特征。而那些家庭经济情况相对较好的大学生，具备良好的社会背景，在就业过程中能够得到更多的社会支持，即使遇到了一定的就业难题，通常不需要付出过多的努力就能够得到解决。很显然，家庭经济情况相对较好的大学生，在就业过程中能够得到更多社会关系的帮助，所以他们就业成功与否，并不会对他们产生较大的影响，他们只需要采取被动接受的消极方式就可以对就业困境进行应对和处理。

家庭经济情况相对较差的大学生，除了在物质上相对匮乏之外，也没有良好的社会关系，面临的就业压力会更大，因此更容易产生自卑心理，在求职过程中，更加缺乏自信心，不够主动。如果他们长期处于这种消极的状态中，心理健康状况就会进一步恶化。

（四）年级差异的对比分析

国内外的相关研究也显示，大学生的心理健康状况存在一定的年级差异，整体趋势是高年级学生的就业焦虑更加明显，而低年级学生的心理健康状况更差。

大学生进入大学校园后，对新的学习环境不够了解，他们无法更好地适应学校环境，进而在短时间内会产生明显的孤独、自卑等心理，再加上他们对所学专业不够了解，很容易对未来产生迷茫。如果这样的情况得不到有效解决，大学生会长期处于紧张的学习状态，甚至有可能因此产生失眠、食欲不振、焦虑等其他问题。进入大二之后，大学生已经基本适应了大学生活，心理也处于一个平衡状态，并且逐渐变得更加努力。进入大三之后，虽然大学生的心理健康状态变得更加稳定，但是就业压力进一步增加。虽然这一阶段他们并没有真正进入激烈的就业环境中，但是就业问题已经开始出现，就业焦虑也开始在大学生群体中体现出来。进入大四之后，大学生正式面临就业问题，他们的就业焦虑也会进一步提升，各种各样的心理问题也随之出现。有的大学生在这一过程中面临事业与爱情的艰难抉择，还有一部分大学生面临继续深造和就业的选择，这些问题都会为大学生带来更大的就业压力。

由此可见，不仅仅是大四学生，其他年级的大学生也存在一定的心理压力，因此高校有必要对大学生群体进行积极的心理疏导，帮助大学生缓解心理压力。专业的心理指导能够不断提升大学生的心理素质，进而更好地应对未来的就业。

第三节　影响当代大学生就业心理问题的因素

目前，我国的就业形势仍然严峻，激烈的就业环境导致大学生产生了焦虑、抑郁等一系列心理问题，这些问题如果得不到有效的控制和缓解，最终必然对大学生的生活与就业产生严重影响。为了帮助大学生解决就业心理问题，需要对影响大学生就业心理问题的因素进行分析与探究。

一、社会方面的因素

（一）政府方面

政府是国家行政机关，政府应根据法律对我国的政治、经济及其他方面进行管理和调控，保证大的方向正确。而在大学生就业问题方面，政府部门存在一定的问题。

1.缺乏完善的相关法律制度

在大学生就业工作方面，缺乏完善的大学生就业法律和制度，这在一定程度上制约了大学生的正常就业。中华人民共和国成立后，我国的大学生就业制度经历了"统包统配""一定范围内的双向选择"和"双向选择、自主就业"三个不同的阶段。随着就业制度的不断变化，大学生的就业形势也发生了一定的改变，从目前阶段来看，就业岗位的短缺使大学生就业出现供大于求的问题，再加上大学生的个人利益得不到有效保障，所以大学生就业形势非常严峻。虽然《中华人民共和国劳动法》和《中华人民共和国就业促进法》等法律条文中涉及一些大学生就业的相关问题，但是法律条文的规定非常笼统，对于大学生就业过程中出现的相关问题并没有进行明确描述。在大学生就业问题转向以市场为导向的过程中，相关的责任无法进行明确，很多就业问题被推给了市场。在大学生就业过程中，一些地方政府还出台了地方保护政策，在选人的过程中，根据人才的生源地、性别等因素进行选择。例如，上海市曾经出台过严格控制非上海生源大学生留沪的规定，这些规定直接限制了大学毕业生自由选择的权利，同时也影响了用人单位的自主选择权。

2. 缺乏完善的大学生就业政策

大学生就业政策是由国家制定的毕业生资源配置的原则和方式，体现出在一定阶段内国家经济发展的需求，也体现出国家对毕业生就业的导向性、调控性和约束性，甚至会对毕业生的流向产生一定的影响。我国的大学生就业政策主要包括以下几种：市场规则政策，国家通过出台相关的文件，对大学生就业市场的安全与稳定进行维护和保障；就业准入政策，主要是指不同地区的准入政策和不同职业的就业准入政策；招考录用政策；权利维护政策；宏观调控政策；创业扶持政策；社会保障政策；指导服务政策等。除了国家制定的法律和相关方针政策之外，地方也可以根据当地的经济发展情况制定相对应的地方性政策，以此促进大学生就业。大学生就业政策的发布充分说明政府在解决大学生就业问题中发挥了重要的作用，但是因为政府的职能具有一定的局限性，再加上受到一些客观因素的影响，往往导致大学生就业难以取得理想中的效果。而且大学生就业也没有专业的监督机构进行监督管理，导致政府制定的相关政策仅仅停留在文件表面，无法运用到实际的工作中。

3. 缺乏完善的社会保障

我国的劳动力市场有主要劳动力市场和次要劳动力市场的区别。在经济发达地区，社会保障体系的建立起步相对较早，而且受到国家和政府的重视，发展到今天已经相对成熟。而经济落后地区的社会保障由于得不到相关部门的重视，整体发展明显落后。从当前阶段的实际情况来看，我国的社会保障体系整体呈现出相对薄弱的情况。国家劳动和社会保障部门公布的养老保险基金缺口相对较大，医疗保险支付额度也让很多参保对象无法承担一些医疗费用比较昂贵的疾病消费，再加上失业保险、工伤保险、生育保险等仍然处于起步阶段，所以理赔能力相对较弱。由此可见，我国的基本社会保险覆盖面和覆盖力度都非常小，导致很大一部分劳动力根本无法享受到社会保障。再加上不同地区之间的社会保障差异，往往使大学生就业出现一边倒的情况，这一现象无疑会增加某些地区的大学生的就业压力。如大学生毕业之后，过于注重党政机关和事业单位，因为这些单位能够提供充足的社会保障和相关福利。考上公务员就相当于端上了铁饭碗，同时事业单位和国企的保障体系也比较健全，非常符合大多数毕业生求稳定的生存心态。由此可见，社会保障制度的缺失在一定程度上影响了我国的就业环境，导致出现两极分化的情况，甚至或多或少限制了大学生的自由发展。

4. 整体就业环境相对较差

我国的人事制度改革不及时，导致很多地方在录用大学生时将户口等问题当作限制标准，这也在无形中限制了大学生的就业。有些大学生参加招聘会甚至需要购买门票，这种情况严重制约了大学生就业率的提高。很多用人单位的观念脱离实际，不仅盲目追求高学历和好学校，甚至要求大学生有一定的工作经验。总之，各种各样的要求不仅影响了大学生就业的成功率，也对大学生的就业心理产生了一定的不良影响。而且由于就业信息的共享渠道比较单一，专业的互联网信息发布平台没有实现普及，导致不同高校之间各自为战，大学生就业市场没有得到整合，彼此之间的就业信息闭塞，很多大学生了解不到自己喜欢的和适合的岗位信息。这样的大学生就业环境也进一步加剧了大学生就业压力。

（二）经济方面

1. 经济增长对就业的影响

劳动力需求总量主要取决于经济增长所创造的工作岗位数量，而工作岗位数量又受到经济增长速度和经济结构等因素的影响。如果我国每年的 GDP 增长率保持在 7% ~ 8%，同时就业弹性保持在 0.1 左右，那么每年就可以增加 900 万个左右的就业岗位。这一项数据充分表明，如果国民经济发展速度缓慢，那么就业空间的扩大就会非常有限。

2.市场经济调节作用的影响

随着我国社会主义市场经济的不断发展，大学生的就业也变得越来越市场化，甚至成为社会主义市场经济体系中的一个重要组成部分。因此，大学生就业也受到市场调节作用的影响。从供求关系角度来看，大学生群体对热门的岗位都非常感兴趣，这时就会出现供大于求的问题，最终导致热门岗位转变为冷门岗位，而冷门岗位供不应求，就会有一批大学生跟风报考，最终导致由冷变热，这种不断变化、相互循环的供求关系也是大学生就业过程中存在的一个重要问题。

3.企事业单位改革的影响

很多政府机关单位不断进行改革，精简工作人员，最终导致很多精简下来的工作人员转移到事业单位和国企中，使这些单位的工作人员出现冗余的情况，最终不得不分流下岗，进行减员。

4.市场经济带来的负面影响

在社会主义市场经济的带动下，我国的社会文明不断发展和进步，但是物质文明与精神文明相比，发展总是更快一步，这就导致精神文明出现很多问题，在社会中也出现了很多不道德的行为，如贪婪、拜金等现象。在不良社会风气的影响下，人们对职业的评价和认识自然也会有所偏颇，受到传统观念和不良社会风气的双重影响，大学生的择业观存在明显的功利性，在就业过程中追求个人利益的最大化。甚至还有的大学生认为自己上过大学，与别人不同，所以应得到更好的待遇。但是他们并没有认识到高等教育已经普及，大学生数量也越来越多，没有认清自身所处的位置。总之，大学生受不良风气的影响，动摇了自身的正确就业观，最终影响就业。

（三）社会文化方面

1.就业歧视

在我国的大学生就业过程中，歧视现象仍然非常严重。据相关报道可知，很多地区的大学生在双向选择会中，有很多用人单位在招聘广告中带有不公平的选择条件。通过对这些不公平的选人条件进行统计可以发现，最严重的歧视是容貌歧视，另外是身材歧视、年龄歧视、户口歧视、性别歧视和学校歧视等。这些歧视的存在不仅影响了大学生的公平就业，还对大学生的就业心理造成了一定的打击和影响。

2. 社会支持

通过对相关的资料和研究进行调查分析，可以发现社会支持是很多大学生应对压力的一种主要方式，而且社会支持能够在一定程度上帮助大学生有效缓解就业压力，提升心理承受能力。如白玉芳从社会资本和人力资本的角度对大学生就业过程进行了分析和讨论，并且阐述了社会支持对大学生就业产生的影响。

（四）用人单位方面

用人单位也对大学生就业有着重要的影响，从目前情况来看，可以发现社会上很多用人单位的用人标准不够科学、恰当。虽然很多企业中有一些有识之士懂得如何进行人才选择，但是大多数用人单位在选拔人才时，仍然使用传统的规则。墨守成规的人才选拔方式往往导致用人单位无法选拔到真正有用的人才，而且在双向选择的过程中，用人单位和大学生接触的时间非常短，彼此不能真正地了解对方。所以很多企业将英语等级相关证书、党员等当作选拔人才的标准，通过多种标签对大学生进行筛选。虽然这样的方式非常简便，但是也具有明显的缺陷，导致很多大学生在大学期间为了获得各种证书而奔波，甚至有可能影响专业技能的发展。企业将这些内容当作选拔人才的标准，不仅不能真正了解大学生的学识情况，甚至有可能耽误人才的选拔，最终影响企业的发展。也有一些企业在选拔人才时过度追求高学历，导致很多大学生在本科毕业之后选择继续进修，从而谋取更好的工作。如果按照这个趋势不断发展，我国的大学生就业形势必然会更加严峻。还有一些企业在招人时比较看重人才的工作经验，在企业看来，不想花费更多的时间和精力培养人才，因为这样只会增加公司成本。有一些大学生能够清醒地认识到企业的选人标准，并且在大学期间表现非常优秀，他们在面试的过程中，非常刻意地表现自己，这往往会给企业留下一种浮夸、不踏实的印象，所以未必能够被企业选中。

二、高校方面的因素

通过接受教育能够改变就业情况，因此，高等教育对大学生就业有着非常深远的影响。

（一）扩招对大学生就业的影响

随着我国高等教育招生规模的不断扩大，大学毕业生的数量越来越多，学历也因此贬值，再加上一些高校的师资配备无法满足扩招的需求，出现了教师数量和教师质量无法满足学校教学需求的问题。一些高校教师将过多的精力花费在教学上，无法进行知识更新和教学研究，导致培养出的人才无法满足市场需求。另外，随着社会主义市场经济体制的不断发展，以及高校评估机制的影响，很多高校在对教师评价的过程中，将科研成果和大学生就业率当成重要的标准，这就使很多高校教师将工作重点放在科研方面，过度追求科研成果数量，不能将更多的精力投入教学中，最终导致教学效果受到影响，人才质量也无法得到稳定提升。很显然这一情况会直接影响大学生就业。

（二）专业课程设置与社会需求相脱节

高等教育的发展应适应社会经济发展的基本规律。针对这一需求，很多高校在进行专业设置和课程设置时，将社会对人才的需求当作重要标准，但是随着社会经济的不断发展，很多高校在扩招的过程中并不能根据社会需求对专业课程设置进行及时调整，也无法结合社会主义市场经济发展现状进行改变，高校在原有的结构下盲目招生，导致培养出的人才缺乏社会竞争力。高校应认识到社会人才需求形势的变化，并且以此为基础进行学校专业结构的调整，而不是一味地守旧。一些高校虽然增设了社会需要的专业，但是没有投入充足的教学资源和足够的师资力量，导致培养出的人才在综合能力方面堪忧，在社会竞争过程中往往会被淘汰出局。从近几年高校发展情况来看，有一部分高校已经逐渐认识到以社会需求为基础进行专业设置的重要性，但是由于这一改变刚刚起步，所以在具体实施的过程中仍然存在很多问题。如我国高校的教育体制存在明显的偏颇性，在教学过程中过于注重理论知识，缺乏对实践能力的培养。有的专业对大学生的实践能力要求比较高，高校却没有将其与理论性专业区分开来，依然按照理论性专业授课要求一样进行教学，导致大学生普遍缺乏实践能力和操作能力。根据相关调查发现，一些学校为大学生安排的实习和实践机会非常匮乏，大学生在学习过程中无法有效提升个人实践能力，也无法丰富个人经验。随着我国人才市场的不断发展，人才竞争变得越来越激烈，在这样的大环境下，企业挑选人才的眼光也越来越毒辣，从实习阶段就能清楚地看到每一位大学生的能力。当然大学生就业情况出现这样的局面与高校教育不无关系，很多高校在进行专业设置时过于守旧，教学过程采取灌输式教学，不注重实际操作和案例分析，导致大学生能力提升无法与时俱进，最终也难以满足社会发展的需求。专业设置过于陈旧、不注重实践是很多高校存在的问题，而且这一问题对大学生的就业心理也造成了一定影响。在调查过程中发现，有22.8%左右的大学生表示自己就业会与所学专业对口。有41.1%左右的大学生认为就业不一定与专业对口，但是要有相关性；有17.7%的大学生认为找工作与所学专业并没有关系；剩下的大学生表示在找工作时需要从自己的兴趣爱好出发。从这一项调查数据中可以发现，有22.8%左右的大学生在就业过程中存在思想僵化的问题，他们的就业观念比较传统，认为就业需要保证岗位与自己所学专业对口。但是从实际情况来看，很多大学生在高校所学的知识在岗位工作中很难用到。如果他们依然抱着与专业对口的态度找工作的话，会影响择业范围，增加就业难度。很多高校在专业设置方面存在一定的问题，与大学生理想的岗位脱节，导致很多大学生在学习期间荒废学业，不认真学习，这也是大学生就业心理存在问题的重要表现。

（三）高校就业指导的缺失

大学生就业过程中遇到的各种问题都有可能引发其就业心理问题。虽然目前并不是所有大学生都存在就业心理问题，但是这一问题仍需重视。大学生就业心理问题与高校就业指导理念的缺失存在明显的关系，高校就业指导的缺失和就业指导理念的偏差，进一步加剧了大学生的就业心理问题。因为一所高校的就业情况将直接影响高校的政绩，这也导致很多高校的教师产生了误解，即教学应以提升大学生的就业率为核心。所以高校中的就业指导也在围绕促进大学生就业开展，这样的情况导致很多教师为了促进大学生就业甚至选择走后门，进一步助长了大学生就业的不良风气，导致大学生出现心理扭曲，产生了更加严重的就业心理问题。

（四）就业心理教育流于形势

目前我国国内的很多高校针对大学生就业开展了大学生就业心理指导，投入了大量的精力和资金，不断进行教育方式的改革和创新，取得了良好的效果。但是从实际情况来看，我国高校在大学生就业心理教育与指导方面仍然存在很多问题。第一个问题是很多高校无法意识到自身在大学生就业过程中扮演什么样的角色。虽然国家明确规定各所高校都需要建立就业指导中心，并且要保证就业指导中心与高校之间的独立性，但是有一部分高校为了方便管理工作的开展，仍然将就业指导部门设置在高校行政部门之下，在开展各项工作时，就业指导部门仍然需要服从高校的管理，无法充分考虑到大学生的心理感受和就业需求，所以高校开展的大学生就业指导工作往往难以取得理想中的效果，有时候甚至会适得其反。第二个问题是很多高校为了满足国家的人才培养需求，仅仅在大四阶段开展毕业生就业指导课程，临时抱佛脚，缺乏正确对待大学生就业问题的态度。真正的大学生就业指导和大学生职业生涯规划课程，应从大一阶段就开始，并且每年要根据大学生的心理状态变化进行针对性指导，保证大学生能够从内心深处意识到就业指导和就业规划的重要性，否则在遇到就业问题时，仍然会出现各种心理问题。第三个问题是高校中的就业指导方式比较单一。高校开设的就业指导课程，仍然是以课堂教学为主，反复进行理论讲解，缺乏实践经验，部分教师甚至认为就业指导并不一定用得到。通过调查可以发现，有将近七成的大学生认为在高校开展大学生就业指导课程非常重要，而三成左右的大学生认为开展就业指导课程并没有用，因为在就业过程中即使遇到一些就业问题，也很难利用就业指导课程所学的知识予以解决。这足以说明很多高校仍然意识不到就业指导的重要性，这一问题应引起高校的重视。

（五）就业个性化指导不到位

大学生个性化就业指导就是指高校在宏观指导促进全体大学生就业的基础上，进一步针对不同大学生开展有针对性的就业指导，这时就需要高校对每一位大学生的个性特点有所了解，从而提供有针对性的帮助，促进大学生形成完善的人格，帮助大学生顺利就业。在尊重大学生个性发展的基础上，对大学生进行个性化就业指导时，需要从多个层面对大学生进行关怀和帮助，将大学生的家庭背景、成长经历、兴趣爱好等因素充分结合在一起，为不同的大学生制定不同的就业指导方案。个性化就业指导能够为大学生提供足够的自主发展空间，让大学生拥有了解社会、认识社会的机会，同时还能够有效促进大学生的身心健康发展，为社会提供多元化的人才。但是目前我国的大学生个性化就业指导仍然处于初级发展阶段，再加上很多高校在开展大学生就业指导工作时，仍然会从自身利益出发，导致了大学生就业指导工作存在明显的功利性特征。从实际情况来看，大学生就业指导的预期仍然与现实之间具有较大的差距。

（六）校园文化环境的影响

校园文化是以大学校园为基础形成的人际关系、生活方式和行为方式等内容，以大学校园文化活动和相关文化设施为表征的精神环境和文化氛围。校园给予大学生非常丰富的知识，也为大学生发展提供了良好的文化氛围，使他们可以实现自己的伟大抱负。大学生在接受校园文化熏陶之后走向社会，校园环境对大学生的就业观也产生了一定的影响作用。当代大学生具有明显的开放性意识，个人的知识水平也在不断提升，所以大学生追求的目标越来越高。基于此，越来越多的大学生开始不满足现状，他们开始对就业有了更高的期望值。他们在选择职业时，不仅需要职业能够满足自己的兴趣爱好，还需要职业拥有较好的社会声誉。就业标准呈现出多重性的发展特点，校园文化价值观与社会文化价值观之间的差异，导致大学生的价值观出现错位，这种错位会使大学生在就业时出现矛盾心理。如理想中的工作与现实的工作标准不一致，喜欢的工作并不一定适合自己，自己所做的工作又不一定能够展现个人的特长。由此可见，当现实和理想之间出现冲突时，大学生就会产生矛盾就业心理。所以在大学生就业过程中，好的岗位越来越难找，因为理想与现实之间的差距，大学生经常会表现出明显的失落感。

三、家庭方面的因素

（一）家庭对大学生的过度保护与溺爱

随着我国经济的不断发展，人民的生活水平得到了极大提高，一些父母希望给孩子更好的生活，对孩子过度保护与溺爱。每当孩子有要求时，父母都会尽力满足，在溺爱中成长的孩子就习惯了不管遇到什么困难都会放弃主动思考，直接寻求父母的帮助。因此他们在大学毕业之后，在就业问题上仍然希望得到父母的帮助，而无法实现真正的心理成熟。有很多大学生在就业过程中表现得非常自负、自以为是，很大程度上与家里溺爱纵容的教育方式有关。但是进入社会之后，没有人会像家人一样迁就他们，久而久之，大学生就会出现心理问题。

也有一些家庭条件比较好的大学生，从小娇生惯养，没有形成良好的心理素质，他们在求职的过程中不能充分调整好自己的心态，遇到一点小的问题和挫折就难以承受。家庭对大学生的溺爱甚至会对其适应社会产生一定的影响。

（二）家庭对大学生的期望过高

在实际调查中发现，有很多大学生表示自己在就业过程中会受到父母期望的影响，尤其是在当今社会，很多大学生从小就树立了"好好学习，考个好大学，找个好工作"的思想观念。大学生背负这样的期待，度过了学生时代，在就业时也希望找到令父母满意的工作，但是这样的期望在无形中给大学生增加了较大的心理压力。我们可以发现，很多父母存在比较强烈的虚荣心，但是缺乏长远的目光，他们只希望孩子的工作能让自己有面子，却不关心孩子究竟对什么感兴趣，想在哪个方向进行职业发展。所以在大学生找工作时，家长并不会进行正确的辅导。也有一些家长认识不到当今社会严峻的就业形势，只会对孩子寄予过高的期望，并且希望通过孩子实现自己没有实现的愿望，希望孩子能够找个好工作，进而逐渐改善家庭环境。这种想法是很自私的，并没有考虑孩子个人的想法。由此可见，父母对孩子的期望也是导致大学生出现就业心理问题的一个重要因素。

（三）家庭背景构成对大学生的影响

家庭背景也会对大学生就业产生一定的影响。对于一些家庭条件比较好的大学生来说，他们可以通过父母的社会关系找到自己喜欢的工作，而且即使不工作，或者赚钱较少，这些大学生的家庭条件也是能承受的。但是家庭条件一般的大学生就需要在社会中不断打拼，他们经常会面临选择自己感兴趣的工作还是挣钱的工作这种矛盾情况。同时父母的文化程度也会对大学生的就业产生一定影响，如果父母的文化程度较高，则会在大学生就业时帮助大学生进行客观分析，并且也不会一味地要求孩子找好工作，他们能够给孩子更多的陪伴，可以与孩子共同应对就业难题。通过对父母教育孩子的方式进行分析，可以发现有权威型、温和型、专制型和放任型几种不同类型的父母。权威型的父母对孩子的要求比较高,孩子通常会在尊敬父母的前提下进行成长,虽然父母看起来比较严厉,但是他们在长大之后就能够发现父母给予了他们足够的关怀。温和型的父母愿意主动与孩子进行交流,在孩子犯错之后也会循循善诱地进行教导,在尊重孩子想法的基础上共同解决问题。专制型的父母比较严厉,明确要求孩子必须按照自己制订的路线发展,并且会代替孩子做选择。放任型父母很少关心孩子,放任孩子自由发展,既不会进行引导,也不会进行管教。总的来说,权威型和温和型的父母都会让孩子在长大之后成为一个具有社会责任感并且平易近人的人。由此可见,家庭教育也会对孩子的发展及就业产生很大的影响。

四、大学生自身的因素

(一)大学生的挫折应对能力较差

没有一个人在获得成功的道路上是一帆风顺的,也没有人在成长的过程中全是坎坷。人们在发展的过程中总会遇到各种各样的困难,这就需要我们具备抵抗挫折的能力和勇气,只有这样才能最终获得成功。但是当代大学生的心理承受能力相对较差,每当他们遇到困难和挫折时就会灰心丧气,又不会进行自我调节,所以经常在遭受失败之后无法继续前进。在调查中发现,有很多大学生认为自己当前的压力比较大,也没有继续面对各种挑战的勇气和能力,如果这些大学生得不到及时有效的心理疏导,就很容易产生就业心理问题。虽然有的大学生认为自己身边没有同学抱怨,但是我们不得不承认,面对当今越来越大的社会压力,有很多大学生会产生厌烦的情绪,进而逐渐影响到身边的人。

(二)大学生综合认知能力相对较差

大学生的年龄为 18 ~ 23 岁,这个年龄段正好是由青春期向青年期过渡的阶段。这一阶段的青年对事物的判断大多根据事物的表面特征进行,很难进行深入思考。在这一思维的影响下,大学生会将自己所学的知识当作判断的重要准则。但是大学生缺乏充足的社会经验,往往在面对各种挫折时,无法正确认识自己和工作之间的各种需求关系,也不清楚自己能否胜任相应的工作,从而无法进行正确的判断。通过调查可以发现,当大学生找到的工作与自己的期望不符合时,大部分大学生都能够及时调整好自己的心态，从容应对这一份工作，但是也有一部分大学生会选择放弃，这就是大学生无法进行正确判断和认知而导致的结果。

大学生在就业过程中，需要对自己有明确的认识和了解，清楚自己的兴趣爱好及自己擅长的事情，同时还要对自身的性格特点比较了解，只有这样才能对自己进行合理且准确的定位，综合个人的擅长领域和兴趣爱好，决定毕业后从事什么样的工作。

（三）大学生的价值取向存在一定偏差

价值取向是一个人在成长过程中基于个人阅历逐渐形成的，对事物的认知、评价及对相关事物的价值进行评判的态度。当代大学生大多是独生子女，他们从小娇生惯养，也是最愿意接触新鲜事物的一代人，所以他们在大学阶段的整个过程中，在面对很多次较大的转折时，这些转折很容易给他们带来很大的压力，导致一部分大学生的心理倾向开始逐渐出现偏差。这些变化要求他们在就业过程中需要将自己与社会进行结合，促进个人与社会的和谐发展，只有这样才能在个人发展的过程中促进社会的发展。现如今，倡导多种文化共同发展，而大学生是国家的继承人，更需要在这样的社会环境中积极接受并且学习各种新鲜事物，并且面临多重文化的冲击与挑战。在复杂的文化冲击下，大学生仍然需要保持正确的价值取向，只有这样才能防止自己被不良的社会风气影响。从社会现实来看，社会中的享乐主义、功利主义、拜金主义等思潮对大学生的就业心理产生了极大的影响，这些影响都会导致大学生就业心理出现不稳定的情况。

第四节　解决当代大学生就业心理问题的途径

一、政府和社会要发挥引导作用

（一）政府要对大学生就业进行宏观调控指导

在大学生就业过程中，政府需要积极制定就业相关法规，不断完善政府的就业服务功能，为社会就业提供有效保障。

政府部门需要针对大学生就业不断出台和完善相关的就业制度，充分发挥政府部门的职能，制定促进大学生人才市场良性发展的法律法规，建立统一的就业市场保护机制。针对即将毕业和已经毕业的大学生建立完善的就业保障制度，将所有的大学毕业生纳入社会就业规范管理体系中，针对大学毕业生的就业情况制定待遇的最低标准，对大学毕业生的基本权益进行有效保障，促进社会公平竞争的发展。同时还要通过相关法律法规政策，积极促进不同地区的人才流动，通过建立完善的人才流动机制，与社会发展进行一定的结合，进而对大学毕业生的流向进行一定调控，通过相关的政策鼓励大学生到指定的地区进行就业，并且给予合理补偿，促进就业市场的均衡发展。为了促进大学毕业生就业，教育部和多个部门共同合作，将解决大学生的就业问题当作重点，积极进行教育改革，建立了长效合作机制，有效推进了高校大学生就业的制度创新，取得了非常不错的成绩。如大学毕业生入伍服兵役的基本制度，全日制专业学位硕士研究生教育，推进农村教师特岗计划的扩大与实施，积极促进服务外包企业对大学生的吸纳，通过开展重大科研项目吸引大学毕业生等。另外，还有大学毕业生到村任职、大学生志愿服务西部计划等，这些措施的制定，为大学毕业生就业问题的解决提供了良好的机遇。

对于经济增长和就业的关系，很多人认为"只要经济实现增长，就业率自然也会得到有效提升，而经济结构的调整，将会对就业形势产生非常直接的影响"。如改革开放之后，我国的经济得到了飞速发展，珠江三角洲地区吸引了大量的劳动力，帮助很多人解决了就业问题。但是 20 世纪 90 年代国企改革重组让很多工人下岗，造成了很多人失业。由此可见，经济结构的调整会对就业产生一定的影响，经济和社会的发展要求高校必须做出相应调整，才能保证人才适应社会发展和产业结构优化的需求，进而帮助更多人实现就业。目前，我国有很多经济学家提出通过刺激内需拉动就业，而这就要有正确刺激内需的方法，才能保证就业率提升更加稳定。但是客观来说，没有就业就没有消费，没有消费内需就无法被刺激，所以一味刺激内需就会导致通货膨胀，对于就业问题的解决并没有实质性的帮助。而很多与地方区域经济联系相对紧密的应用型高校，大学生就业问题得到了良好解决，或者说这些高校的毕业生就业形势相对较好，尤其是金融专业、旅游专业的毕业生。这一情况也足以说明产业结构变化能够有效带动人才需求变化。因此不得不承认经济结构的调整对就业具有重要的促进作用，而且从长远角度考虑，在经济结构调整时，要保证经济增长和就业发展两手抓，只有这样才能有效促进就业机会的增加，帮助大学生解决就业问题，实现经济的发展。

（二）促进就业市场发展，创建良好的就业环境

法律政策调控是对就业市场进行宏观调控的基本手段，政府各部门需要结合我国的相关法律和具体办法，为大学生就业创造良好的法治环境。从目前来看，我国高校对大学生的就业指导仅仅局限于就业形势与政策的介绍、求职理论和技巧的讲解及其他的就业服务，严重忽视了大学生的个性发展和潜能开发。目前，大学生的就业环境呈现出三个特点：一是不同高校和不同专业的大学毕业生存在严重的就业失衡局面，具体表现为名牌大学和工科院校的毕业生就业情况相对较好，而一般院校的毕业生就业情况相对较差。二是高校表现比较热情，而用人单位表现比较冷淡。现如今大多数高校对于毕业生的就业问题比较重视，甚至会主动与用人单位进行联系，为大学生寻找就业的门路和方法。但是一些高校的教学内容比较落后，教学方法比较呆板，导致毕业生的综合素质无法满足用人单位的要求，用人单位在选择人才时就会对这类高校的毕业生比较冷淡。三是一般情况下，动手能力强的大学生在就业过程中比较受欢迎，而动手能力较差的大学生在就业时就会遭到用人单位的冷遇。各种歧视问题在大学生就业过程中都存在，这些情况都是影响大学生就业的重要问题。

总体来说，社会需要建立专业的大学生人才市场中介组织，并且不断进行创新，逐渐完善大学生人才市场中介组织的功能，优化毕业生交流大会的审批制度，不断提升毕业生交流大会的实际效果。

在构建良好的大学教育环境时，需要不断提升大学生人才市场的信息化程度。发达国家的大学生人才市场可以直接通过网络进行人才交易，进而实现最优配置。但是在我国，网络化的大学生就业正处于初始阶段，不仅存在技术不成熟的问题，同时信息网络的整体功能有所欠缺，这也是导致大学毕业生就业市场比较混乱的因素之一。我们可以发现大学毕业生就业市场主要包括区域性毕业生就业市场、企业毕业生就业市场、国际性毕业生就业市场等，这些大学毕业生就业市场大多

存在不平衡的现象，如不同学科和不同专业之间的需求差异、对毕业生学历和专业背景的要求差异、不同地区之间的差异、不同院校的人才培养差异、不同用人单位的人才需求差异等。另外，社会对大学毕业生的要求越来越高，就业竞争越来越激烈，以大学生为基础的毕业生就业市场已经形成，这些都是当前阶段大学生就业形势的重要特征。大学生就业市场的发展趋势也呈现出供求形势不断变化、无形市场加速发展、就业市场逐渐规范、就业市场功能逐渐完善的特征。因此国家更应在大学生人才市场发展过程中充分发挥自身的主导作用，并且充分利用各种计算机技术推动大学生人才市场的运行，促进各种就业信息的整合，加强高校和就业指导部门之间的联系，在高校与用人单位之间建立起联系，共同促进大学生的就业。政府和社会需要共同合作、共同谋划，最终构建具有中国特色的大学生就业网络，为大学生就业提供充足的信息资源，并且发挥各方面的作用，最终加速人才信息交流，为企业的招聘提供参考。

对于人才市场的建立和发展来说，也需要建立完善的机制，不断促进人才市场的功能完善。增加配套设施，为人才就业提供科学合理的指导。尤其是要积极进行网上人才市场建设，以信息技术为基础构建人才市场，从网络出发对人才就业进行指导，促进人才中介服务的发展，不断提升大学生人才服务工作的质量，规范人才中介服务，营造良好的人才市场氛围。通过建立大学生人才信息网络系统，形成广泛的人才供求信息机制，能够让全国的人才与用人单位进行联系，充分促进大学毕业生就业，形成长期高效的大学生人才供求机制，既能为用人单位提供高质量的人才，也能促进大学毕业生顺利就业。

（三）尊重知识，进行公平的人才选拔

随着社会的不断发展，有很多用人单位在招聘人才时，相应的标准也发生了一定的变化，无形中为大学生带来了就业压力。为了改变这一现状，用人单位在招聘人才时需要做到尊重知识，尊重大学生人格，从大学生的能力出发进行人才选择，而不是通过个人的主观臆想来判断人才是否符合要求。同时用人单位应抛弃传统的限制因素，保证人才选择更加公开透明，只要应聘者具有足够的能力，可以胜任相应的工作，就应予以聘用。人才市场也应站在大学生的角度为大学生发言，将企业最真实的情况呈现在大学生面前，给大学生带来足够的安全感，让

大学生对企业充满信任。

二、高校要促进大学生健康就业

高校在大学生就业过程中应顺应市场发展的趋势，积极满足社会需求，进行准确定位，突出自身办学特色，培养出社会和企业需要的优秀人才，只有这样才能有效促进大学生就业。当然高校也需要认识到大学生就业的重要性，并且将促进大学生就业落实到具体的工作中，从以下几方面出发，可以有效促进大学生健康就业。

（一）建立完善的就业指导工作体系，促进大学生就业服务的专业化发展

高校在对大学生进行就业指导时，需要为大学生提供真实有效的就业信息，并且积极对大学生进行培训和辅导，帮助大学生从自身出发，根据自己的兴趣、爱好和综合能力进行职业选择，并且学会为个人职业生涯发展做计划，用科学的理念对大学生就业进行指导。高校还需要将大学生就业教育与市场需求进行有效结合，将大学生就业工作充分融入大学生的学习和大学生个人能力的发展中，并且通过各项工作展现就业指导工作的开展效果。

近几年来，我国高校对于毕业生就业指导越来越重视，并且针对大学生就业工作进行了非常系统的规划和指导。但是，我们仍然能够发现这一项工作中存在很多不成熟的地方。

首先，高校应对大学生就业指导部门的职能进行准确定位，并且促进大学生就业指导部门管理职能的多元化发展。现如今，大学生就业形势越来越严峻，就业指导部门的相关工作却非常单一，这在无形中为大学生个人能力的发展带来了一定的影响。因此，高校在开展大学生就业指导时，需要不断完善职能，转变教学理念，建立多元化的大学生就业服务体系，积极进行教育资源整合，拓展服务功能，提高自身的服务水平，由被动服务转变为主动引导，最终建立系统化的就业服务体系。

其次，专业人员的缺乏是导致高校就业指导部门工作人员配置存在问题的重要因素。在高校建立的就业指导部门中，从事大学生就业指导工作的人员，不仅需要具备较强的工作能力，还需要熟练掌握国家的相关法律法规，同时具有较强

的责任心，只有这样，工作人员在对大学生进行就业指导时才能更加客观、科学。因此，高校需要对当前的工作人员进行专业培训，可以与高校之外的专业机构进行合作，通过对相关工作人员进行专业指导和培训，有效提升高校就业指导部门工作人员的专业化程度。这些措施能够切实保证大学毕业生在毕业之前就可以接受专业的就业指导，进而对当前的就业形势有所了解，在毕业之后能更加从容地应对严峻的就业形势。

最后，由于高校经费不足，同时受到编制的限制，高校就业指导中心存在人力资源不足的情况。大学生就业指导中心只能在大的层面帮助大学生，这在一定程度上制约了大学生就业指导工作的实际效果。因此，高校需要根据自身的实际情况，积极在机构设置、人员配备和经费保障等多个方面加大投入力度，最终建立完善的就业指导工作体系，保证大学生就业指导工作的稳定开展。

（二）进行市场研究和预测，及时调整专业课程设置

大学毕业生与社会需求之间的矛盾是导致大学毕业生就业困难的重要原因之一。社会转型发展导致用人单位对人才的需求越来越明确，传统吸收人才的渠道逐渐无法满足现实需求。政府机构也呈现人员冗余的情况，需要进行人员精简，社会整体呈现出传统就业能力下降的问题，在这种情况下，大学生就业竞争越来越激烈，所以大学生需要对当前的就业形势有足够清晰的认识，对自己进行准确定位，只有这样才能保证自己顺利就业。用人单位在招聘人才的过程中还存在不理性的行为，而且对大学生人才的选择存在一定的理解误区，如在招聘人才时盲目追求高学历，同时还存在生源地歧视和性别歧视等问题。我国高等教育体制具有一定的滞后性，高校课程设置不合理，教学内容陈旧、落后，不能及时满足社会需求，这就使得大学毕业生缺乏较强的社会实践能力，再加上我国高等教育的办学形势比较单一，往往无法培养出企业需要的技术人才。

为了促进大学生就业，高校需要本着负责任的态度，积极对社会发展趋势进行调查研究，并且及时调整学校专业设置，有针对性地对大学生进行培养，提升大学生的综合素质，让大学生在就业市场中拥有更加强大的竞争力。此外，高校还要进行就业市场研究，并且进行人才预测，对大学毕业生进行就业后的追踪调查，并以此为基础，对大学生就业指导工作进行改善，从我国大学生就业的核心

问题出发调整教育策略，最终建立一整套完善的就业指导体系，促进高校就业指导工作的进一步开展。

（三）开展职业生涯规划的相关活动，引导大学积极参与

职业生涯规划是大学生需要掌握的重要内容。高校在大学生进入大学开始就应进行职业生涯规划课程教学，让大学生对自身的职业兴趣和职业能力进行有效分析，帮助大学生正确认识自我。职业生涯规划设计教学还能够帮助大学生了解职业规划的重要性，从而以自我为中心进行职业规划设计。高校可以与企业进行合作，积极在校内开展讲座，组织团体活动进行经验分享，在高校内部营造浓厚的职业生涯规划氛围，从而调动大学生的兴趣，吸引更多的大学生参与其中。从目前情况来看，国内部分高校开展的大学生就业指导课程主要是就业理论指导，以帮助大学生及时就业，在教学过程中使用的也是传统的课堂教学模式，这种教学模式导致大学生对实际的就业市场缺乏有效了解，而且也难以取得理想的效果。

要改变这种状况，提升大学生的就业能力，就需要高校在大学生的整个学习生涯中进行就业能力提升和就业指导的渗透。大学生职业生涯规划包括自我评估、确定长短期目标、制订行动计划、选择实施方式等多个步骤。下面是从大一阶段到大四阶段制订的详细职业生涯规划。

针对大一新生，高校需要积极开展入学适应讲座，帮助大一学生尽快适应高校的环境，从而让大学生更加从容地认识自我，激发职业意识的提升，最终树立明确的职业理想。这是保证大学生能够正确认识自我和进行自我评价的基础与前提。在大二阶段，高校需要定期向大学生进行就业信息的宣传，帮助大学生树立正确的就业观念，并且让大学生对当前的就业形势有所了解，进而根据个人的个性特点和市场需求，对自己的就业生涯进行有效规划。针对大三阶段的学生，高校需要开展更加全面的就业指导培训，为大学生毕业之后的就业做好铺垫。就业指导的内容不仅包括国家制定的相关就业政策，以及大学生就业的相关程序，还包括大学生以自身实际情况为基础进行的就业信息筛选。同时高校还要积极开展讲座，组织就业模拟大赛，为大学生就业提供丰富的经验和技巧。进入大四之后，高校要积极对大学生进行引导，帮助大学生调整心态，通过就业指导、创业指导、

升学指导，帮助大学生进行角色转换，更好地适应社会发展。这样一来，就可以在大学生遇到就业心理问题时，更具有针对性地帮助大学生解决问题。

三、家庭要在大学生就业过程中给予足够的支持

（一）尊重子女的就业意愿

现如今的大学生大多比较明智，他们在就业过程中不会像以前一样以进知名企业为主，而是通过对各种因素的综合考量，先保证自己进入中小型企业，进而再考虑后续的发展。但是，这时他们的父母往往会持反对意见，因为在传统的观念中，他们辛辛苦苦将孩子培养长大，孩子最终却进入一个没有名气的中小型企业，是没有发展前途的。他们过高的期望给孩子带来了极大的压力，同时他们还忽略了一点：个人的愿望并不代表孩子的想法。孩子刚刚毕业，本身就面临着较大的就业压力，如果进入更大的企业，工作压力也会进一步增加，这样一来对于大学生未来的发展是好是坏并不好判断。因此，家长应在孩子就业过程中尊重孩子自身的想法和选择，即使是小型企业，也可以对他们进行锻炼，在他们积累了足够的经验和技术之后，也有可能一飞冲天。

（二）积极对子女进行就业指导

在子女就业和选择工作的问题上，大多数父母是以子女的生活为出发点进行考虑的，他们更加注重工资的高低、是否有利于子女未来的发展等。家长在对子女就业进行引导时，需要对当前的就业形势有所了解，只有这样才能对子女就业进行正确的指导。家长在与子女进行就业交流时，需要充分听取子女的意见，在了解子女发展需求的基础上，积极帮助子女寻找就业渠道。在子女就业过程中，家长更多起到陪同的作用，而不能代劳，因此在子女对个人职业发展进行规划时，家长可以提供参考意见，但是不能代替子女进行规划，否则很容易使子女形成较强的依赖心理，抗挫折的能力也会因此逐渐下降，在未来的工作岗位中，甚至有可能出现无法适应工作的情况。

四、大学毕业生要学会进行自我调节

（一）树立正确的就业观念

通过调查可以发现，大学生在就业过程中形成的就业观念较普遍的有向往大

城市、向往高待遇、向往一劳永逸、向往好环境、向往高职位等倾向，这些心理都会对大学生就业造成一定的影响，因此在解决大学生就业问题时，需要首先帮助大学生树立正确的就业观念。

随着经济的发展和社会的进步，当代大学生的就业观念也逐渐呈现出向市场化和功利化发展的趋势。但是又不得不承认，一些大学生自身的能力与就业市场对大学生的要求存在一定的距离，相比较而言，中小型企业和私营企业的人才缺口相对较大，因此大学生在就业过程中需要转变个人就业观念，可将目标放在中小型企业和私营企业上，而不是一味地追求大型企业。当代大学生也需要树立从底层出发、面向基层的就业观念，并且响应国家的号召，到中、西部地区和基层进行锻炼，为国家的发展贡献自己的力量，更好地实现个人的人生价值。

（二）做好就业前的准备工作

大学生在就业之前需要做好充分的准备工作，具体来说主要包括心理准备和知识准备。

首先，大学生要树立个人自信心，在就业过程中遇到喜欢的岗位，要积极进行自我推荐，并且勇于迎接各种挑战，只有这样才能更加积极主动地参与就业竞争。同时在大学学习期间，要不断地进行知识积累和锻炼，丰富个人思想，通过参加各种社会实践活动积累经验，只有这样才能拥有推销自己的资本，进而让用人单位对个人产生兴趣。当然大学生需要对自我能力有客观的认识，虽然学会推销自己能够让自己获得更多企业的青睐，但是这并不代表在推销自己的过程中盲目夸大个人的能力，而是要对自己有客观的认识和评价。不能客观地对自己进行认识，会导致个人在就业过程中产生自卑或者自负的心理，从而进一步影响就业，因此在求职之前，大学生需要对自己进行全面了解，为就业提供明确的方向，有针对性地做好准备工作，从而为成功就业奠定良好的基础。

其次，大学生在选择岗位和职业时，也需要对岗位的工作内容、工作性质，以及岗位对人员的要求进行了解，只有做到知己知彼，才能更好地胜任这一工作。总之，大学生在就业过程中，需要积极向前辈和相关的工作人员进行请教，积累经验，对他们的工作经验进行总结，吸取他们在工作过程中的失败和教训，从而为自己之后的工作做好预防准备。

（三）克服个人心理障碍，调整就业心态

现如今，大多数用人单位认为应届大学生的社会适应能力相对较差，参加工作后很难及时适应工作需求，甚至有可能出现小事看不起、大事做不了的情况，在面对紧急情况时会心慌意乱。因此，用人单位在招收人才之后，还需要花费更多的精力与时间对他们进行业务培训。再加上大学生缺乏充足的社会锻炼，不够自信，在开展各项工作时优柔寡断、犹豫不决，这些都会影响工作的开展效率。大学生在工作中遇到挫折时，常常一蹶不振，甚至长时间处于失望和焦虑的情绪中，无法很好地对个人的心态进行调节。

面对当前严峻的就业形势，大学生在求职过程中不可避免会遇到各种挫折，因此他们应对挫折的能力和心理素质将会影响他们后续的发展。而且不同专业、不同年级的大学生在面对挫折时的表现是不同的，大学生应直面就业压力，正视就业问题，并且提升自我心理调适能力，才能在就业过程中获得更好的表现，找到合适的岗位和工作。自我心理调适其实就是根据个人所处的环境，积极对个人的心理状况进行调节，从而充分激发个人的潜能，帮助自己解决心理困扰和障碍。大学生具备了自我心理调适能力，就能够在就业过程中更好地解决各种困难和挫折，化解心理困扰，寻找最优的途径实现个人理想，这样才会让自己不至于因遭受挫折而最终丧失信心。因此，大学生群体需要意识到自我心理调适的重要作用，并且提升自我心理调适的自觉性，只有这样才能及时发现自身存在的心理矛盾，及时地进行自我心理状态调整，保证自己始终拥有健康的心理状态，顺利进行就业。

大学生遇到心理问题时，可以通过以下几种方式进行自我心理调适：首先是自我激励法。自我激励法主要是指大学生在遇到困难和挫折时，要用坚定的信念进行自我安慰，鼓励自己与困难进行斗争，并且始终拥有较强的精神动力。其次是宣泄法。通过情绪宣泄，可以保证个人心理健康。每当大学生产生不良情绪时，不能一味地对不良情绪进行压制，要学会适当地宣泄，如大声地呐喊等。通过宣泄，往往可以更加快速地让自己的心态转变。除此之外，还有向他人求助法、心情放松法等多种不同的方法，这些方法都可以帮助大学生及时进行不良情绪的宣泄，最终以积极的心态面对就业问题。

第五章 当代大学生网络心理问题

进入 21 世纪，信息技术得到了飞速发展，并且逐渐渗透到社会的各个领域。大学生作为社会中的重要组成部分，始终在网络发展的最前沿进行活动，他们作为网络的主力军，与网络的接触非常密切。任何事物的发展都具有两面性，信息技术的不断发展为大学生带来了极大的便利，但同时也为心智还不成熟的大学生带来了一定的负面影响。网络中充斥着大量的不良信息，这些信息对大学生的价值观造成了负面影响，同时还会影响大学生的心理健康发展，甚至最终可能导致大学生误入歧途。如何在网络环境下充分发挥网络的积极作用，做到趋利避害，在帮助大学生合理运用网络的基础上，避免心理问题出现，是当今高校需要考虑的重要问题。

通过对大学生网络心理问题进行研究，找出解决大学生心理问题的相关对策，能够进一步拓展大学生心理健康教育研究的领域，为解决大学生心理问题提供更加广阔的视角。同时，大学生网络心理问题也是当今时代大学生心理问题的重要研究方向，是促进大学生心理健康发展的重要一环。因此，研究大学生网络心理问题，能更好地帮助大学生健康成长。

第一节 当代大学生网络心理概述

一、大学生网络心理的相关概念

（一）网络心理

网络心理主要是指人们在使用网络的过程中产生的不同心理现象和心理状态。这种心理状态以网络环境为基础，是人们的心理活动过程及基于此形成的个性特征的总和。进入信息化社会，人们开始逐渐将自己思考的内容通过网络的方式进行存储和传播，并且通过网络的方式与他人进行交流和思想碰撞。由此可见，网络本身就是人的精神世界的延伸，能够体现出人们的所思所想。网络既是客观物质现实，又是思想信息载体，人们产生各种心理活动的时候必然会与网络这一客观现实发生相应的联系。人们对于客观世界的认识，也会因为网络渗透程度的不同而发生相应改变，如当网络逐渐在人们的生活、学习、工作等领域进行渗透时，人们的思维方式、感知能力、思想信念都会在无形中逐渐发生改变，进而产生全新的思维方式。网络对人们的日常行为会产生一定的引导作用。

（二）大学生网络心理

大学生网络心理的主体是大学生群体。大学生群体是一个特殊的群体，他们对网络的认知相对较强，所以网络心理变化程度也会更加明显。大学生网络心理主要是指大学生这一群体对网络的认知，以及对网络的情感体验而进一步产生的心理反应。大学生群体的心理还不够成熟，网络的出现能够充分满足他们的心理需求，所以他们对网络的依赖性非常高，但是基于此也会诱发很多网络心理问题出现，所以大学生的网络心理状况是影响大学生心理健康发展的一个重要因素。健康的网络心理能够帮助大学生更好地利用网络进行知识的传输和获取，促进大学生与他人之间的交流。但是不良的网络心理则会导致大学生出现网络成瘾、人格障碍等心理问题。

二、大学生网络心理的特点

（一）自主性

自主性主要是指不同的行为主体根据自身意愿做出相应行为的动机、能力或者特性。网络具有自主性的特征，只要拥有上网设备就可以在网络中自由地浏览信息和发布信息，也可以与他人进行网络交流，人们在网络中可以自由地进行各种活动。而且网络是平等的，在网络中每个人的身份都没有区别，可以非常自由随意地在网络中发表言论。网络的发展让传统媒体的单向信息传播转变为双向的互动交流，构建了一个自主平等的网络世界。所有的大学生都可以根据自身的要求和特点自主选择网络方式和交流对象，进行信息交流。总体来说，网络的不断发展和普及，为大学生发表见解、展示个性提供了非常方便的平台。

（二）从众性

从众性主要是指个体在不同的群体中生活时，通常会在不知不觉中受到群体压力而导致自己的观念与行为逐渐趋同于多数群体的心理现象，也就是所谓的"随大流"。在大学生群体中，从众性的特征表现尤为明显，很多大学生缺乏自信，害怕孤立，所以在各种活动中迫于群体性规范的压力而使自己的言行举止出现从众性，以此获得群体的认同。从众性能够帮助大学生在一定程度上回避责任，而这也是导致大学生网络心理出现从众性特征的一个主要原因。通常情况下，人们往往觉得多数人的意见就是对的，进而选择少数服从多数的做法。在开放的网络世界中，大学生的辨别能力相对较差，通过跟随大众选择主流的思想价值观念进行学习，能够帮助自身心理健康发展，同时为社会稳定提供保证。但如果只是一味地"随大流"，而不分是非曲直，就是不值得提倡的。因为大学生的心理发展并不成熟，缺乏足够的分析和独立思考能力，他们在面对复杂的网络世界时，很容易被诱导。如果在遇到问题时总是跟随别人的想法，就会导致个人的思维被束缚，进而制约创造力和创新思维的发展。有时候大学生群体也会盲目跟风，盲目追赶潮流，当他们面对网络热点问题时，很有可能不加思考就进行传播，最终造成扰乱视听的情况，给个人发展和社会发展带来不良影响。

（三）弥散性

弥散主要是指弥漫扩散，弥散性在心理学中主要是指情绪的泛化。现实生活对人产生的影响也可以在网络中得到一定的蔓延。大学生的情绪心理相对复杂，不够稳定，当出现心理问题时，他们无法冷静思考，很难有效控制个人情感，就会在网络中进行情绪宣泄，这样一来就导致情绪扩散，进而对其他网友造成影响，并且进一步对现实生活中的心理和行为产生影响。如有很多大学生在网络中发表一些观点，当看到其他网友赞同这些观点时，就会非常兴奋，进而发表更多的观点，在网络中越来越自信。一些大学生看到别人发表观点，并且对观点非常认可时，有可能对其进行一定的效仿。

（四）去抑制性

在心理学中，抑制主要是指个人的行为受到个人思想的约束，并且对社会情境焦虑，过于在乎他人评价的相关现象，而去抑制性则与之相反。大学生网络心理的去抑制性主要是指社会规范和个人准则被网络环境约束，使大学生忽视了这些因素的克制，进而在网络中自由发表观点和见解的情况。大学生在网络中和现实生活中的行为方式有比较大的区别，甚至可能呈现完全相反的状态。大学生通过网络的去抑制性能够满足个人在现实生活中无法满足或者实现的愿望，从而使个人的本性得到极大发展。网络的去抑制性使大学生可以在不受限制的情况下自由地表达观点。大学生在网络中的心理和行为表现，本身就是在现实社会中的欲望和需求的一种折射。所以，通过对他们在网络中的言行进行分析，能够更加真实地了解他们的状态。

三、我国关于大学生网络心理的研究

我国对于网络心理教育的研究最早是从 2001 年开始的，比西方相对晚一些，但是国内学者从多个不同的角度对大学生网络心理进行了研究。对于网络心理教育问题的研究，主要包括概念研究，价值方式、方法，理论原则等多个方面。很多学者从不同的角度对网络心理教育进行了定义，大多数学者认为网络心理教育是一种全新的教育理念和教育模式，在对网络心理教育进行研究分析时，主要从网络心理教育基础知识和解决途径两个方面进行。也有一些学者从心理学和教育学的角度，对网络心理教育的理论进行了探讨，并且有针对性地提出了网络心理教育的相关原则。

大学生网络行为相关研究主要包括两个方面：一是大学生网络行为现状调查，如申福广等的《大学生网络行为探析——对首都大学生网络行为的心理调查》及苗青等的《大学生网络交往调查研究》；二是大学生网络行为及其他心理特质之间的关系研究，如易银沙等的《大学生学习成绩、心理健康状况与网络行为的相关因素分析》及任杰的《高校学生网络行为与心理研究》等。

通过我国针对大学生网络心理的相关研究，可以发现对大学生网络成瘾的研究相对较多，但这一研究却没有形成统一的观点和结论。如钱铭怡教授对 500 名本科学生网络成瘾的状况进行了研究；林炫辉通过调查研究，发现大学生网络成瘾与大学生个人的人格并无关系；而张兰君通过调查研究，发现网络成瘾的大学生基本上具有较高的焦虑情绪。也有很多学者和研究人员针对网络成瘾构建了不同的模型，如"生理—心理—社会整合模型"、IUE 模型等。还有一些学者在对

大学生网络心理进行研究时，与思想政治教育进行一定的结合，如刘海龙和张立志的《把握大学生上网心理，做好思想政治教育网络工作》，蓝新华的《大学生网络心理对思想政治教育的机遇与挑战》，史玲芳的《大学生网络心理与高校思想政治教育对策》，郝文清的《大学生网络心理健康研究》，王娜的《大学生网络心理与思想政治教育研究》等。

第二节　当代大学生网络心理的现状分析

为了对当代大学生的网络心理状况有进一步的了解，促进大学生心理健康发展，有必要对当前阶段的高校大学生网络心理状况进行分析。

一、大学生网络心理现状调查与分析

（一）调查对象

本次调查主要使用简单抽样法，对 4 所不同大学中的本科生进行调查，共发放调查问卷 1200 份，收回调查问卷 1132 份，其中有效调查问卷 1106 份，调查问卷的有效率为 92%。在有效调查问卷中，男生的数量为 448 人，女生的数量为 640 人，另外，有 18 人的性别信息不明。

（二）调查方法及问卷设置

本次大学生网络心理现状调查主要使用了定量分析与定性分析相结合的方法。根据当前已有的研究报告和相关文献，再结合本次大学生网络使用的相关情况，最终编辑制定了《大学生网络使用情况及网络心理健康调查问卷》。调查问卷主要包括两部分：第一部分是调查对象的基本情况，如大学生的性别、年龄、专业等；第二部分是本次问卷调查的核心部分，主要包括大学生的网络使用情况，如上网时间、上网地点、上网费用等，大学生的上网目的、上网原因，大学生的网络社交情况，如大学生是否参与网络教育、大学生的网络使用态度和网络心理健康情况等。

（三）研究方法

本次的大学生网络心理现状调查主要使用了文献分析法、访谈法和问卷调查法三种方法。在使用问卷调查法进行调查时，在调查学校进行集体问卷发放，统一指导要求调查对象在规定的时间内完成调查问卷，统一回收。

（四）大学生网络心理的基本情况

大学生网络心理基本情况主要包括以下四个方面：第一方面主要是大学生网络使用基本情况。在调查的过程中发现，参与调查的大学生绝大多数有上网经历，拥有个人电脑的大学生占 66.8% 左右。随着大学生年级的增长，拥有个人电脑的大学生数量也得到增长，大二的增长速度是最快的。在对大学生业余活动的内容进行调查时发现，以上网为主要业余活动的大学生数量占 38.7% 左右，还有 27.4% 左右的大学生选择游玩逛街，剩下的大学生选择读书、体育锻炼等。在"你从开始上网到现在有多长时间"的一项调查中发现，有 68.7% 左右的大学生的网龄在 3 ～ 5 年，这一项调查结果说明，有很多大学生在高中阶段就已经开始接触网络。在"每次上网的时间"这一项调查中发现，大多数大学生的上网时间每次多集中在 2 ～ 3 小时，另外是 4 ～ 5 小时。在"上网费用占消费比例"的一项调查中发现，有 5.6% 左右的大学生消费比例超过了 70%，而且这一部分大学生上网的主要内容就是网络游戏。

第二方面主要是对大学生网络使用目的与内容进行分析。在"大学生上网主要原因"这一项调查中发现，大多数大学生会选择多个选项，其中所占比例从高到低分别是"进行学习""无聊""发泄情绪""逃避现实"。也有一部分大学生表示选择上网是因为身边的人都在上网，所以跟风去上网的，他们上网并没有什么明确的目的。在"大学生上网的主要目的"这一项调查中发现，大学生选择最多的仍然是进行学习，另外分别是看新闻、聊天交友、玩游戏、购物等。通过分析发现，不同年级的大学生上网目的具有较大的差异。如大一的大学生在上网时主要是为了与他人进行沟通和交流；大四的大学生在上网时浏览娱乐方面的内容相对较少，更多是为了学习和就业。总之，通过调查可以发现，大多数大学生在上网时有着相对明确的上网目的。

第三方面主要是大学生网络交际情况调查。通过调查可以发现，有一半以上的大学生拥有两个以上的 QQ 号和微信号，也有很多大学生表示自己与网络交流对象相互认识，有 10% 左右的大学生表示自己在开始阶段并不知道对方的信息和个人情况。除了网络中交流之外，有一部分大学生还与网络交流对象在现实生活中共同参加一些活动，在进一步的访谈中发现，有很多大学生与网友有着共同的兴趣爱好，所以他们能够共同参与线下的一些活动。当然也有一些大学生表示自己曾经参加过一些完全不认识的网友聚会，甚至会与异性网友见面，并且进一步进行交流和交往。

第四方面主要是关于大学生对网络的依赖情况和大学生网络心理教育。通过调查研究发现，大学生对网络的依赖程度较高。大部分大学生认为网络是生活的一部分，甚至有 12.5% 左右的大学生认为自己一天都离不开网络，只有 5% 左右的大学生认为网络是可有可无的存在。在对大学生的网络心理健康了解程度进行调查的过程中发现，有 95% 左右的大学生对网络心理健康知识有过了解，但是大多数大学生对网络异常心理现象的了解不多，所以并没有针对网络异常心理现象进行有效预防，也没有清楚地认识到这一问题的存在。这一调查结果充分表明，当前阶段对大学生进行网络心理教育是非常有必要的。调查结果还表明网络对大学生各方面的生活都产生了一定影响，如休闲活动越来越少，大学生不能上网就会觉得非常空虚寂寞，与周围朋友之间的线下交往逐渐减少。总之，不论是在日常学习中，还是在生活中，网络都对大学生产生了一定的影响。在对网络道德问题进行研究时发现，有超过 90% 的大学生认为自己应在网络中履行相应的责任，这一数据表明大学生群体基本上具有较强的网络法律意识和网络道德意识。

二、大学生网络心理的表现和类型

随着网络的不断发展，大学生的网络心理问题呈现出愈加多元化的特征，下文针对相关研究结果和问卷调查，从不同的角度和方面对大学生的网络心理进行一定分析和研究。

（一）认知层面：大学生的认知冲突和思维障碍

大学生的心理认知包括大学生的感知注意力、记忆想象思维方式等多个方面。大学生正处于知识积累的黄金期，他们具有良好的记忆力，注意力比较集中，具有较强的思维方式和逻辑能力，所以对于新鲜事物的接受能力比较强。但是大学生的辨别能力不强，无法对新事物的正确与否进行有效分辨，很容易受各种外界因素的影响。网络的不断发展拓宽了信息来源渠道，为大学生的学业拓展提供了有效方式，同时还能够促进大学生创新意识的发展，为大学生综合素质的提升提供一定的机遇，但是我们不能因此忽视网络对大学生认知造成的不良影响。

第一，大学生过于沉迷网络，就会导致感知能力逐渐降低，进而产生认知麻痹的情况，最终产生厌学心理。如果大学生长时间接触网络，就会对网络的适应性能力逐渐降低，进而出现时间感缺失的情况。美国心理学家金伯利·杨通过调查研究发现，有将近97%以上的个体在网络中的实际停留时间比计划的时间要长，这一调查结果也在一定程度上为其相关研究提供了佐证。所以当大学生沉迷于网络时，他们的学习成绩也会直线下降，甚至出现无心学习、不愿意学习的心理和状态。

第二，信息消化不良和思维僵化的问题。网络中的信息非常丰富，形势也非常多样化，随着网络的不断发展，网络中的信息呈现出无限化的发展状态，大学生也逐渐成为信息的被动接收者，对于那些接踵而至的各种信息无法进行有效分辨，所以也很难进行高效的消化。当大学生接收的信息量过大时，其就会出现信息超载的情况，从而导致思维紊乱，出现心理压力，而那些没有被消化的信息，最终会影响大学生的思维广度和深度，大学生在解决相关问题时，也会对网络信息产生依赖。

第三，空间感知受到限制。网络具有虚拟性的特征，与现实空间并不相同，人们在网络中的感知范围是非常有限的。虽然随着相关技术的逐渐成熟，网络世界给人们营造的视听体验越来越真实，但是人们从中获得的体验存在一定的片面性和空想性，所以大学生长期依赖网络获取信息很容易产生感知局限。

第四，大学生对网络过于依赖，导致对其他媒体的了解越来越少，最终限制大学生对信息的获取。个体的注意包括及时性和指向性两个方面，一个人的注意力会受到个人兴趣爱好和外界因素多方面的影响。网络信息是通过文字、声音、图片、视频等多种形势存在的，当大学生长时间沉溺于网络世界时，就会导致其对传统媒体的关注度逐渐降低，甚至忽略传统媒体。这一情况产生的直接后果就是大学生对于网络世界的关注度越来越高，对于其他事物的注意力却逐渐减少，从而限制了大学生对信息的获取。

（二）情感层面：大学生的孤独焦虑和情感冷漠

网络具有虚拟性、匿名性等特征，大学生能够在网络中最大限度地获得情感满足，并且充分地进行情感表达。但是当他们回归现实之后，又会受到各种现实因素的制约，与个人情绪产生冲突，久而久之，他们就更加不愿意在现实生活中进行情绪表达或与他人交流，甚至会对现实交往产生抵触情绪，最终逐渐丧失自我。

大学生在情感层面的首要网络心理问题就是网络孤独症。每个人的认知能力及获取的信息资源都是有限的，当大学生过于关注某些事物时，对于其他事物的关注度必然会降低。利用网络进行社交的初心是缓解内心的孤独，但是大学生沉溺于网络不仅不利于缓解内心的孤独，甚至会因此产生反作用，导致大学生忽视现实生活中的交往。网络逐渐成为大学生生活的主要空间，当他们离开网络之后，个人的寂寞感会迅速膨胀，最终变得无助、惆怅，久而久之，他们就不愿意在现实中与他人进行交流，甚至有可能会出现抑郁和自闭的情况。

除了网络孤独症之外，大学生也容易出现网络焦虑和情感冷漠的情况。受网络的影响，大学生在网络中很难准确地表达情感，无法与他人有效进行情感交流和情感沟通。再加上网络中各种信息的刺激，导致大学生的心理始终处于紧张的状态，当各种压力不断增加时，就会使大学生出现焦虑情绪，进而形成恶性循环，最终产生网络焦虑。当大学生离开网络之后，疲惫心理才能够得到一定放松。但由于受网络影响较深，他们不愿意对现实世界中的相关刺激作出反应，进而表现出对朋友冷淡、情感反应缺乏、表情呆滞等问题。

（三）意志层面：大学生的盲目性和无目的性

网络的虚拟性和匿名性特征让传统的礼仪道德和法律约束等对大学生的约束力逐渐降低，他们开始使用虚拟的身份参与虚拟活动。网络的自由性不断增强、约束力不断减弱，导致他们在现实世界中无法很好地进行身份转变。当大学生习惯了网络中的自由，就很容易在现实生活中出现迟到、早退、不遵守学校规章制度的情况，严重者甚至有可能走上违法犯罪的道路。

盲目性强、目的性弱也是大学生意志层面存在的重要问题。目的性和计划性能够直接体现一个人的意志和品质。大学生上网的积极性非常高，却没有明确的目的，往往是为了上网而上网，这就导致上网行为无法与个人的发展充分结合起来。通过上网能够获得什么？上网的目的是什么？很多大学生没有明确的答案。网络的信息量庞大，内容良莠不齐，很多大学生无法对这些信息进行有效的辨别和甄选。同时大学生自我控制能力较差、存在一定的游戏心态等，也使大学生上网缺乏计划性和目的性。

（四）人格层面：大学生的人格异化、角色混乱、道德失范和网络生理的自我弱化

一个人的人格是个体在认识世界和改造世界的过程中，通过不断实践逐步形成的，人格的形成还会受到外界因素的影响与制约，能够体现出一个人的整体发展状况。对于人格的定义非常多样化，目前仍然没有形成统一的定义，但是从心理学的角度来看，人格主要是指人们在社会生活中形成的一套相对稳定的心理行为方式，是人们在面对各种不同因素和环境时产生的一种适应和防御机制，既包括内在的精神状态，也包括外在的行为表现，是个体心理和行为的相互结合。一个人的人格包括思想道德、人格心理、个体需求等多方面的内容。大学生作为一个特殊群体，个人人格具有一定的特殊之处。大学生的自我意识非常强烈，又缺乏足够的社会责任感，而他们的集体意识相对薄弱，对于各种各样的思想和行为都持有一定的理解和宽容态度。在情感表达过程中，过度注重个人感受，缺乏理智的思考和判断，所以经常出现个人理想与现实之间的矛盾和冲突。网络的出现和发展使人们对于个性化的追求越来越强烈，同时也激发了大学生的自主性和独立性，平等意识不断增强，但是他们对这些需求的满足超过一定程度之后，就会出现自我意识膨胀、集体意识淡薄的问题。同时网络又具有虚拟性的特征，这为大学生随心所欲地进行交流和发布信息提供了契机，易出现一些违背社会规范的不良行为。

首先是人格异化。人格异化是指个人的人格特征始终处于不正常的状态。人格异化主要包括双重人格或者多重人格。如一个人在网络中呈现出的状态与现实生活中的状态存在巨大差异，像两个完全不一样的人，大概率就是出现了人格异化。当大学生长期沉迷于网络时，个人的人格就会被网络环境影响，最终导致大学生形成自恋偏执、边缘型等多种不同的人格，甚至有可能直接导致大学生出现社交恐惧、逃避现实等问题，最终影响大学生的心理健康发展，严重者甚至会让大学生出现自杀等极端行为。

其次是角色混乱。从心理学家埃里克森的认知发展阶段理论来看，大学生正处于青年时期，这一时期正是个人人格自我同一性形成的关键阶段。而网络中的交往与现实生活中的交往存在较大差异，网络世界可以借助文字、声音、图像等多种载体与他人进行交流，各种信息都有可能经过美化，所以具有一定的虚拟性特征。当大学生长期在现实生活与虚拟世界中进行角色转换时，其很容易产生角色混乱的情况，甚至有可能进一步导致个人行为失调。这些情况在一定程度上代表大学生个人漠视自身社会角色的问题，忽略了个人应承担的社会责任和义务，导致他们在网络世界中经常出现一些损害他人、自我膨胀等不良行为。他们长期沉溺于网络时，不仅无法有效进行不良情绪的宣泄，甚至有可能造成不良人格障碍的形成，最终出现畸形人格。

再次是道德失范。一个人的人格核心组成部分就是道德品质，这也是人们进行善恶评价的重要准则，能够有效协调不同个体之间的行为。大学生通过不断的实践逐渐形成良好的道德品质，并且按照相应的道德规范，对个人的行为进行有效约束，使个人的道德责任感不断提升。但是在网络世界中，网络的虚拟性和匿名性特征使网络的规范作用和约束力比现实生活相对较小。人们在现实生活中迫于相关的压力不敢做出违法行为，但是在网络中相互并不认识，再加上传统的规范作用逐渐减弱，经常会出现各种思想相互碰撞的情况，甚至有可能导致大学生陷入迷茫，最终导致个人价值观迷失。不恰当的网络交往和交流也会使大量垃圾信息充斥在网络中，最终影响大学生正确道德价值观的发展。网络空间的自由化使传统的社会道德习俗应有的监控力度丧失，大学生也因此进入超自由的状态，很容易出现好奇和冲动。我们可以发现有很多大学生在网络中习惯说谎，用语言攻击他人，逐渐丧失应有的责任，甚至有可能对他人的学习与生活造成影响与威胁。

最后是大学生网络生理的自我弱化。一个人的自我意识包括生理、心理和社会三个层面，生理层面主要是指大学生个人的身高、体重、外貌等，一个人对自身生理层面的满意程度，会对个人的身心健康发展产生一定影响。在网络中，个人在生理层面的自我意识逐渐弱化，这为那些因个人外貌不佳而自卑的人提供了一个广阔的平台。这样的情况也会导致他们更加不愿意面对现实中的自己，不愿意进行社交，将网络当成逃避社交的地方，最终导致孤独感越来越明显。

网络自我暴露也是大学生群体中存在的一种网络心理现象。网络自我暴露又叫作自我揭露和自我表露，是一个人有意识地自愿告知他人关于自己的信息或者通过一些途径告知他人很难获得的信息情况。在现实生活中，人们很少进行自我表露，即使是对于非常熟悉的人也具有一定的隐藏性。但是网络具有匿名性特征，在网络中，个体为了更好地展示自我，让他人对自我有清楚的认识，会选择自我表露，而且自我表露的内容具有很大的深度和广度。适当的网络自我表露能够帮助他人更好地了解自己，并且提升个人的吸引力，但是大学生在网络中进行交流交往，往往把握不好自我表露的尺度，导致自我表露不仅无法获得他人的关注，甚至有可能引起适得其反的效果，最终影响他人的信任。过度进行自我表露也会形成以自我为中心的性格，不利于健康人格的培养和形成。

（五）人际交往层面：大学生的封闭疏远和网恋行为

网络交往主要是指人们利用网络进行信息传递，并且与他人建立情感联系。网络交往和现实交往之间最大的差异就在于，网络交往主要是通过文字传输，缺乏口头语言和体态语言的沟通。同时网络又具有匿名性、随机性、即时性、平等性等特点，大学生长期沉浸在网络交往中，会导致他们与现实生活中的朋友逐渐疏远，人际关系也会越来越淡漠，对待现实生活中的人和事会产生敷衍、武断等行为。另外，网络中的信息存在一定的虚假性和不道德性，以网络为基础形成的人际关系，并不是完全安全可靠的，一旦大学生被不安全的网络行为影响，就会导致个人出现多疑和恐惧心理。

在人际交往层面，大学生会出现人际关系发展受阻、自我封闭的问题。虽然在网络的支持下，大学生可以与更多的人进行接触，却缺乏现实人际交往中应有的情感需求，更容易让大学生产生自我封闭和人格孤立的情况，最终导致现实人际关系越来越淡漠。另外，大学生正常的现实交往也会逐渐被网络剥夺，进而导致个人的心理健康发展受到影响，最终无法有效应对复杂的现实生活。

大学生也有可能出现人际情感缺失的问题，人际交往情感需要以一定的社会交往为基础，但是大学生正处于情感体验的高峰期，情感体验非常强烈，当他们沉溺于网络时，个人的情感波动非常明显，正常的社会情感体验就会因此受到影响。这时大学生很有可能变成冷漠的交往机器，最终出现情感缺失的情况，因为大学生对现实社会中的人际交往不够关心，久而久之就会导致其个人情感匮乏，进而产生焦虑的情绪。

网恋的情况在大学生群体中也非常普遍。大学生之所以会出现网恋，大多是因为网络中具有一定的虚幻网恋对象，而网恋对象又非常符合个体心中的恋爱标准。通常网恋对象的类型包括超脱型的浪漫网恋、游戏型的欺骗网恋、实用型的现实网恋、精神型的柏拉图式网恋等。不可否认的是，有很多大学生以网络为基础进行恋爱，最终走向了婚姻殿堂。

第三节 当代大学生网络心理问题的成因

通过分析总结，可以发现大学生网络心理问题呈现出全方位和多元化的特点，基于此，可以推断出导致大学生出现网络心理问题的原因也是多方面的，既包括主观层面的因素，也包括客观层面的因素。通过深入的研究分析，可以发现大学生的性别、年龄、对网络的认知、个人自尊、社会支持、自身性格等因素，都会对大学生网络心理造成直接影响。通过对存在网络心理问题的大学生和一般大学生进行对比研究可以发现，双方在社会背景和家庭环境等外在因素方面也存在相对较大的差异。下文主要从网络特征、外界环境、大学生个人发展方面对大学生网络心理问题的成因进行分析。

一、网络特征对大学生的影响

第一，网络具有直接性和高速性的特征。这为网络信息的传播提供了良好的技术条件，网络信息越来越丰富，同时又打破了传统媒体信息传播的局限性，为大学生查找信息提供了极大的便利。大学生能够利用网络平台直接与他人进行对话，并不需要借助载体的间接传播。大学生遇到困难和问题时，可以直接通过搜索引擎进行搜索，充分达到足不出户就可以学习、生活和交际的目的。这些变化在一定程度上体现了网络的直接性和高速性特征，也正因如此，大学生愿意花费大量的时间上网。

第二，网络具有即时性的特征。网络平台中的信息更新速度越来越快，每当有重大新闻事件出现时，网络中的各种媒介和平台就开始进行信息传播，而且更新速度非常快，还有各种人士的评论，这极大地吸引了网民。大学生群体的好奇心非常强烈，当他们能利用很短的时间在网络中获取自己感兴趣的信息时，他们就会非常乐意上网，甚至通过网络对相关的事件有比较清晰的了解。另外，网络互动还为受众提供了相互交流的机会，充分实现了信息的多元化和立体化传输。

第三，网络具有时尚性与便捷性的特征。网络信息的更新速度非常快，使网络中传播的信息能够始终跟随时代的潮流。换句话说，网络技术本身的信息传播功能就是当下的一种潮流，因此，大学生群体为了顺应时代发展的趋势，即跟随时代潮流，会更加深入地投入网络信息传播中。随着各种网络媒体的不断发展，传统媒体已经逐渐被取代，当智能手机出现之后，人们上网不再需要依赖传统的计算机，实现了随时随地的互动与交流。

第四，网络具有自由性的特征。在网络中，每一个人都可以自由地为自己塑造一个自己想要的角色，进而展现自身的特征和才能。每一个人在网络世界中都希望自己与众不同，从而充分展现自我，这正是网络自由性的最直观体现。

第五，网络还具有匿名性与开放性的特征。网络交往的匿名性使每一位大学生都可以在网络中平等地进行交流和信息传播，这为大学生营造了相对轻松的氛围。网络中发送的文字和各种信息能够将大学生现实生活中的神态和语气隐藏起来，进而让彼此之间的交往更加神秘，这正好符合当代大学生渴望感情而又谨慎小心的复杂心态。网络交往的开放性让大学生之间的交往变得更加广泛，每一个主体都不仅仅局限于某一段交往关系中，他们可以与更多的人建立更多的交往关系，这为大学生交际圈的扩大提供了一定的便利。

二、外界环境对大学生的影响

大学生之所以会出现网络心理问题，除了受到网络特征的影响之外，还受到外界环境的影响。外界环境因素主要包括家庭环境、学校环境、社会环境几个方面。

（一）家庭环境的影响

家庭环境对大学生的影响体现在父母的教养方式方面。在一个家庭中，家庭环境为大学生发展营造的氛围及父母教育孩子使用的教养方式，是影响大学生心理发展最直接的因素，当然也是影响大学生网络心理的直接因素。相关研究表明，父母的教养方式与大学生是否会出现网络心理问题具有非常大的关系，如果父母对大学生过分干涉，经常否定大学生或者对大学生进行严厉的惩罚，都会导致大学生出现心理问题的概率提升。这一类型的父母对孩子过于严厉，几乎看不到孩子的优点，只会对孩子进行否定和批评，极大地打击了孩子的热情和积极性，孩子进入大学之后，对现实生活中的不满情绪将促使他们将目光转移到虚拟的网络世界中，开始从网络中寻求自我满足。我国受传统文化观念的影响比较深，在很多家庭中，父母的话就是真理，父母只会对孩子进行严厉的教育，这使孩子在面对复杂的社会环境时很容易出现适应性障碍，这时网络就成为孩子逃避现实的避难所。当然也有另一个极端，那便是部分家长对孩子溺爱，使孩子严重缺乏承受挫折的能力，孩子进入大学之后，面对更加复杂的大学生活，往往很难适应，最终不得不选择通过网络逃避现实。

父母对大学生缺乏足够的社会支持，也会影响大学生的网络心理。很多大学生是在离家比较远的地方读书，他们与父母接触的机会越来越少，父母对大学生的支持主要体现在物质方面，而精神层面的支持逐渐减少。而且由于无法经常见面，父母与孩子之间的沟通也减少了很多，无法给予大学生足够的情感支持，这就导致大学生内心产生的问题无法得到有效消解。一些大学生遇到自己无法解决的困难和问题时，得不到父母的支持，就将目光转移到网络中，所以网络成为很多大学生释放压力、宣泄情绪的重要渠道。

（二）学校环境的影响

学校环境对大学生的影响体现在学校教育管理机制不完善方面。虽然我国在不断进行教育体制改革，也非常注重大学生的全面发展，但是从当前高校的教育教学体系来看，整体仍然存在单一的情况，很多学校过度注重科研和教学成果，开设的教育教学课程也是以专业内容为主，没有开展心理健康教育，无法帮助大学生解决心理方面的问题。即使有一部分高校开设了相关课程，也仅仅停留在表面，缺乏实质性的教育，网络教育及网络心理引导方面存在明显的不足。另外，部分高校招生规模在不断扩大，大学生的管理难度逐渐增加，高校教育管理人员相对紧张，尤其是专门负责开展大学生思想政治教育和心理辅导的教师更是紧缺。因为教育资源有限和教师个人经历欠缺，导致工作过程中出现很多漏洞。

学校环境对大学生的影响还体现在学校的社会支持不足这一方面。高校不仅要负责大学生的专业教育工作，还需要引导大学生在心理和精神方面健康成长，为大学生未来的个人发展打好基础。然而从实际情况来看，很多高校对大学生的教育仅仅停留在知识层面，对大学生现实生活中遇到的相关问题缺乏足够的关注。虽然现如今很多高校不会单纯以考试成绩来判断一名大学生的优秀与否，但是大学生仍然面临极大的学习压力，这也在一定程度上增加了他们的心理负担。当大学生成绩不理想的时候，他们就会担心被边缘化，进而导致个人的人际关系受到影响。大学生的生活基本上是三点一线，日常学习和生活都比较单调，网络的娱乐性也就因此成为他们放松的重要方式，久而久之，大学生会将学习压力转移到网络中，进而沉迷于网络而不能自拔。

高校缺乏足够的网络资源，同时管理方面也存在一定的漏洞，这些因素也会导致大学生网络心理出现问题。校园网是大学生进行交流与互动的重要基础，然而目前很多高校的校园网建设存在一定问题，不仅网络环境差，同时网络平台建设也相对落后，缺乏活力，导致大学生无法正确地应用校园网。相比之下，商业网站对大学生的吸引力更强，这也就间接导致了大学生群体开始逐渐向网吧转移，进而沉溺于网络。

（三）社会环境的影响

大学生不仅会受到家庭环境、学校环境的影响，还会被多元化的社会环境影响。社会环境是多元化的，包括社会发展变化中的各种条件，同时涉及政治、经济、文化等多个方面。

首先，随着信息化的不断发展，大学生受学校教育的影响开始逐渐减少，社会文化对大学生的影响力开始逐渐增加，如就业压力、不良社会文化的影响等，都会对大学生个人及大学生价值观的形成产生重要的影响。

其次，网络环境非常复杂，网络中又缺乏十分有效的规范和道德约束，再加上目前政府相关部门还没有对网络制定有效的监管机制，导致大学生在网络中非常自由，没有社交压力。这一情况虽然为大学生的个人特点充分发挥提供了便利，但也很容易使大学生的身心受到严重侵蚀和损害。很多大学生很早就接触网络，尤其是进入大学之后，有一部分大学生拥有自己的电脑，这为大学生上网提供了更大的便利。进入大学之后，大学生的社会压力逐渐增加，再加上缺乏多样化的娱乐内容，导致大学生很容易出现心理问题。近些年来，虽然我国的社会经济发展相对稳定，但是能够为大学生提供的就业岗位仍然有限，同时大学生的数量又在逐渐增长，所以大学生面临的就业压力不减反增。在这一背景下，很多大学生无法有效把握好个人的命运，再加上对未来行业发展缺少足够的信息，所以最终选择逃避现实，在虚拟的网络中宣泄个人的压力。大学生面临的学业压力相对较大，但是由于在学校内缺乏多样化的娱乐活动，使大学生的身心无法得到有效放松，这时大学生就不得不选择走出学校，到社会中寻求娱乐放松。当一些线下的交际活动无法满足大学生的人际沟通需求时，他们就开始将目标转移到网络世界中，所以网络就成为大学生非常依赖的重要载体。

三、大学生个人发展与网络环境之间的冲突

从埃里克森的认知发展阶段理论来看，大学生的发展正处于个人获得自我同一感的阶段。在生活中，自我可以分为公我和私我两个部分，两者之间存在较大的差异。当大学生为了获得他人认同而表现出更多的社会自我时，私我就会受到压抑。大学生的思维相对比较活跃，而且在与他人相处的过程中，大学生的交往欲望非常强烈，他们极度渴望拥有多样化的人际关系，并且获得他人的尊重，而在这时网络的出现，为大学生提供了一个展示真正自我的平台，大学生可以在这一平台中充分释放自我、表现自我。网络虚拟性和匿名性的特征使大学生在网络中展现自我时，能够在一定程度上远离社会环境的制约。但是这样一来网络中的不道德成分也可以得到无限制的发展，所以我们可以在网络中经常看到网络诈骗、

网络侵权等行为。大学生个人的人格特点也会对他们的网络行为产生一定的影响，通过相关的研究可以发现，人格中的很多特征与大学生网络成瘾的情况有着很大关系，人格道德意识属性也是影响网络交往的一个重要因素，同时网络行为又由认知、情感、态度等多种不同的成分共同组成，在这些不同的成分中，道德意识成分对情感有着最为明显的制约作用。

网络中的大学生个体具有虚拟性、匿名性、随意性等不同的特点，很多大学生在网络中使用虚拟身份，当他们回归现实之后，又会因为个人的心理矛盾而更加深入地沉溺于网络中，进而导致个人的心理出现各种问题。

一方面，大学生对各种信息知识的认知存在一定的从众心理，但是他们又渴望自己足够独立，从而表现出与众不同。虽然很多大学生在面对网络信息时，仍然能够保持清醒并且客观冷静地对各种网络信息进行有效分析，但是仍然有一部分大学生在思考问题时过于极端，进而导致个人被网络信息影响。从众心理在大学生群体中非常普遍，而且对大学生的影响非常大，不仅会影响大学生个体的认知，还会影响大学生的正常生活。另一方面，在情感表达方面，大学生群体具有非常明显的波动性和稳定性特征。大学生对个人的情绪变化具有一定的控制能力，同时能够保证自己的良好状态得到一定的延续和发展，而这也是大学生在网络中相对稳定的重要原因，当然大学生在网络中也有情绪波动的一面，他们很容易被各种不良的网络信息影响，进而导致个人情绪出现较大的波动和变化，最终影响大学生的现实生活。最重要的是大学生对网络环境的反应非常敏感激烈，再加上情绪的外显性，很容易导致大学生个人的真正情感受到网络影响，进而表现出与内心情感并不一致的行为。大学生个人情感受网络影响还会出现不同的层次，从而导致大学生的情感体验更加丰富。综上，网络的发展既可以让大学生更加自由畅快地进行个人情感的表达，使个人情绪变得更加平衡，又可以让大学生因网络信息和网络的复杂性拥有更加激动、新鲜的情绪体验，最终个人情绪更加复杂。

大学生的性心理也存在严肃性和随意性并存的情况。大学阶段是大学生性心理发展的重要时期，由于受网络的影响，大学生的性心理变得更加复杂，而且充满不确定性。相对严肃的个体通过网络有可能会获得相对美满幸福的感情，甚至是婚姻。如果过度随意，则有可能造成非常严重的后果。

在自我意识方面，大学生又存在自律与放任之间的冲突及理想与现实之间的冲突。和同龄的其他群体相比，大学生个人的自律性和自控力是相对较强的，但是因为网络监管的缺乏，导致大学生个人的自律性有所下降，进而使其心理过于放任和膨胀。面对网络中复杂丰富的各种信息，大学生个人的兴趣也会进一步激发，使个人情绪过于兴奋，最终有可能发展到心理失控的局面。网络成瘾就是心理失控的一个重要表现。另外，当大学生进入网络世界之后，其个人心理与现实世界之间的冲突会变得更加明显，甚至有可能导致个人失去自信，再加上个人压力过大，当他们无法从现实世界中找回自我时，就会更深地陷入网络世界中，对现实生活更加没信心，最终无所适从。

第四节　解决当代大学生网络心理问题的对策

一、积极开展网络心理教育

（一）建立专业的心理健康教育网站

建立专业的心理健康教育网站，不仅能够对大学生心理发展起到一定的引导作用，还能很好地解决大学生的心理问题，因此，构建心理健康教育网站对于大学生发展具有重要的意义。心理健康教育网站主要是指以网络为基础，为大学生提供心理健康教育和相关服务的专题网站，是网络信息时代心理健康教育必须涉及的领域，更是针对大学生开展心理健康教育需要宣传的重要平台。所以高校需要对大学生进行全面分析，从大学生的心理特征和生理需求出发，对各种不同的资源进行整合，最终为大学生构造一个内容丰富、更新速度快、具有权威性的心理咨询平台。心理健康教育的相关主体网站可以根据不同情况设立以下几个板块。

第一个板块是心理百科板块。这一板块可以通过文本、图片、视频等多种不同的形势进行心理健康相关知识的传播，如可以将大学生的不良网络心理表现、产生不良网络心理的原因、预防大学生网络心理问题出现的方法、大学生网络心理健康标准等内容，通过各种形势传播出去，帮助大学生对网络心理健康的相关知识有所了解，形成正确的网络心理。这些知识还能够帮助大学生正确地看待网络、利用网络，树立正确的网络心理观念。第二个板块是心理调适板块。这一板块能够在大学生心理出现问题时，帮助大学生及时寻找有效的方法予以解决，从而帮助大学生解决心理问题，消除大学生的心理疾病。同时，这一部分内容还能够有针对性地帮助大学生实现个人发展，解决大学生存在的各种网络心理问题，促进大学生的全面发展。第三个板块是心理测试板块。通过设置一些测试题，从不同的方面对大学生的网络心理进行一定的了解，及时准确掌握大学生的心理状态，发现大学生的心理问题，为解决大学生网络心理问题、培养大学生正确的网络心理提供一定依据。这一板块能够帮助大学生疏导个人心理问题，同时构建系统化的心理档案。第四个板块是交流互动板块。这一板块让大学生通过留言的方式宣泄个人情绪，发表个人观点，能够帮助大学生主动与他人进行交流，并且寻求教师的指导。总体来说，心理健康教育主题网站的建设，对于大学生网络心理的健康发展具有良好的促进作用，同时能够凭借趣味性和主体性等特征，充分吸引大学生的注意力，这一举措对于提升大学生的网络心理素养、解决大学生网络心理问题具有良好的促进作用。

（二）建立专业的网络心理咨询平台

网络具有自主性、平等性、虚拟性等特征，在这些特征的作用下，能够让网络心理咨询在一定程度上消除现实心理咨询中存在的一些弊端，进而更加便利及时地帮助大学生解决网络心理问题。同时网络心理咨询还能够与高校心理健康教育主题网站建设相结合，让大学生将自己的相关心理问题和困惑发布在板块中，而教师则可以使用评论或者跟帖的方式对大学生的困惑进行分析，并且有针对性地制定解决策略。这种开放性的论坛能够让更多的大学生获益。当大学生群体在网络中针对某一问题进行激烈讨论时，教师也可以直接参与进去，以旁观者的身份对大学生讨论的问题进行分析，有效帮助大学生解决困惑。当大学生遇到心理问题时，也可以直接通过电子邮件的方式向学校的专业工作人员进行咨询，相关工作者要为大学生提供专门的服务，安排专业人员对大学生的心理问题进行处理和解决，制订不同的处理方案，尽可能解决大学生存在的网络心理问题。另外，还可以通过微信、QQ等聊天软件建立心理咨询公众平台，帮助大学生解决心理问题，大学生可以通过聊天的方式向教师诉说相关心理问题，表达个人情绪。心理专家也可以通过聊天的方式进一步了解大学生的心理问题，进而分析导致大学生产生心理问题的原因，并且提出针对性的意见。对于具有类似心理问题的大学生，教师可以在征得大学生同意的情况下为他们组建一个专业的聊天群，就某一方面的问题积极进行互动交流、分享经验，让这些大学生了解到他们并不是唯一存在这类心理问题的人，进而在一定程度上缓解个人的心理压力，最终在教师的专业引导下，更好地解决自己的心理问题，促进心理健康发展。

（三）通过线上线下相结合的方式开展心理健康教育

线上心理健康教育主要是指开展网络心理健康教育，线下心理健康教育则是指现实生活中的心理健康教育。线上心理健康教育其实是线下心理健康教育的延伸，能够对线下的心理健康教育进行有效补充。线上线下相结合的方式，能够为解决大学生的网络心理问题提供良好的保障。线上心理健康教育和线下心理健康教育之间的相互融合，不仅使传统的心理健康教育得到创新发展，还能够有效整合各种心理健康教育资源，为大学生获取心理健康教育知识提供更加多样化的渠道。线下心理健康教育由于缺乏针对性，同时缺乏充足的教育资源，所以教育效果非常有限，而线上心理健康教育则能够对传统的心理健康教育进行有效补充，解决传统心理健康教育针对性不足的问题，也为解决大学生网络心理问题提供了非常有效的方式。在开展线上线下相结合的心理健康教育时，需要从大学生自身的发展需求出发，让大学生掌握网络心理调适方法，同时让大学生学会正确使用网络，只有这样才能有效提升大学生的心理素质。线上心理健康教育作为线下心理健康教育的重要补充，需要在这一过程中有效提升心理健康教育的实际效果。如在开展网络心理健康教育的过程中，需要通过聘请专家开展线上讲座、拓展网络心理健康教育资源等方式，让大学生能够正确地看待网络，有效弥补传统心理健康教育不灵活的缺陷，让大学生可以随时随地接受心理教育，有效降低大学生出现网络心理问题的可能性。建立心理健康教育网站，积极鼓励大学生进行发言并且参与心理测试，使教师更加全面地了解大学生的心理健康状态，这本身也是线上心理健康教育的一个重要组成部分，能够帮助高校教师更加科学地制订教学计划，从而有针对性地促进大学生的心理健康发展。

二、积极开展思想政治教育

（一）积极开展网络思想政治教育

网络的发展对传统思想政治教育造成了一定的冲击，主流意识形态和主流价值观也在网络的冲击下逐渐被淡化。当代大学生群体恰好处于网络飞速发展的时代，充分享受到互联网发展带来的便利，但同时也受到网络的冲击。网络的不良因素在无形中对大学生造成了影响，也对传统思想政治教育造成了一定的冲击。因此，在当今时代，开展思想政治教育需要合理利用网络这一资源，充分掌握开展思想政治教育的网络主动权，积极对各种网络资源进行整合，搭建专业的红色网站，进行正能量的传播。红色网站需要充分融合政治性、服务性、娱乐性等特征，在进行内容传播时，还需要将时政新闻、思想政治理论、理想信念、传统文化等内容进行有机结合。在建设红色网站时，需要始终将马克思列宁主义、毛泽东思想，以及习近平新时代中国特色社会主义思想作为指导思想，积极进行主流意识形态宣传，并且不断更新网站内容，与社会发展的热点内容进行结合，突出社会主义理论与时俱进的特征，让大学生能够自觉地利用马克思主义理论等思想进行分析。同时网站中传播的内容还需要与大学生的思想特点相吻合，利用大学生感兴趣的内容对大学生进行引导，帮助大学生树立正确的世界观、人生观和价值观，并且让大学生更加坚定自己的理想信念，自觉地抵制西方文化中的不良思想，防止不良文化对大学生造成更加强烈的冲击。

（二）将解决思想问题与解决网络心理问题进行结合

高校开展思想政治教育需要正确看待网络发展给大学生带来的影响，从而更好地帮助大学生解决思想问题，保证大学生的心理可以朝着正确的方向发展。高校将解决大学生思想问题和解决大学生网络心理问题进行一定的结合，能够真正有效地帮助大学生解决各种实际问题。如部分大学生网络成瘾，就会出现迟到、早退、逃课、逃学等问题，甚至有可能理想信念变得不坚定，面对这种情况，高校思想政治教育工作者需要根据实际情况及时调整工作方法，并且遵循大学生心理健康发展的规律，使用全新的方式进行教学，改变传统的说教式引导，与大学生进行平等交流，深入地了解大学生的真实想法，防止大学生沉迷于网络。只有这样才能找到导致大学生沉迷于网络的真正原因，对症下药，积极对大学生进行引导，帮助大学生树立正确的"三观"，让大学生不再沉迷于网络。当然，将解决思想问题与解决网络心理问题进行结合，并不是将两者混为一谈，在具体工作时也需要注意两者之间的区别。

（三）形成思想政治教育与心理健康教育的合力

网络具有开放性的特征，开放的网络环境对大学生的思想造成了很大的冲击，而且网络技术的发展速度非常快，这对大学生的影响也越来越明显，因此引发的大学生网络心理问题也在不断增加。在教学过程中，可以将思想政治教育与心理健康教育进行一定的融合，两者相互融合、相互借鉴，可以形成思想政治教育与心理健康教育的合力，对于解决大学生网络心理问题具有极大的作用。思想政治教育理论课程是高校开展大学生思想政治教育的主要方式，但是在教学过程中，很多工作者过于注重理论教学，忽视了实际情况，而且不够关注大学生的心理需求，导致大学生思想政治教育的时效性相对较低。因此，在之后的教育教学过程中，可以实现思想政治理论课程与心理健康知识的相互渗透，将思想政治教育与心理健康教育进行一定的结合，同时通过主动灌输与平等交流相结合的教学方式，根据不同大学生的不同需求，为不同阶段的大学生提供有针对性的教学。如对于大一学生，在教学过程中需要将适应新环境的知识当作主要内容，帮助大学生更好地适应新环境，防止大学生因无法适应新生活而将注意力转移到网络中。当大学生升到大二或者大三之后，教育内容也需要进行进一步的调整，根据大学生的实际需求增加学习、交际、恋爱等方面的心理健康教育知识，帮助大学生缓解多方面的压力。同时为大学生提供充足的学习动力，帮助他们树立正确的恋爱观，正确处理好人际关系，不会因为各方面的压力而过分依赖网络，从而引发网络心理问题。对于快要毕业的大四学生，教学内容应以就业择业为主，帮助大学生树立正确的就业观，引导大学生以健康积极的心态面对就业问题。同时还需要将大学生心理健康教育知识与大学生思想政治教育的相关内容进行一定的融合，保证高校思想政治教育符合大学生的实际需求，同时能够适应大学生思想和心理的发展，这样一来不仅能够提升大学生的整体素质，还能够为解决大学生的网络心理问题提供重要保障。

三、提升大学生的自我调节能力

（一）帮助大学生树立良好的自我意识

良好的自我意识能够帮助大学生进行客观的自我评价，并且正视自己的情感体验，进而及时发现自己的问题，及时进行调整。良好的自我意识还能够对大学生的行为进行一定的指导和规范，从而及时有效地对大学生的心理活动进行一定的调整，这对于解决大学生网络心理问题也具有非常重要的意义。树立良好的自我意识，还能够帮助大学生正确地认识自我。网络的发展让大学生拥有了更多认识自己的渠道，但是网络的虚拟性和复杂性特征，导致大学生往往无法正确地认识自己。因此，大学生在认识自己时不能只参考网络中的相关信息，更需要积极参加各种实践活动，在实践中展示自己的能力，激发自己的潜能，并且要正视他人的评价，不断进行自我反省，只有这样才能全方位正确地认识自己。人无完人，每个人都有优点和缺点，所以每个人都需要树立自信，坚持不懈地完善自己，通过各种活动提升自己的自信心。网络世界非常复杂，充斥着大量信息，大学生只有不断提升个人的辨别能力，才能在面对良莠不齐的网络信息时有效地进行吸收，防止被不良信息诱导。当然大学生还需要不断提升自控能力，加强自我管控，养成自律意识，约束自己的不道德行为，更要坚决抵制不文明行为。对于那些网络成瘾的大学生，在他们使用网络的过程中，需控制他们的上网时间，从多角度对他们进行约束和规范，让他们养成规律的作息，合理控制上网时间。通过对大学生进行积极引导，使他们树立良好的自我意识，可以有效解决大学生的网络心理问题，促进大学生的身心健康发展。

（二）提升大学生的情绪调节能力

情绪是心理的重要组成部分，更是大学生网络心理的一部分，因此引导大学生养成良好的情绪调节能力，帮助大学生将不良的情绪转变为积极的情绪非常重要，能够帮助大学生缓解网络心理问题，使大学生形成健康的网络心理。培养情绪调节能力，需要进行合理的情绪宣泄。大学生在使用网络时，如果产生了抑郁、冷漠、焦虑等不良情绪，需要及时合理地进行宣泄，防止情绪不断累积而形成孤独心理和人格障碍。在这一过程中，大学生可以选择听音乐、运动、游玩等方式进行情绪宣泄，这些方式都可以很好地使大学生的情绪变得平稳。除了选择良好的宣泄方式之外，大学生还需要学会自我情绪调节。一个人的情绪与周围的环境有一定的关系，大学生在上网时产生不良情绪，很有可能是网络环境对大学生的情绪造成了影响，这时大学生就可以选择转变周围环境的方式进行情绪调节，如远离网络，回归现实。总之，远离使情绪变差的环境，能够让大学生的心情变得更加舒畅，缓解消极情绪，这对于大学生解决网络心理问题具有良好的效果。教师也要对大学生进行积极引导，敏锐地发现大学生存在的情绪问题，帮助其有效缓解不良情绪，为大学生形成健康的网络心理提供保障。

（三）帮助大学生树立正确的网络观

网络的发展推动了人类生活方式的变化，我们必须正确认识网络，网络是一个自由开放的空间，但其中也充满了各种诱惑与陷阱。大学生作为网络的使用者，应正确看待网络社会，在网络中获得的成就感并不代表自己在现实生活中的成功，在网络中进行情绪宣泄，虽然能带来一定的快乐，但并不代表自己面临的问题已经得到了有效解决。因此，大学生需要正确看待网络带来的快感，有时候通过网络获得的快感，很有可能造成更加严重的后果，因此，大学生不能将网上冲浪当成解决问题的唯一方式，更不能过分夸大网络的作用，否则会导致大学生在网络中迷失自我，最终造成社会秩序紊乱。帮助大学生树立正确的网络观，能够让大学生正确地看待网络，合理地使用网络，并且在网络中把握自我，明确自我需要，防止出现网络心理问题。

四、促进网络规范化和法制化发展

（一）健全相关制度，促进网络法制化发展

通过完善相关的法律法规能够有效规范人们的日常行为，同时也能够为网络社会的规范化发展提供重要的理论依据。近年来，我国政府对于网络社会的建设问题非常重视，并且加大了网络立法力度，针对网络出台了很多相关的法律法规，如《中华人民共和国网络安全法》等，这些法律法规为网络社会的稳定发展和网络秩序的规范起到了重要作用。现如今，网络社会的发展已经成为社会文化发展的重要组成部分，通过不断规范网络社会的发展，建立全面的网络法制体系，严厉打击网络违法犯罪行为，能够有效促进网络秩序的健康发展。另外，建设网络

相关法律法规，还能够保障网络文化的安全，让大学生群体更加安全地在网络中交流。因此，高校应以学校为基础进行相关网络管理制度体系的建设，不断完善校内管理体系，对大学生的网络行为进行规范。不同高校之间也可以进行合作，构建专业的校园网络，针对大学生的相关网络行为制定有针对性的网络管理制度，从而有效约束大学生的网络行为，积极帮助大学生解决网络人格障碍等网络心理问题。

（二）加强监管力度，营造良好的网络环境

随着网络的不断发展，网络信息的传播渠道越来越丰富，大学生不仅可以从网络中获取大量积极、健康的正面信息，还可能从网络中获取一些消极、负面的不良信息，这些负面信息很容易对大学生造成严重的不良影响。因此，加强对网络信息的监管就显得非常重要，加强对网络信息的监管能够为解决大学生的网络心理问题提供保障。高校需要与公安部门、文化部门等进行紧密合作，加强对网络的联合监管，有效控制色情、暴力等低俗文化的传播，净化大学生的上网环境。高校也需要积极引进高科技人才，通过技术手段构建可以直接过滤有害信息和不良信息的监管体系，对网络信息传播渠道和网络信息入口进行有效的监管与控制，自动过滤相关的不良信息。对于不同的网络信息传输渠道也需要进行严格监管和控制，发现不良信息和违法信息时，需要一查到底，严格追究相关人员的责任，只有这样才能有效净化网络环境。总之，为了营造良好的网络环境，不同部门之间需要共同合作，进行 24 小时监控，对各种违法违规的网站进行查封，屏蔽各种有害信息的传播，为大学生的成长创建健康安全的网络环境。

第六章 我国大学生心理健康教育发展的内涵、特征及主要内容

第一节 我国大学生心理健康教育发展的内涵与特征

一、我国大学生心理健康教育发展的内涵

（一）大学生心理健康教育的内涵

大学生心理健康教育主要是指以大学生为客体开展的提升大学生心理品质、塑造大学生健全人格的教育活动。大学生心理健康教育一方面注重培养大学生的心理品质；另一方面注重帮助大学生养成健全的人格。开展大学生心理健康教育需要有目的地帮助大学生养成良好的心理品质。传统的大学生心理健康教育主要是以解决大学生的心理疾病为主，只能改变大学生的疾病状态，却忽视了大学生心理状态的持续发展，无法帮助大学生养成良好的心理品质。因此高校在开展大学生心理健康教育时，既要尊重大学生自我意识的运行机制，也要引导大学生积极开展自我教育和自我管理，让大学生在心理健康发展的过程中，意识到自我意识存在的偏差，从而对自身存在的问题引起重视。高校开展心理健康教育不仅要对大学生进行引导，让他们学会自我提升，同时教师还需要发挥榜样作用，引领大学生实现发展，对大学生进行有效规范和监控，帮助他们进行情绪调控，提升他们抗挫折的能力。通过心理健康教育帮助大学生培养自尊自爱、自律自强的心理品质，坚定他们的理想信念，让他们成为具备社会主义责任感和历史使命感的人才，从而充分发挥个人的聪明才智，促进自身综合能力的提升，推动社会进步。

高校开展心理健康教育还需要帮助大学生塑造健全的人格。素质教育的核心就是促进人的全面发展，而人的全面发展既包括知识能力的提升，也包括人格的不断完善，所以帮助大学生塑造健全的人格是大学生心理健康教育的一个重要部分。当

代大学生在成长的过程中很少经历挫折，独立生活的能力相对较差，并且以自我为中心的情感比较强烈。他们进入大学之后，如何整理个人的物品，如何合理规划时间，都是需要独立面对的问题，也是他们不得不解决的重要问题。在解决这些问题的过程中，他们需要不断完善自己的人格，如果不具备健全的人格，就很容易在这一过程中出现偏执、扭曲的心理和相关行为。因此，在开展大学生心理健康教育时，应运用多元化的方法，具体问题具体分析，有效健全大学生的人格。

（二）大学生心理健康教育发展的内涵

发展是当今时代的主题之一，只有不断发展才能实现进步。任何事物的发展都是从小到大、由简单到复杂的过程。发展作为事物的一种运动状态，代表了事物的整个前进过程。发展既包括全面的、合理的发展，也包括片面的、不合理的发展。以大学生的心理健康教育来说，发展主要是指心理健康教育以传统的教育方式为基础，不断发展进步，最终实现与时俱进和改革创新。与时俱进代表了事物的发展方向，而改革创新则是事物发展的有效手段。因此，大学生心理健康教育也需要不断发展，并且在发展过程中不断进行完善与丰富，最终实现进步。

我国大学生心理健康教育发展可以从时间和性质两个维度进行解释。首先，从时间的维度来说，心理健康教育发展本身就是一个历史演变的过程，在这一过程中，我国高校的大学生心理健康教育逐渐实现了从无到有、从粗放到精细的发展。而且在不同的阶段，其教学目标、教学内容、教学方式等呈现出不同的特点，具有非常明显的时代特征，在相应的阶段，对大学生心理健康教育发展起到了重要的引领作用。因此，在对我国的心理健康教育进行研究时，有必要深入分析心理健康教育的发展历史过程。其次，从性质的维度来讲，我国大学生心理健康教育本身就经历了从低级到高级、从落后到先进、从传统到现代的变化过程，这一变化不仅是时间上的变化，更是实现了本质上的转变。现代社会的发展需要大学生拥有健康的心理，这不仅是因为现代社会的复杂性为大学生发展提出了更高的要求，也充分说明只有大学生拥有健康的心理，才能更好地适应社会发展的需求，为社会发展做出自己的贡献。另外，随着时代的不断发展，社会也对大学生的心理健康教育提出了更高的要求，只有不断促进社会发展，更新相关理念，才能有效提升人才质量，促进人才与社会的协调发展。由此可见，发展本身也是大学生心理健康教育的重要力量来源。

从现阶段来看，我国的大学生心理健康教育已经取得了飞速的发展，并且有效促进了大学生的心理健康成长，甚至心理健康教育已经成为我国高等教育的重要组成部分。但是具体来说，我国的大学生心理健康教育在不同地区仍然存在一定差异，不同高校之间的发展不够平衡，同时还存在师资力量不足、专业程度不高等问题。再加上大学生心理健康教育内容只注重心理咨询，轻视心理能力培养，同时又缺乏系统化研究，导致大学生心理健康教育存在理论与实践不匹配等问题。从目前来看，我国的大学生心理健康教育发展已经取得了一定的成绩，这些成绩也为大学生心理健康教育的进一步发展打下了重要基础、提供了丰富的经验。但同时我国大学生心理健康教育存在一些不足，在一定程度上限制了大学生心理健康教育的发展。

因此，大学生心理健康教育发展需要以心理健康教育现状为基础，并且在发展过程中不断探索大学生心理健康教育发展趋势，在实践中积累经验，在积累经验的基础上，预测心理健康教育的发展方向。在唯物辩证法的观点中，任何事物的发展都是系统化的过程，系统内部的各个要素之间相互作用、相互联系、相互制约，最终才能构成系统的整体发展。所以，大学生心理健康教育发展本身就是一个系统化的发展过程，如果只是其中某一方面的要素实现发展，并不能代表心理健康教育的整体发展，只有各要素实现综合协调发展，才能代表心理健康教育的整体发展。在大学生心理健康教育发展过程中，如果只有某一方面的要素实现了进步，而没有其他要素作为配合，那么心理健康教育的整体功能就无法得到有效发挥。在新时代，大学生心理健康教育还需要实现现代化发展，即教育理念、教育内容、教学模式等方面的现代化发展，如果大学生心理健康教育仍然停留在传统教育理念下，那么即使实现了进步，也只是表面的进步，并不能实现质的跨越。因此，我国大学生心理健康教育的发展应是不同要素之间的协调发展。只有不同要素之间分工明确，协同发展，才能够真正促进大学生心理健康教育的发展。

二、大学生心理健康教育发展的特征

大学生心理健康教育发展是一个复杂的变化过程，既具有非常明显的时代特征，也具有一定的民族特色。通过分析总结和概括，可以发现大学生心理健康教育发展的特征主要表现在以下几个方面。

（一）稳定性与时代性相互统一

在唯物辩证法中，矛盾存在于一切事物中，是一切事物发展的源泉和动力。在大学生心理健康教育发展的过程中，始终存在一种相对稳定的力量和一种不断发展变化的力量，这两种力量彼此之间相互摩擦，最终推动了大学生心理健康教育的发展。我们要承认心理健康教育的发展性特征，但不能因为一切事物都存在发展性，就因此否定了其本身存在的相对稳定性。而且心理健康教育发展与时代有着密切的联系，这些联系也在一定程度上表明心理健康教育的发展与时代性不可分离。心理健康教育是一种教育实践活动，经历了多个不同的发展阶段。在发展的过程中，心理健康教育将我国古代优秀的心理学思想融入其中，最终形成了源远流长的心理健康教育思想。这些思想为我国当今时代的心理健康教育提供了丰富的理论基础和实践经验，也是我国大学生心理健康教育能够稳定发展的重要基础。我国是一个历史悠久的文明古国，在发展历程中，逐渐产生了非常深厚的文化基础，这些文化中蕴含着非常丰富的心理学教育学思想。美国心理学元老布雷特和墨菲等曾经表示，心理学的第一故乡是中国，这充分表明，我国的心理学思想极其丰富。

任何一项社会文化活动的发展都是一个不断发展与创新的过程，要实现创新，就需要不断进行实践，发现问题并且解决问题。大学生心理健康教育的发展需要以社会和人的发展为基础，并且在这一过程中不断进行教育理念、教学体系、教学方式等内容的创新。正是因为不断创新，所以才让心理健康教育有了鲜明的时代特征，而时代是在不断发展的，在时代发展的过程中，必然会有很多新事物出现，传统思想中的很多内容因为无法适应时代的发展而逐渐被淘汰，只有那些经得起时间考验的内容才能融入当代心理健康教育中，成为保证心理健康教育稳定发展的重要基础。由此可见，我国大学生心理健康教育发展具有稳定性与时代性相统一的特征，在大学生心理健康教育发展的过程中，对原有的理论与基础进行继承与借鉴，同时通过发展不断进行创新。所以，继承是大学生心理健康教育发展的基础与前提，因为没有继承就无法实现创新，正是因为继承，才让我国大学生心理健康教育具有较强的稳定性，而创新代表不断丰富与充实，是保证我国大学生心理健康教育具有时代性的重要因素。

（二）渐进性与飞跃性相互结合

大学生心理健康教育的发展既是循序渐进的发展，也是飞跃性的发展，可以认为，大学生心理健康教育发展是渐进性和飞跃性的相互结合。

之所以认为大学生心理健康教育的发展具有渐进性的特点，是因为大学生心理健康教育与人们的健康观念相辅相成，心理健康教育本身也是一种社会行为，会随着人们的认知发生相应的变化。意识是人们开展行动的重要前提，行动则是人们意识的重要体现。如果人们对健康并没有正确的认知，那么就无法真正认识到心理健康的重要性，心理健康教育的发展自然也会受到影响。心理健康教育是属于思想意识领域的观念，所以心理健康教育的发展不可能一蹴而就，总是在"实践—认识—再实践"的过程中循序渐进，最终实现发展的。在人们的传统观念中无病就代表健康，然而随着时代的发展，人们逐渐对健康有了更加全面的认识，无病并不一定代表健康。1948年，世界卫生组织对健康进行了明确的定义，即"健康乃是一种生理、心理和社会适应都日臻完善的状态，并不仅仅是没有疾病和虚弱的状态"。心理健康也因此作为健康的一方面开始进入人们的视野，并且随着人们观念的不断转变，得到了极大的发展。现如今，人们对心理健康教育的关注度和重视度正在逐渐提升，这与我国改革开放政策有着密切的关系。在改革开放之后，我国社会各个领域都取得了极大的发展，人们的生活水平也得到了有效提升。在社会不断发展的同时，社会节奏也开始加快，社会竞争变得越来越激烈，这一发展状况对人们的心理造成巨大的冲击，心理平衡开始遭到破坏，最终导致人们的心理健康水平逐渐下降。此时人们逐渐认识到心理健康教育的重要性，并且对其越来越重视。改革开放给各个领域都带来了影响，我国教育体制方面的改革，包括教育收费、双向选择、扩大招生等举措，都对大学生的思想和心理造成了一定的冲击。大学生正处于身心发展的关键期，他们对这些举措的反应更加强烈，如果他们的心理不能得到合理有效的引导，将会对他们的身心发展造成影响。基于此，大学生心理健康教育出现并且逐渐发展，最终得到了有效完善。值得注意的是，我国的大学生心理健康教育还与我国的心理学事业发展关系密切。虽然我国的传统文化思想中蕴含着非常丰富的心理学思想，但是我国的心理学事业发展速度非常缓慢。1917 年,陈大齐首先在北京大学建立了全国第一所心理实验室，并且开设了心理学课程，为中国心理学的诞生与发展做出了重要贡献。改革开放后，我国的心理学才迎来了发展的春天，心理学研究逐渐旺盛，相关理论也越来越充实。我国心理学的发展与社会发展和人们的需求联系非常紧密，心理学的不断发展为我国的心理健康教育发展打下了良好的基础。

大学生心理健康教育发展之所以具有飞跃性的特点，是因为心理健康教育的发展经历了新旧的质变。现如今，经济全球化的进程正在不断加快，各种文化相互碰撞，形成了多元化的价值观，同时随着我国社会主义市场经济的不断发展，经济利益也呈现出多样化的状态，社会组织越来越复杂。科学技术实现了飞速发展，网络信息资源众多，新鲜事物层出不穷，这也导致大学生心理健康教育的目标、理念等不得不发生转变。这些转变不仅包括对过去的继承，也包含新的发展，尤其是和过去相比，存在明显的质的变化。现如今我国大学生心理健康教育以心理咨询为主，侧重于帮助大学生解决实际问题，包括团体咨询、心理训练、心理健康教育等多种不同的方式，这些方式的核心都是帮助大学生解决问题、激发大学生的潜能，所以也是飞跃性的发展。社会主义和谐社会的建设，要求我国高校在开展大学生心理健康教育时，必须与全面建成小康社会相协调，只有这样才能保证大学生心理健康教育内部各要素之间的协调发展。这就要求我国大学生心理健康教育体系进行重建，和传统心理健康教育形态相比，这本身就是整体的跨越。

从我国大学生心理健康教育来看，渐进性的发展内部蕴含着飞跃性的发展，而飞跃性的发展又需要通过不断的渐进性的发展来实现。在大学生心理健康教育发展的过程中，如果忽视了渐进性的发展，则代表忽视了对我国传统优秀文化和优秀经验的继承，大学生心理健康教育的发展就失去了根本和基础。在这一过程中，如果忽视了飞跃性的发展，则会导致大学生心理健康教育无法进行改革与创新，无法有效解决新问题。因此，我国的大学生心理健康教育必然是渐进性与飞跃性的相互统一。

（三）规律性与目的性相互统一

大学生心理健康教育发展的规律性主要是指大学生心理健康教育作为一种教

育活动，必须在一定教育规律的基础上发生和发展。也就是说，心理健康教育的发展，必然需要遵循一定的教育规律和发展规律。规律是事物之间本质的联系，以大学生心理健康教育为例，教育活动的发生之处其实就是教育规律的存在之处。如对立统一的规律，就揭示了事物发展的内在动力。对于大学生心理健康教育发展来说，也需要遵循一定的规律，这样才能更好地实现发展。随着大学生心理健康教育的不断发展，心理健康教育内部体系中必然会出现各种各样的矛盾，这些矛盾不断发生变化，最终实现和谐统一，为大学生心理健康教育的发展提供充足的动力。另外，大学生心理健康教育的发展还体现在事物状态的变化上，而且事物状态层面的变化也会逐渐实现从量到质的转变。从否定之否定规律来看，大学生心理健康教育的发展也会经历由肯定到否定再由否定到肯定的阶段，在曲折的变化过程中，最终实现事物的发展。

大学生心理健康教育发展的目的性表明，大学生心理健康教育作为一种社会活动，在发展过程中必然具有非常明确的目标指向性。人与动物之间之所以存在明显的区别，最主要的是人的意识具有主观能动性。主观能动性在一定程度上代表了人们开展相应活动的目的，正是因为人的主观能动性，所以才决定了人在各种活动中会受到一定思想的支配。大学生心理健康教育活动也是如此，它作为一种特定的社会活动，也需要以一定的目标作为指引而存在。大学生心理健康教育也是一种教育实践，是一种改变人的实践活动，以人向一定的方向发展作为最终目的。在大学生心理健康教育活动中，人的主观能动性能够得到充分体现，如教育理念、教育手段等。在教育活动开展的过程中，人们会基于特定的目的，选择不同的教育手段，采取不同的教育方式，以此驱使教育活动达到相应的目的。随着我国科学技术的不断发展，我国的教育现代化价值取向越来越明显，而且价值取向不仅可以通过教育手段得以体现，还可以通过教育目的的现代化、研究方式的现代化来体现。科学的教育活动都是从人的角度出发开展的，而心理健康教育的发展本身就是为了实现人的发展。

教育发展的规律性体现出教育的科学所在，而科学的发展观代表尊重客观规律。任何事物的发展只有认识规律、尊重规律，才能充分发挥其应有的作用。如果没有科学的规律作为支撑，目的的发展就会受到影响。目的是大学生心理健教育发展的方向，同时也是人的主观能动性的重要体现，如果没有明确的发展目的，大学生心理健康教育就失去了发展的价值。由此可见，大学生心理健康教育本身也是规律性和目的性的相互统一。

（四）内涵与外延相互结合

发展具有内涵与外延两种不同的形势，具体来说，内涵主要是指事物本质属性的发展，是隐性的；外延是指事物外部领域的发展，是显性的。

从大学生心理健康教育发展来说，内涵发展主要是指心理健康教育促使社会与大学生不断发展，进一步来说，实现大学生心理健康教育发展，需要从其自身特征、内在结构等方面入手，只有对大学生心理健康教育的内部结构不断进行调整，改进大学生心理健康教育的目的，完善大学生心理健康教育的相关功能，才能有效实现大学生心理健康教育的发展。任何事物的发展，首先应是内涵的发展，只有实现内涵的发展，才能由内而外实现事物整体的发展。随着我国社会的不断发展与进步，人们对大学生心理健康教育的认识越来越充分，同时要求也在不断提高，原有的心理健康教育已经无法满足当今时代人们的需求。因此大学生心理健康教育需要从内容、方式等多个方面不断进行发展，充分提高大学生心理健康教育的质量，提升教育实效性。科学的心理健康教育理念能够反映大学生心理健康教育的本质，还能够为大学生心理健康教育提供明确的发展方向。一直以来，我国大学生心理健康教育都是以研究大学生的问题为核心，为大学生提供心理问题咨询，但是这样的心理健康教育与我国当今时代的社会发展需求严重不符。因此，在科学发展观的引导下，需要不断促进发展理念的创新，以人的发展为核心，充分激发大学生的潜能，实现大学生的全面发展。通过开展大学生心理健康教育，为我国建设和谐社会不断提供服务，这才是当今时代大学生心理健康教育的真正价值。

我国大学生心理健康教育的外延，不仅是指相关人员和规模数量方面的发展，同时还体现在心理健康教育领域的拓展上。我国大学生心理健康教育的对象是在校大学生，他们不仅具有丰富的知识和较强的能力，同时好奇心也比较强，对于新鲜事物具有较强的吸收能力和感受能力。因此，我国开展大学生心理健康教育需要以大学生实际为基础，面对大学生生活，促进大学生个人的发展，同时保证大学生所处的环境、所学的专业都能够与大学生心理健康教育相融合。我国大学生心理健康教育的发展与政治、经济、人文等各个领域都有着密切的关系，并且需要通过这些领域体现出心理健康教育应有的功能与价值。

内涵与外延两者是辩证统一的关系，内涵发展能够为外延发展提供良好的基础，而外延发展则能够为内涵发展提供更加广阔的舞台和便利的条件。如果没有内涵发展，大学生心理健康教育就会失去活力，也无法不断拓展新的领域；而如果外延得不到发展，就会导致心理健康教育发展的空间受到限制。由此可见，内涵和外延之间是辩证统一、相互结合的关系。

第二节　我国大学生心理健康教育发展的主要内容

大学生心理健康教育发展是一个涉及多领域和多要素的系统性工程，从心理健康教育系统本身来讲，大学生心理健康教育发展包括教育理念、教育目标、教育内容、教育方式、教育领域、教育模式、教育队伍等多个方面，要实现大学生心理健康教育发展，需要保证以上内容的全部发展。下文主要从以人为本的教育理念发展、生活化的教育内容发展和显隐结合教育方式的发展三个方面对大学生心理健康教育内容进行阐释。之所以选择教育理念、教育内容和教育方式，是因为这三个方面是大学生心理健康教育发展的主要内容，同时这三个方面的发展也能够体现出新时代大学生心理健康教育发展的主要倾向与趋势。

一、以人为本的教育理念发展

大学生心理健康教育理念是教育理论研究的核心问题，科学的教育理念能够为教育发展提供明确的方向，同时发挥引领全局的作用。教育理念本身是教育理论的一个重要方面，通过推动教育理念的发展与创新，能够在当今时代充分展现出大学生心理健康教育应有的价值。而且教育理念能够体现出教育主体本身的价值取向，所以进行教育理念探究，能够帮助大家认清楚教育本质，从而对大学生心理健康教育进行科学指导。正确的教育理念具有远见性，能够为教育发展提供明确的方向。大学生心理健康教育的未来发展走向与社会发展有着必然的联系，而且也与当代大学生的心理健康状况具有重大关系。所以，大学生心理健康教育的发展需要顺应时代的变化，以解决新时代问题为核心。教育理念发展是大学生心理健康教育发展的首要问题，然后才是教育内容和教育方法等层面的发展，因此在我国大学生心理健康教育发展的过程中，需要着重推动教育理念的发展。马克思主义心理观认为人的心理现象和观念意识是以社会实践为基础的，也是人们对客观现实的能动反映。所以，提出以人为本的教育理念发展是符合现代教育理论发展需求的，也是总结了当前大学生心理健康教育实践经验后提出的，能够满足大学生心理发展需求。

（一）以人为本的教育理念的内涵

以人为本是科学发展观的核心和本质。党的十六届三中全会明确指出，要坚持以人为本，树立全面、协调、可持续的发展观，促进经济社会和人的全面发展。而这正是中国共产党能够适应 21 世纪全面建成小康社会客观要求的科学发展观，同时也是马克思主义者始终坚持的发展理念。为了有效把握好以人为本的思想内涵，首先需要对以人为本进行深入理解。以人为本的"人"是什么？从纵向的角度来看，人是从不断的劳动实践中走出来的，并且需要通过一定的劳动与实践实现生存和发展。从横向的角度来看，人的本质是指人在不断的社会实践中表现出来的社会关系的总和。所以我们在对人进行理解时，不能只从表面进行直观的理解，还要从实践的角度对人进行分析，把握人在社会关系中的位置。在《德意志意识形态》中，马克思和恩格斯明确指出：我们不是从所说的、所设想的、所想象的东西出发，也不是从口头说的、思考出来的、设想出来的、想象出来的出发，去理解有血有肉的人。我们的出发点是从事实际活动的人。要想对以人为本进行理解，就需要以现实社会的人为基础，一个人的社会地位、年龄、物质条件、社会背景等都与这个人息息相关。以大学生心理健康教育为例，该活动以人为本的实质其实就是以大学生为本，包括学校的管理者、教师等都需要为大学生提供服务，以大学生为本的根本就是要以大学生为出发点开展相关教育教学活动，并且以大学生的发展为根本目的。

其实，以人为本本身就具有三层基本含义。首先，以人为本是一种主体原则，是对人在社会发展过程中的主体作用和主体地位的肯定。主体原则是贯穿人类社会实践的根本原则。其次，以人为本还是一种价值取向，以人为本的价值取向主要是强调尊重人、解放人和依靠人。尊重人是指尊重每一个人的独立人格和实际需求，进而满足每个人的个性发展，让人们的个性价值和社会价值都能够得到实现。解放人就是给予人足够的自由和发展空间，不对人进行束缚，充分发挥人的个人潜能，让每个人的思想观念都可以突破现实的阻碍，得到自由的发展。依靠人是指，任何工作的开展都离不开人的支持，都要依赖人，人是以人为本的重要基础。最后，以人为本还是一种思维方式，这一思维方式告诉我们，在分析问题和解决问题时需要从历史的角度，既要关注社会发展与进步，还要关注人的发展，保证人与社会之间的和谐。同时，既要关注人的物质世界，也需要关注人的精神世界。以人为本本身就意味着每个人都应享有自身作为人的权利，同时还需要对个人的权利进行一定的尊重。

以人为本是马克思主义需要始终坚持的发展理念，也是社会历史发展过程中必须遵循的原则和价值取向。邓小平同志说过，发展才是硬道理。胡锦涛同志也说过，发展是我们党执政兴国的第一要务。由此可见，发展离不开正确的理论指导，同时还需要始终坚持正确的立场和观点，因此，建立科学的发展观就显得非常重要。对于大学生心理健康教育而言，树立以人为本的教育理念，能够有效促进大学生心理健康教育的发展，并且保证大学生心理健康教育与时代发展相适应。只有这样才能保证大学生心理健康教育满足大学生的实际发展需求，促进大学生的心理健康发展。

（二）以人为本是大学生心理健康教育理念发展的必然选择

1. 以问题为中心到以人为中心的转变

现如今的心理健康教育开始于西方的心理卫生运动，在 20 世纪初期，工业革命的发展使美国社会问题开始越来越复杂，这给人们的生活带来了很多困难，尤其是在校园中，学生面临的问题也在不断增加。为了有效解决学生群体中存在的问题，一部分知识分子发起了教育青少年了解自己、他人及周围世界的相关运动，而这正是学校心理辅导的萌芽和发展。1908 年，美国人比尔斯根据他在精神病院遭受的残酷待遇，以及他亲眼看见的其他精神病人的非人生活，撰写了《一颗找回自我的心》，将他在住院期间的悲惨经历展现出来，并且揭露了精神病院的黑暗，对精神病医生的冷酷无情进行了抨击。这本书出版之后，迅速在美国的社会中引起了轰动，心理健康卫生运动也因此出现，这一场运动的核心便是保持心理卫生，预防精神障碍和精神疾病。在这一运动出现期间，学校心理辅导的内容主要是学生如何在学习和就业过程中避免心理障碍，学生如何解决心理障碍和心理问题等。由此可见，西方社会早期的心理卫生运动和学校心理健康教育主要是以解决学生的问题为核心，重点内容是对学生的精神疾病进行预防和治疗。随着社会的进步和科学技术的不断发展，人们的健康意识逐渐得到提升，传统的以治疗为主的学校心理教育已经无法适应当今时代的需求，有越来越多的人认识到高校开展的大学生心理辅导，如果只注重治疗而忽视了大学生心理发展，会导致大学生心理健康教育始终处于被动的地位，如果只是等到大学生出现心理问题之后再去补救，这与高校开展大学生心理健康教育的初心和本质是相违背的。因此，有一些教育工作者开始倡导将大学生心理教育的对象范围拓展到所有的大学生，对所有大学生群体进行有效关注。因此，当今西方国家的很多高校心理教育工作的职能已经从原来的以问题为中心转变为以学生为中心，心理辅导和心理教育也已经成为高等教育的一个重要组成部分。当然我国的大学生心理健康教育发展也是如此，在20世纪80年代中期，我国高校心理健康教育主要是为大学生提供心理咨询，而咨询对象主要就是存在一定心理问题的大学生，通过心理咨询，可以在一定程度上帮助大学生解决心理问题，但是这样的方式不能让很多正常的大学生接受心理健康教育。随着心理健康知识的不断普及，人们的心理健康观念逐渐得到提升，我国也陆续出台了很多与大学生心理健康教育相关的政策和文件，总体来说，我国的大学生心理健康教育经历了以问题为中心向以学生为中心的转变。

从大学生心理健康教育发展的理论层面来看，西方的心理卫生运动主要是以精神分析理论的产生和发展为基础的，如弗洛伊德的精神分析理论就是他在长期的医疗实践中总结分析而来的。他通过对精神病患者进行研究，有效充实了相关的理论，并且明确表示进行治疗的主要理论和原则就是对心理问题进行干预。在精神分析之后，行为主义理论得到了进一步的发展，而且越来越多的相关理论得到了证实，并且被运用到实际中。为了对人的相关行为进行更为深入的研究，行为主义者还以动物为对象进行了相关的实验。如俄国心理学家巴甫洛夫用狗进行了条件反射的实验，美国心理学家托尔曼用白鼠进行了认知地图的实验。20世纪50年代之后，人本主义作为一种全新的理论开始在心理学中发展起来。人本主义理论注重尊重人的人格和尊严，并且崇尚个人潜能和价值的发挥，强调人要实现自我的发展。虽然人本主义理论是以抽象的人和一般的人为核心，但这依然是巨大的进步，充分体现出以人为本的理念的光辉。

2. 以人为本的教育理念是大学生心理健康教育的本质

心理健康教育包含三个不同层面的教育内容，分别是对严重心理疾病和心理障碍的治疗；对一般心理问题和心理困惑的辅导与咨询；培养人们良好的心理素质，开发人们的心理潜能。从前两个层面来看，心理健康教育具有非常明显的问题针对性，在开展过程中也是以解决实际问题为核心，目的在于通过相应的措施帮助人们解决或者缓解某种客观存在的心理疾病和困扰。对于大学生心理健康教育来说，进行心理障碍的调适并不能当作大学生心理健康教育的主要内容，而且心理健康教育也不应因此将教育局限在某些特定的范围内，而应面向所有的大学生群体，让每一位大学生都在原来的基础上实现心理素质的进一步发展。但是心理咨询的教育对象是比较广泛的，虽然从目前来看，进行咨询的大多是具有一定心理问题的人，但我们仍然要客观地看待心理咨询这一重要举措，通过心理咨询能够帮助大学生发现潜在的一些心理问题，进而引领大学生实现正常发展。虽然心理咨询能够起到的作用非常有限，但是仍然能够在有效解决问题的同时，帮助大学生更好地适应大学的学习生活环境，从而形成健全的人格。以人为本的核心就是要以大学生为本，在高校开展大学生心理健康教育的过程中，尊重大学生的核心地位，以促进大学生的全面发展为中心，不断提升大学生的心理素质，激发大学生的心理潜能，让大学生的生活质量不断提升，最终促进大学生的全面发展。所以，大学生心理健康教育不仅是帮助大学生解决心理问题，还需要进行心理问题预防，而这也体现了以人为本的教育理念是大学生心理健康教育的本质。

大学生心理健康教育的对象是大学生群体，或者说是有知识、有能力、有追求的在校大学生。虽然与大学生相关的负面事件层出不穷，但是真正具有心理疾病和心理障碍的大学生并不多，而且大多数大学生面临的问题是学习与生活中的发展性问题。我国教育学家张增杰针对大学生的心理发展特点进行过深入研究，他认为大学阶段是大学生的青春期，其心理发展正处于半成熟阶段向成熟阶段的过渡状态，这一阶段的大学生，心理特征呈现出明显的消极与积极相互交织的特点，所以很容易呈现两面性。如大学生的思维非常敏捷，但是又过于片面；主观情感非常丰富，但是又容易失控，所以当他们缺乏正确的思想作为指导时，个人的求知欲就有可能会导致自己走向错误的道路。大学生心理特征的两面性导致其在发展过程中非常容易出现不平衡的状态，进而引发各种各样的心理冲突和矛盾。但是与此同时，大学生又处于自我意识发展的关键阶段，他们开始从注重外部认识转变为注重认识自我，所以他们内心也会因此引发各种各样的矛盾。张增杰认为这些矛盾的出现并不是偶然现象，而是大学生在成长过程中必然会出现的情况，这为大学生心理发展提供了一定的依据，同时也是大学生心理并没有完全成熟的重要表现。张增杰表示，如果我们不能真正了解大学生心理发展过程中的矛盾，就不能了解大学生将会面临什么样的内在矛盾与外在矛盾，自然会在大学生出现这些问题时惊慌失措，无法从实际情况出发，帮助大学生解决这些矛盾，甚至有可能导致矛盾进一步激化。从某种程度上来讲，大学生的个人能力相对较强，同时又具有比较强烈的自尊心，他们的抱负要比一般的青年更高，同时也面临着更多的机遇与挑战，承受着更大的压力，所以，他们自然也会为了得到更高的成就而面临更大的心理压力。因此，开展大学生心理健康教育，需要坚持以人为本，同时要从大学生的年龄、角色、心理特征等多个角度出发，对大学生面临的心理问题进行深入分析，并且为大学生提供有效的心理咨询，促进大学生心理健康发展。

从大学生心理健康教育的目标和功能这一角度来看，大学生心理健康教育的目标是形成、维护和促进大学生心理健康，因此需要积极对大学生进行心理健康教育，促进大学生的人格完善和发展，充分激发大学生的个人潜能，促进大学生的自我实现，最终为大学生的全面发展提供良好的心理基础。大学生心理健康教育的目标主要包括三个方面，这三个方面分别是从三个不同的层次出发形成的，分别是矫治性目标、适应性目标和发展性目标。矫治性目标主要是以大学生的过去为基础，针对大学生群体中存在的心理障碍和相关心理问题进行治疗和调节；适应性目标是以大学生的当前阶段为基础，提升大学生的自我调控能力；发展性目标是以大学生的未来为基础，在前两项的参与下提升大学生预防心理问题的能力，充分激发大学生的潜能，促进大学生的自我发展和完善。分开来说，矫治性目标主要是针对大学生已经出现的问题，为大学生提供具体的治疗和帮助，使大学生排除已经存在的一些心理问题，进而提升大学生的自信心。适应性目标能够在一定程度上增强大学生对心理问题的了解，从而帮助大学生更好地对相关心理问题进行预防。发展性目标体现出大学生心理健康教育的发展功能，可以充分开发大学生的潜能，促进大学生的自我实践，帮助大学生形成良好的行为习惯，优化大学生的心理健康状况。三者之间环环相扣，充分体现大学生心理健康教育的价值。

　　大学生心理健康教育的内涵、教育对象、教育目标等不同要素，充分表明大学生心理健康教育发展需要坚持以人为本的基本理念。同时，人是教育的中心，也是教育的目的；既是教育的基础，也是教育的根本。就像我国著名学者杨叔子说的一样，如果我们的教育脱离了人，忘记人有思想、有感情、有个性，也就失去了一切。我们的一切工作都是如此，要做到以人为出发点并且以人为归宿，保证人贯穿于工作的各个方面，教育更是如此。坚持以人为本的教育理念，需要我们立足于当下，对大学生当前的发展状况进行深入了解和反思，分析大学生面临的现实处境，进而在开展教育的过程中充分尊重大学生个人的人格，同时还要以大学生的主体意识为出发点明确大学生的主体地位，不断进行教学方式的转变与创新，在大学生群体中树立良好的教师形象。早在 2004 年，中共中央和国务院就颁布了《关于进一步加强和改进大学生思想政治教育的意见》(下文简称《意见》)，《意见》明确表示开展高校思想政治教育需要以大学生全面发展为目标，并且坚持以人为本，做到贴近实际、贴近生活、贴近学生，提升思想政治教育的吸引力和感染力，只有这样才能培养出德智体美劳全面发展的社会主义接班人。总之，新时代的大学生心理健康教育需要做到以学生为本，从学生的兴趣和需求出发，不断进行创新发展，最终满足大学生的需求，促进大学生的发展。

二、生活化的教育内容发展

　　生活化的教育内容发展本身也是以人为本的要求和具体展现。以人为本的教育理念不仅是一种主体原则，也是一种价值取向和思维方式，以人为本的教育理念要求我们在开展大学生心理健康教育时，必须意识到大学生的主体地位，并且尊重大学生的人格，只有这样才能在开展相关的教育活动时，做到以学生为中心，并且保证以学生的全面发展为根本目的。在帮助大学生解决心理问题时，也需要从问题实际出发，进行深入分析和思考，有针对性地提出解决措施。以人为本的人是指生活中的人，如果离开了生活，人就不复存在，因此在开展心理健康教育时，也要保证学生是生活中的学生，如果离开了生活谈大学生的心理健康教育就是空谈。在开展大学生心理健康教育时，要充分尊重大学生，并且要理解大学生的生活，给予他们关怀，对他们进行肯定，这也体现了大学生心理健康教育的生活化发展趋势。

其实，教育内容本身就可以体现出教育目的和教育过程，合理地选择心理健康教育内容，能够保障大学生心理健康教育的有效开展。高校在选择大学生心理健康教育内容时，主要从以下三个方面入手。首先，明确心理健康教育目标与心理健康教育内容之间的关系，以目标为导向，为心理健康教育内容提供一定的依据。其次，明确大学生的年龄特征和心理发展水平与心理健康教育内容之间的关系，从大学生的实际情况出发，选择教育内容，保证教育实效性。最后，把握好大学生心理健康状况与大学生心理健康教育内容之间的关系，从当前阶段大学生的心理健康状况出发，为大学生心理健康教育提供现实依据。

大学生心理健康教育本身也是高等教育的一个重要组成部分，所以大学生心理健康教育的目标应与高校的教育总目标相一致，然而具体来说，大学生心理健康教育的性质又与其他工作存在一定区别。大学生心理健康教育的指向非常明确，所以大学生心理健康教育是一种具有独特目标的教育活动。在进行大学生心理健康教育内容划分时，需要以大学生心理健康教育的目标为依据，并且从大学生的心理年龄和心理发展水平出发，保证选择的大学生心理健康教育内容对大学生有益，能够有效促进大学生的心理健康发展。在确定大学生心理健康教育内容时，这两方面的因素都是比较基本的，同时也是高校开展大学生心理健康教育必须依赖的基础。大学生心理健康教育包括心理健康观念、心理健康标准、异常心理的识别、学习与心理健康、人格与心理健康、人际交往与心理健康等多个方面。在为大学生开展心理健康教育时，需要从当前阶段大学生心理发展状况出发，选择合适的内容，促进大学生心理健康发展。高校开展大学生心理健康教育需要符合时代发展的需求，并且体现出时代发展的特征，引领大学生走向现实，这也是大学生心理健康教育内容的发展趋势。

（一）贫困大学生心理健康教育

1.心理贫困

对于大学生群体来说，心理贫困一直是贫困生教育中不可忽视的一个重要问题，高校中的贫困生与我国高等教育体制改革之间有着密切的联系。对于贫困生来说，他们面临的问题不仅仅是如何学习，还包括如何解决个人的经济问题。一直以来，党中央非常重视贫困生的相关问题，并且在几十年的实践中不断探索，现如今已经建立起相对立体化的资助体系，有效缓解了贫困生的经济压力。我国制定的相关资助体系虽然能够帮助大学生解决资金短缺问题，却无法解决他们内心深处产生的心理贫困。虽然大多数贫困生的独立性比较强，而且勤劳朴素，但是其中有很多人存在一定的精神困惑，导致他们的心理受到不同程度的伤害，也因此产生了焦虑、抑郁等不良情绪。通过专业调查可以发现贫困生在心理层面表现出的这些问题远远高于非贫困生，很显然，经济方面的压力会为大学生带来巨大的心理冲击，所以贫困生贫困并不仅是现实生活中的经济贫困方面，同时还包括心理贫困方面，经济困难已经成为大学生心理健康发展的一个重要阻碍。

由经济困难带来的心理压力会让大学生面临严峻的考验，虽然很多贫困生能够通过自己的努力创造新的生活，但是也有不少的贫困生无法对困难进行正确认识，进而导致在沉重的心理压力下走向错误的道路。其实很多贫困大学生在进入大学之前，对大学生活充满了希望，但是进入学校之后，他们发现生活的环境与期待存在一定的差异，较大的经济压力也在无形中转变为个人的心理压力。进入大学之后，贫困大学生接触的人越来越多，会与他人产生价值观念方面的冲突，在毕业时就业压力也会越来越大，进而导致个人的危机感逐渐加强，再加上经济拮据，当他们承受不住压力时，心态和心理就会出现问题。我们经常可以发现，在贫困大学生身上存在自卑、焦虑、无助、忧郁、敏感、冷漠等偏激的心理和行为。这时如果贫困大学生不能进行良好的自我调适，教师也没有帮助其进行化解，大学生的心理问题就会逐渐累积，最终引起质变，造成更大的危害。所以贫困生群体中存在的各种问题并不仅是经济因素导致的，还有心理因素在发挥作用。在出现心理问题的大学生群体中，贫困生群体是出现问题频率相对较高的一个群体。但是总体来说，有很多贫困生并不忌讳自己存在的心理矛盾，他们能够正视这些矛盾，并且积极进行化解。但是某些贫困生因为心理承受能力相对较差，难以承受因经济困难而导致的心理问题，这时就需要高校积极开展大学生心理健康教育，通过多样化的方法帮助贫困生解决心理问题，同时还要通过多元化的资助方式为贫困生提供资金帮助，解决他们的经济难题，只有这样才能让他们积极地面对心理挑战，从而调整好自己的心态，迎接未来的生活。

2. 贫困生心理健康教育的着力点

贫困生心理健康教育是一个从物质到精神，涉及多个方面的系统化工程。为了有效解决贫困生的心理健康问题，我们需要构建全面的助学机制，同时在学校内部构建良好的心理健康教育氛围，积极对贫困大学生开展心理健康教育，尽可能消除大学生存在的贫困心理问题。在开展心理健康教育时，高校不应对贫困生存在的心理问题进行过度渲染，否则很有可能伤害大学生的自尊心。解决贫困生心理问题的关键在于帮助大学生正确认识自己的贫困处境，进而更好地帮助大学生进行自我调适。在对贫困生开展心理健康教育时，主要从两方面出发，分别是提升他们的认知和能力。

提升贫困大学生的认知，首先需要对他们进行积极引导，让他们对处于贫困中的自己有正确的认知观念。相关研究表明，认知对一个人的心理健康状况具有重要影响，很多人之所以会出现不良情绪和行为障碍，正是因为他们拥有不合理的认知。因此，对于贫困生来说，需要提升他们的认知，让他们正确地认识自我，并且勇敢地面对自己的处境，进而不断拼搏，奋发图强。贫困生与一般大学生之间的心理差距就在于贫困生会因为自己的经济情况较差而产生自卑心理，进而从心理层面否认自己与他人之间的平等地位。他们会因为自己经济上比较贫困，产生在别人面前抬不起头的心理，正是因为他们在心理方面存在一定的劣势，所以更容易出现心理问题。高校需要对大学生积极进行引导教育，帮助贫困大学生提升自我认知，正确认识自身的价值，只有这样才能接受自我，并且肯定自我。高校应让贫困大学生认识到金钱的多少不能成为评价一个人好坏和身份高低的标准。在高校中，那些通过自身努力获得学业成就的优秀学生，才能够真正获得他人的认可。

在能力发展方面，高校需要通过开展专业教学，提升大学生各方面的能力。能力的提升能够帮助大学生在不断的实践中逐渐提升自身的认知，进而让大学生做到自尊自爱、自立自强，形成良性循环。2002 年，我国部分高校与国际机构达成合作，共同研究如何提升高校贫困生的能力，并且将目标从以前对贫困生进行经济资助转变为对贫困生进行能力培养，让贫困大学生的生存发展能力、人际交往能力和创新能力得到提升。对于大学生心理健康教育来说，要让贫困大学生树立正确的认知观念，基础就是提升贫困生的个人能力。哈佛大学著名心理学教授威廉·詹姆斯说过，世界上有两类人，分别是意志坚强的人和意志薄弱的人，意志薄弱的人在遇到困难时总是会选择逃避，他们面对批评时很容易受到伤害，从而导致失败。但是意志坚强的人不会如此，他们始终都具有坚强的特质，即使面对困难也能够积极面对并且认真地进行思考。

（二）大学生网络心理教育

1. 网络发展对大学生心理造成的冲击

网络的发展为大学生的生活和工作创造了一个新的空间，大学生在享受科学发展带来的成果时，也无形中受到网络的挑战。

每一个民族在发展的过程中都逐渐形成了自己独特的民族文化，而且民族文化中蕴含着本民族特有的文化心理。在我国几千年的发展历史中，中华传统文化源远流长，孕育了一代又一代的学生，同时帮助大学生形成了中华民族文化心理。进入 21 世纪之后，随着科学技术的不断发展和经济的不断增长，我国传统文化与西方文化之间的碰撞越来越激烈，这也导致我国大学生的意识受到一定影响。网络的发展不仅为我国带来了先进的文化和理念，同时也为西方国家进行文化渗透和文化扩张提供了一定的机会，所以，网络的发展很容易导致大学生长期积淀而成的民族文化心理逐渐淡化。

另外，对于内向的大学生来说，网络的发展为他们提供了一个交往的新领域，促进了学生之间的交流交往。虽然网络的出现促进了人们之间的联系，但同时也使人际交往应有的亲和力逐渐降低，在一定程度上限制了人们的情感交流。这样的方式很容易将人们固定在一个封闭的环境中，让人们失去与他人进行面对面接触的机会，最终加剧人们的自我封闭，甚至有可能导致人际关系的淡化。网络的虚拟性和开放性特征，为人们的交往提供了一个相对宽松的环境，但是这也容易出现失范和欺骗的行为，进而提升现实交往的风险。但是网络交往也具有一定的优势，如一对多和多对多的交流，克服了传统人际交往中一对一交流的缺陷。尤其是对于大学生而言，大学阶段正是他们进行人际交往和人际关系形成的关键时期，如果沉迷于网络，将会把网络中的不良影响映射到现实生活的人际交往中，进而形成人际阻碍。这样一来就会导致大学生忽视自己与同学之间的情感交流，甚至导致大学生逐渐丧失人情味。

人格是一个人外在行为表现和内在心理状态的总体形象，健康的人格是指人们内在心理和外在行为的和谐状态，人格是衡量人们心理健康的重要标准。随着网络技术的不断发展，人们受网络的影响越来越大，如果人们不能及时有效地进行现实世界和虚拟世界的身份转换，就会导致个人的心理与行为出现失调，最终无法从容应对现实生活中的各种问题。而且长时间上网也会导致大学生丧失对周围环境的感染力和适应力，最终出现孤僻、冷漠、缺乏责任感等问题，使大学生不得不从网络中寻求心理安慰，这样的情况很不利于大学生健康人格的形成。

网络世界的发展有效促进了信息和知识的丰富，对于喜欢接受新鲜事物的大学生群体来说，他们具有强烈的探索欲和好奇心，所以无限的网络正好能够满足大学生的需求。但也正是因为网络具有的吸引力，很容易导致大学生迷恋网络，进而出现上网时精神亢奋、下网后精神萎靡的状态，这种状态已经影响到现实生活，如果大学生不能进一步对个人行为进行有效控制，不仅会导致个人人际关系的恶化，甚至有可能导致自己对现实生活失去兴趣。网络成瘾给很多大学生造成了极大的危害，不仅导致大学生的生物钟出现紊乱，还有可能导致大学生精神错乱，免疫力下降，最终出现各种身体疾病。美国不列颠心理学会通过相关的研究发现，20～30岁的年轻人，尤其是那些受过良好教育、但性格内向的年轻人，很容易对网络产生过度依赖。总之，随着网络技术的不断发展，大学生网络成瘾的比例正在不断提高，这对大学生的心理健康发展造成了严重的危害。

2. 加大大学生网络心理素质培养的力度

大学生沉溺于网络是由心理原因导致的，针对大学生网络成瘾的情况，需要积极对大学生进行引导，帮助大学生养成良好的网络心理素质。

首先，不断开展网络认知教育，让大学生对网络有明确的认识。很多大学生之所以出现网络成瘾的问题，是因为对网络具有比较强烈的好奇心，但同时又对网络缺乏明确的认知，导致无法对网络中的信息进行有效辨别。还有一部分大学生个人意志力比较薄弱，无法对个人行为进行有效约束，从而在不知不觉中被网络裹挟。因此，我们需要在认知层面积极对大学生进行引导，帮助大学生看清网络的本质，让大学生能够合理利用网络，正确辨别网络信息，自觉抵制各种不良信息的影响，使大学生成为遵纪守法的网民。

其次，通过对大学生进行教育，让大学生拥有自我教育的能力。进入网络时代，传统的教育方式已经无法适应当今时代的需求，消极的灌输只会制约教学效果，因此高校应不断进行教育教学方式的创新与发展，让大学生学会进行主动的自我教育。网络中的信息是非常复杂的，尤其是那些不良信息对大学生造成了极大的危害，如果大学生不能有效进行自我控制，就会被这些不良信息影响。高校需要通过教育提升大学生的判断能力和自我约束能力。教育工作者还需要在这一过程中积极对大学生进行引导，为大学生指明发展方向。尤其是对低年级的大学生来说，他们对网络的认识不够深入，个人好奇心又过于强烈，如果个人缺乏成熟的心理就很容易沉溺于网络，因此有必要对低年级的大学生进行积极的引导和教育，做好心理问题预防工作。

最后，对大学生进行教育，需要帮助大学生合理安排好闲暇时间。对大学生来说，个人的时间一般可以分为三部分，分别是学习时间、睡眠时间和闲暇时间，其中闲暇时间主要是指个人进行身心放松、开阔视野，能够按照自身意愿自由支配的时间。一个人的闲暇生活是生命中必不可少的一个部分，具有促进个人身心健康发展、提高生活质量的作用。通过相关的调查研究发现，当代很多大学生的闲暇生活已经被网络占据。在闲暇时间，大学生会将大量的时间用来上网，主要上网内容就是聊天、玩游戏等，利用网络进行学习的时间所占比例非常小，这也充分说明了大学生使用网络并不是为了学习，或者说使用网络的大部分时间都不是在学习。大学生沉溺于网络，一方面是因为网络的诱惑；另一方面也与自己无法有效安排闲暇时间具有一定的关系。很多大学生的个人发展空间相对狭小，当他们在学业中无法取得一定的成就时，就会将目标转移到课外。这时他们在虚拟空间中获得的成功和自信，就会让他们的思想逐渐麻痹，从而不能自拔。积极合理的闲暇时间安排能够为大学生带来精神和感官的享受，并且促进大学生的发展。但是，消极无序的闲暇时间安排则会影响大学生个人的身心健康，甚至会导致大学生意志消沉，最终走向违法犯罪的道路。现如今，大学生群体的自主意识不断提升，个人拥有的自由空间也在逐渐增加，如何在网络时代帮助大学生合理安排闲暇时间，是大学生心理健康教育发展过程中的一个重要环节。

（三）大学生职业生涯规划指导

随着我国职业教育体制改革的不断深化，大学生职业生涯规划指导逐渐成为高等教育中的一个重要组成部分。但是，职业生涯规划在我国的开展时间相对较晚，大部分高校在为大学生开展职业生涯规划时很容易陷入各种误区，进而导致大学生无法从心理层面对职业生涯规划形成正确的认识，最终限制了大学生的发展。

1. 开展大学生职业生涯规划指导的必要性

大学生职业生涯规划指导起源于 20 世纪的西方国家，当时西方国家出现了职业指导运动，同时导致了学校心理健康教育的发展。帕森斯被称为职业指导之父，也是心理辅导之父。随着时代的发展，人们逐渐认识到大学生职业生涯规划的重要性，如今职业生涯规划已经成为我国大学生心理健康教育的一个重要组成部分。

职业生涯规划相关理论传入我国的时间相对较晚，我国对于职业生涯规划相关内容的研究也缺乏足够的理论和经验，所以目前我国高校大学生职业生涯规划指导的开展存在很多问题。首先，当前我国高校大学生的职业规划意识相对比较薄弱，大多数即将毕业的大学生无法对个人未来的职业发展进行相对理性的规划。这就导致他们在毕业之后不得不盲目进行求职。也正因如此，很多大学生在找到第一份工作之后，在一年内就选择再次更换工作。其次，很多大学生对职业生涯规划缺乏全面的认识，他们一方面认为自己在择业过程中会出现焦虑、自卑、怯懦等不良心理状态；另一方面又不会积极进行职业生涯规划，再加上他们有职业自我意识不足、对于职业的期望过高等问题，导致他们的职业发展非常坎坷。当然，这并不代表大学生对职业生涯规划与指导就完全不重视，相反，他们对职业生涯规划都比较渴望。通过相关的调查可以发现，有很多大学生具有职业生涯规划方面的需求，但是由于部分高校在这一方面缺乏服务，形成了供需层面的矛盾。总体来说，当前我国的大学生职业生涯规划指导工作有待加强。大学生职业生涯规划指导工作是高校就业指导工作的一部分，同时也与大学生心理健康教育具有必然的联系，因此，高校应认识到这一项工作的重要性。

良好的职业生涯规划还能够有效促进大学生的身心健康发展。大学阶段是一个人走向社会的关键时期，在这一阶段，大学生会面临各种各样的抉择，如学习、人际交往、择业等这些问题的选择，都会在一定程度上对大学生个人的身心健康造成影响。同时，大学生正处于心理变化最为激烈的时期，这一时期的他们往往情绪多变而又非常敏感，当面临一些问题时，他们会非常着急地想表现，但又缺乏足够的经验，最终出现困惑、敏感、愤怒等情绪，进而引发一系列的心理矛盾。但是良好的大学生职业生涯规划指导能够帮助大学生有效克服这些心理问题。如美国著名学者舒伯的职业生涯发展理论告诉我们，这一时期的大学生在学校生活、社会实践等多方面在不断进行探索与尝试。开展职业生涯规划指导的目的，并不是单纯帮助大学生找到一份合适的工作，提升大学生的就业率，更重要的是通过开展规划指导，让大学生对自己有深入的了解，同时对行业发展状况有所认知，可以根据个人情况对自己未来的学习和生活进行规划，最终提升心理素质，促进身心健康发展。

一个人的职业发展是不断实现自我的延伸。大学生个人的职业生涯规划，不仅会影响个人心理健康的发展，同时也会对个人未来的整体发展产生影响。通过相关研究发现，如果一个人从事的职业与自己的兴趣相吻合，那么在工作的过程中就能够将个人才能的80%～90%发挥出来，并且能够长时间保持较高的工作效率，而不会出现心理疲劳。但是如果一个人的工作与自己的兴趣爱好毫无关系，那么只能发挥出个人才能的20%～30%，甚至还很容易出现疲倦的情况。对于大学生群体来说，大学生正处于个人职业生涯的探索阶段，在这一阶段，大学生需要对个人的兴趣爱好、综合能力、社会环境等进行综合分析，权衡彼此之间的关系，再对自己可能从事的各种职业进行一定了解，进而根据职业的匹配度选择相对应的职业，充分发挥自身的优势。通过进行职业生涯规划，能够帮助大学生确立明确的职业发展目标，进而通过合理利用时间和各种资源，不断进行自我增值，最终实现个人的目标。大学生的职业生涯规划与个人的契合度越高，那么未来的发展前景就越广阔，也越有可能实现全面发展。

2. 大学生职业生涯规划指导的内容

大学生职业生涯规划指导需要以大学生职业心理发展为基础，不断开发大学生的职业能力，激发大学生的潜能。因此，需要从大学生心理健康教育的角度对大学生职业生涯规划指导的相关内容进行判断。首先，从大学生的心理发展特点出发开展职业生涯规划指导。从心理学角度出发，每一个人在不同的阶段都会受到年龄和心理的影响，人们在不同的发展阶段会基于自身职业需要而出现不同的行为方式。金斯伯格将个体职业心理发展划分为幻想期、尝试期和现实期三个不同的阶段，充分展示了个体在不同时期出现的职业选择差异。美国的职业心理学家舒伯提出了终身职业生涯发展理论，并且将一个人的职业生涯发展划分为五个不同的阶段，分别是成长阶段、探索阶段、建立阶段、维护阶段和衰退阶段，同时，每个阶段都有相应的任务和表现特征。大学生正处于职业生涯发展的探索阶段，他们兴趣广泛、思维活跃，对未来充满希望，但是由于对自我认识不足，又缺乏足够的社会经验，所以这又是机遇与挑战同时存在的一个阶段。在不同的阶段，大学生的思想观念和行为方式也会发生相应的变化，因此在进行大学生职业生涯规划指导时，需要充分考虑大学生的心理发展特点并根据特点制定相应的规划，保证规划能够促进大学生发展。

其次，需要对大学生积极开展心理咨询活动，帮助大学生缓解心理困惑。大学阶段是大学生对自己职业生涯规划的探索阶段，但是由于大学生个人的规划能力不足，又缺乏足够的经验，很容易在进行职业规划时进入误区，这就要求高校在大学生进行职业生涯规划时为大学生提供一定的咨询服务，帮助大学生缓解心理方面存在的困惑，促使大学生心理能力实现成长，并且协助大学生进行职业规划。职业心理咨询包括个体咨询和团体咨询两种方式，个体咨询主要是对不同的大学生个体在职业生涯探索过程中存在的困惑进行解决；团体咨询则是以分组的形势，针对大学生职业生涯规划过程中的某一方面，或者某一类型问题进行解决。

最后，还需要积极为大学生开展职业心理测评，帮助大学生进行职业定位。职业定位主要是以职业目标和个人潜能为基础进行职业匹配。良好的职业定位以大学生的个人需求、兴趣能力、心理特征等多方面因素为依据。帮助大学生进行职业定位是非常必要的。在对大学生进行职业定位之前，需要对大学生进行科学的职业心理测评，让大学生对自己有全面的认识，从而协助大学生了解个人职业倾向。在对大学生进行职业生涯规划指导时，开展职业心理测评非常重要，能够帮助大学生更好地认识自我，了解个人的职业兴趣和人格特点，从而在进行职业生涯规划设计时，保证规划能够满足个人需求。

职业选择是一个动态化的过程，不是一次性选择。在进行职业选择时，人们会随着身心的发展而对职业产生不同的要求，因此职业选择也需要不断进行变化。一般来说，职业选择的整个发展过程可以划分为几个不同的阶段，而且每一个阶段都有相对应的任务，如果前一阶段的任务没有很好地完成，则会对后续阶段的职业发展产生一定影响。因此，教育内容不应仅仅局限于帮助大学生解决心理困惑，而应以促进大学生的职业发展为主，同时根据不同年级大学生之间的差异，为大学生开展动态化的职业心理指导。在对大学生进行动态化心理指导时，需要从三个不同的层面出发：一是帮助大学生做好求职心理准备，即让大学生对自己进行准确的认知，做好自我定位，评估自身的各种情况。大学生自我评估是一个长期过程，需要贯穿大学生的整个大学生活。二是帮助大学生解决在求职过程中出现的心理矛盾，提升大学生的自我调控能力。大学生在择业的过程中经常会受心理特征、外部环境等因素影响，产生一定的矛盾心理，所以在选择职业时会出现盲目、自卑、自负等情况，这些矛盾和心理问题需要得到积极解决，否则很容易对大学生整个职业生涯规划造成影响。三是社会适应期，心理指导与调适主要是针对快要毕业的大学生进行心理辅导，因为他们即将走向社会，所以面对的就业压力相对较大，这时需要对他们进行积极的心理指导，让他们在就业过程中始终保持积极的心理倾向。总体而言，谁能够更快地适应社会，谁就能够掌握择业的主动性，良好的社会适应能力是促进大学生在社会中不断发展的基础，也是大学生整个职业生涯规划得以发展的重要条件。

三、显隐结合教育方式的发展

心理健康教育的方式是非常多样化的，既包括具有明确教育目的和教育内容的显性教育，也包括通过潜在教育因素进行教学的隐性教育，不同的教育方式都具有独特的作用，并且在整个教育体系中都扮演着非常重要的角色。我国当前的大学生心理健康教育对隐性教育有所忽视，但隐性教育作为显性教育的有效补充，具有无法替代的作用，因此在对大学生进行心理健康教育时，需要选择显隐结合的教育方式。

显性教育是教育者依据一定的教育目标，通过明确的教育内容，直接对受教育者进行教育。在大学生心理健康教育中，显性教育主要包括个性化心理咨询、课堂教学、心理健康教育宣传活动等方式。而隐性教育则是指教育者根据一定的教育目标，通过潜在的方式间接地对受教育者进行熏陶、渗透，最终取得相应的教育效果。在大学生心理健康教育中，隐性教育的手段主要包括校园文化建设、社会实践活动、班级环境建设等。在大学生心理健康教育中，显性教育和隐性教育是相互结合的一个有机整体，两者虽然功能存在一定差异，却各有特色又相互补充。显性教育是大学生心理健康教育中的主要教育方式，而隐性教育则是大学生心理健康教育的重要方式，通过两者相互作用和相互结合，能够有效提升大学生心理健康教育的效果。在大学生心理健康教育中，显性教育和隐性教育是无法分开的，因为显性教育中包含隐性教育的目的和效果，而隐性教育中也具有部分显性因素，所以两者是相互依存相互补充的关系，共同构成了大学生心理健康教育运行的体系。

（一）高校大学生心理健康教育课程定位及发展

1.高校大学生心理健康教育课程定位

从当前我国大学生心理健康教育的开展情况来看，以课程的形势对大学生开展心理健康教育是主要渠道，课程教育的方式能够有效避免心理咨询对象的局限性，又能够有效缓解当前我国高校心理辅导人员不足的问题，从而帮助更多的大学生解决心理健康问题，提升大学生的心理素质。大学生心理健康教育是一门新兴课程，相关的研究比较缺乏，同时师资力量不足，导致高校对大学生心理健康教育课程的定位比较模糊，很容易出现偏差。学科化倾向就是学校对课程认知的偏差之一，很多高校在开展大学生心理健康教育教学时，过度注重相关知识的传授，学科化倾向非常明显。还有德育化的问题，部分高校将大学生心理健康教育当作一门德育课程进行教学，无法有效意识到心理健康教育与德育之间的本质不同。总之，高校需要对大学生心理健康教育课程进行全面理解和定位，以确保课程具有更加长久的生命力，推动我国大学生心理健康教育有效开展。

教育部在《关于进一步加强和改进大学生心理健康教育的意见》中明确表示，大学生心理健康教育的主要目标，就是帮助大学生树立正确的心理健康意识，同时要积极增加促进大学生心理健康的方式和途径，帮助大学生解决异常心理，向大学生传授进行自我心理调适的有效方法。从高校大学生心理健康教育的特质来看，首先，大学生心理健康教育课程应重视大学生心理健康意识的培养。教育部的相关文件已经明确将心理健康意识放在首位，这也说明不断完善大学生的心理健康，不仅是高校的教学任务，也是大学生个人终身的学习任务。随着健康教育知识不断丰富、大学生获取心理健康教育知识的方式越来越多，大学生应在之后的学习与工作中不断进行自我充实，有效提升自身的心理素质。其次，大学生心理健康教育课程不仅在于理论知识的传输，更重要的是通过相关的知识与大学生的调适能力进行结合，进而有效提升大学生的社会适应能力。如果在开展大学生心理健康教育时过度注重心理健康教育理论知识的传输，而忽视了相关知识的应用，就会使心理健康教育本末倒置，使大学生对课程教学失去兴趣，在面对现实生活中的问题时，表现得手足无措。最后，心理健康教育课程面对的不是存在心理问题的大学生，而是大学生群体。开展相关的课程能够积极对大学生进行心理健康知识的普及，有效提升大学生的心理品质，让大学生在之后的发展过程中能够利用这些知识解决个人的心理困惑。因此，大学生心理健康教育课程需要立足于发展，保证课程对大学生各方面都能够发挥作用，只有在发展的基础上开展心理健康教育，才能够保证大学生积极矫正自己存在的异常心理问题。

在对大学生心理健康教育课程进行定位时，需要正确处理心理健康教育课程和其他课程之间的关系。大学生心理健康教育课程和其他课程一样，都是高等教育体系的重要组成部分，同时又与德育、智育等课程相互联系。心理健康教育课程和其他课程之间具有紧密的关系，在具体的教学过程中，心理健康教育课程是一门多样化课程，相关内容涉及心理学、教育学、社会学等多个领域，而且包括理论和实践等多个层面。不同的学科领域都蕴含着非常丰富的心理健康教育资源，这些丰富的资源为高校开展心理健康教育提供了有力支持。同时，开展其他学科教学也需要以大学生拥有良好的心理素质为基础。要促进大学生的全面发展，必须提升其综合素质，该提升应贯穿于各种学科领域。这是大学生提升个人素质的关键前提，也是大学生拥有健康身体素质的重要保障。

大学生心理健康教育课程与其他课程之间存在一定的区别。虽然心理健康教育课程和其他课程之间联系紧密，但是在具体的目标、内容和课程评价方面差异比较明显。首先，在目标方面，其他课程主要是进行相关文化知识和技能的传播，提升大学生的智力，因此在教学课堂上特别注重相关知识和技能的传授；而心理健康教育课程则是进行身心发展知识的传授，帮助大学生培养正确的心理健康观念，提升大学生的调适能力和心理素质，最终帮助大学生形成良好的心理品质。其次，在内容方面，其他课程比较注重学科具体知识的传授，而且知识具有非常明显的内在逻辑，在教学过程中，需要通过知觉、记忆、推理等方式进行认知；而心理健康教育课程不是单纯的知识传授，更重要的是进行心理培养和意识完善。虽然心理健康教育课程也涉及部分德育的相关内容，但是二者侧重点有所不同。心理健康教育课程的重点不在于帮助大学生树立人生价值取向，而是帮助大学生形成良好的心理品质。最后，在课程评价方面，主要是指根据一定的标准对课程的实施情况进行判断，在对不同的学科进行评价时，主要是以考试为主，根据学生成绩进行量化评价；而大学生心理健康教育课程的目的是引导大学生正确认识心理发展及各种心理问题，从而实现优化大学生心理素质的目的，提高大学生的生活质量，所以通过考试的方式对大学生进行考核是不科学的，其主要的评价方式是案例分析、总结收获、心理测评等。

从以上几方面可以发现，大学生心理健康教育课程是一门比较独立的课程，具有自身特殊的性质，是高等教育的重要组成部分，与其他课程之间相互渗透、相互补充，共同构成了我国的高等教育课程体系。高校大学生心理健康教育课程的开设，能够帮助大学生形成良好的道德品质，进而为个人潜能的开发打下良好的心理基础。

2. 高校大学生心理健康教育课程目标定位

心理健康教育课程的目标是指在一定时期内，心理健康教育课程要达到的预期效果，而这也是心理健康教育课程开展的出发点，对课程开展、课程实施具有重要的引导作用。和传统课程相比，我国高校大学生心理健康教育课程的开展仍然处于起步阶段，并没有形成统一系统的课程目标，而且在教学过程中还存在较大的分歧，如课程目标混乱、不够统一，不同教师对心理健康教育课程的认知存在差异；课程目标与心理健康教育目标混淆不清；课程目标仍然停留在一般目标的描述性阶段等。课程教学是高校开展大学生心理健康教育的有效途径，但是由于课程目标的混乱，导致心理健康教育质量有所下降，甚至最终影响大学生心理健康发展水平。因此高校开展心理健康教育课程，需要对课程目标进行有效定位，而这正是保证大学生心理健康教育顺利发展的重要条件。

在开展大学生心理健康教育时，存在理论化侧重和技能化侧重两种不同的取向。理论化侧重主要是指在教学过程中过度注重大学生心理健康教育知识理论素养的提升，但是忽视了大学生解决实际问题的能力；技能化侧重是指在教学过程中过度注重实践技能的培养，实践技能的培养能够有效提升大学生解决各种心理问题的能力，但是忽视了相关理论知识的传播。在高校开展大学生心理健康教育时，不应将关注的重点放在大学生掌握了多少理论知识的层面，也不应仅仅放在大学生是否掌握了解决心理问题的相关能力方面，而需要将两者进行一定的结合。因此，高校开展大学生心理健康教育课程的目标应是理论与技能的结合，只有这样才能为大学生未来的发展提供重要保障。

（二）显隐结合的大学生心理健康教育方式

开展大学生心理健康教育的方式是多样化的，既包括目的明确的显性教育，也包括通过潜在方式进行教育的隐性教育，这两种教育方式都具有独特的作用与效果，并且在大学生心理健康教育体系中发挥着至关重要的作用。具体来说，显性教育是大学生心理健康教育体系中的主要方式；隐性教育是大学生心理健康教育体系中的重要方式。除此之外，还有教师心理健康教育辅导、家庭心理健康教育、环境影响和社会心理健康教育、环境渗透等，这些方式都对大学生心理健康教育具有一定的辅助性作用。

从目前来说，我国的大学生心理健康教育以显性教育为主，考虑到显性教育方式的固有优势，以这种方式为主开展大学生心理健康教育，能够取得相对稳定的教学效果。在开展大学生心理健康教育时，需要从大学生的实际情况出发，并且遵循客观教育规律，有目的、有计划地开展教育教学，帮助大学生缓解和消除存在的心理冲突和问题，进而提升大学生的心理调控能力，促进大学生的心理健康发展。在这一过程中可以发现，大学生心理健康教育发展存在两个重要的特征：一是大学生心理健康教育应是有明确目的和计划的、有组织的教育活动；二是心理健康教育是教育者有意识地开展的主动教育，当然在这一过程中也具有隐性教育因素。

通过显性的方式开展大学生心理健康教育具有一定的优势。第一，保证教育对象的普及性。大学生心理健康教育的形势包括心理健康教育宣传、心理咨询、心理健康教育课程等，这些形势可以针对全体大学生进行教育。在部分高校中，心理健康教育课程以公共选修课甚至是必修课的形势存在，普及性比较高，能够帮助更多的大学生受益。第二，教育目的的明确。大学生心理健康教育作为高等教育的一个重要组成部分，具有明确的教育目的，即激发大学生的心理健康意识，提升大学生的心理健康水平，促进大学生的全面发展。第三，知识传授系统化。大学生心理健康教育是有组织、有计划地开展的教育活动，能够帮助大学生相对系统、全面地对心理健康相关知识进行了解，从而正确、全面地认识自我，最终提升个人的整体心理素质。第四，具有一定的针对性。心理健康教育课程和相关的知识宣传活动比较注重整体效果，同时也需要结合大学生的实际需求，因此在开展心理健康教育时应具有一定的针对性和时代性，如高校心理咨询面对的对象是每一个实际的个体，需要根据咨询对象提供有针对性的帮助。第五，具有规范性的特征。大学生心理健康教育课程本身就是高校中的一个教学体系，必然具有一定的规范性，保证对大学生进行有效约束，通过正规的课堂教学方式开展教学，进而取得良好的教学效果。

　　显性教育也有一定的缺陷，即容易引起大学生的逆反情绪，进而导致大学生心理健康教育流于形势。在开展大学生心理健康教育时，仅仅通过显性的教育方式是无法取得理想效果的，必须借助隐性教育的辅助，才能取得理想的教学效果。首先，显性教育蕴含着丰富的隐性教育资源，如课堂教学氛围、教师的人格魅力等，这些都会在无形中对大学生产生影响。其次，隐性教育本身具有特定的优势，在大学生心理健康教育过程中发挥着不可替代的作用。隐性教育的形势更容易被大家接受，因为它是通过一种渗透和熏陶的方式，让大学生在潜移默化中接受教育，如优良的校园环境、教师的关爱、良好的学习氛围等。隐性的心理健康教育通过间接的方式有效弥补了大学生心理健康教育在显性教育方面存在的不足，同时大学校园本身就具有非常丰富的文化活动，每项活动都能够在一定程度上满足大学生的心理需求，进而让大学生产生愉悦的情绪。而且隐性教育具有含蓄性的特征，在教学过程中能够借助特殊的物质环境，将教育内容蕴含于各种活动中，最终取得相应的教学效果。隐性教育作为大学生心理健康教育体系的一个重要组成部分，通过含蓄的、间接的方式将心理健康的相关知识和经验进行传输，让大学生不知不觉中掌握了相关知识，这样产生的效果更加持久。隐性教育还具有全面渗透的特征，在开展大学生心理健康教育时，隐性教育几乎是无处不在的，它广泛地渗透在高校教育的各个方面和各个环节，不仅能够通过高校的物质环境得以体现，还能够借助文化环境进行影响与渗透。总之，隐性教育让高校大学生心理健康教育的空间得到了有效拓展。大学生心理健康隐性教育具有全天候、全方位的特征，几乎可以随时随地对大学生产生影响，而且取得的效果完全不逊色于显性教育。

　　因此，显性教育和隐性教育都具有各自的特色，但同时也都存在缺陷。课堂教学仍然是当今开展各种教育教学活动的主要渠道，在使用这一方式进行教育教学时，主要是以知识灌输为主，能够取得的实际效果非常有限。随着时代的不断进步与发展，要想保证高校教育教学活动的效果稳定提升，必须将知识灌输与渗透进行有效结合，实现显性教育与隐性教育的统一，进而取得更好的教学效果。对于大学生心理健康教育来说，在实施具体教学的过程中，显性教育能够让高校全体大学生对心理健康有基本的认识，进而树立心理健康的观念，并且参与心理健康知识的学习，逐渐对心理健康和心理异常表现有所认识，能够在实际的工作和生活中对异常心理进行辨别，并且通过相应的技巧和方式进行解决。当然隐性教育方式也是不可或缺的，通过合理使用隐性教育方式开展大学生心理健康教育，能够对大学生进行有效锻炼，达到陶冶情操、磨炼意志的效果。现如今，显性教育与隐性教育是无法进行明确分割的，在开展大学生心理健康教育时，显性教育中包含着隐性教育的目的和效果，同时隐性教育也包含显性教育的相关因素，两者是相互依存和相互补充的关系。通过以显性教育为主、显性教育与隐性教育相结合的方式开展大学生心理健康教育是最为科学的心理健康教育方式。

第七章 我国大学生心理健康教育发展的主要趋势

我国大学生心理健康教育始于 20 世纪 80 年代中期，经历了由个体心理咨询到全体大学生心理健康教育的发展过程。从原来需要学者宣传到现在成为高等教育中不可缺少的内容，从原来大学生回避与不理解到现在主动进行咨询，这充分表明大学生心理健康教育已经在我国得到了有效发展。现如今，心理健康教育理论体系正在不断丰富与充实，同时大学生生活质量的不断提升对心理健康的需求也在逐渐增加，这些变化都推动着我国大学生心理健康教育的持续发展。

第一节 我国大学生心理健康教育本土化发展趋势

人们的观念意识和思想行为都与所处的时代背景和社会环境具有一定的联系。所以，在解决心理问题、调节心理矛盾、提升人们的心理品质等方面，也必然要与时代特征进行联系。2001 年 12 月，清华大学召开了"华人文化与心理辅导国际研讨会"，这一会议的召开代表我国对于心理健康教育的研究进入了本土化发展阶段。要实现大学生心理健康教育的本土化发展，我们可以从以下三个方面入手。

一、大学生心理健康教育与思想政治教育的相互碰撞

中国共产党在长期的革命与建设中，逐渐形成了一整套思想政治教育理论和方法。随着我国改革开放的不断深入，我国社会主义市场经济取得了极大的成就，而思想政治教育作为高校工作的一个重要组成部分，在新时代面临着新的挑战。首先，大学生群体的思维比较活跃，他们对外界事物的感知也比较敏感，在社会中遇到新问题时容易迷茫，加之大学生面临着比较大的学习压力和就业压力，因此他们更容易出现心理问题。而传统思想政治教育的教育观念、教育内容和教育

方法等多方面存在一定的欠缺，无法在当今有效应对各种新问题，因此，面对新时代出现的各种问题和矛盾，高校的思想政治教育工作者开始了积极的探索与研究，就在这时，心理健康教育开始逐渐被高校思想政治教育工作者发现。其实从社会发展现实来看，在改革开放之后，我国的政治、经济和社会生活都获得了一定进步，社会问题也变得更加突出，这些问题的出现，在一定程度上对人们的思想观念造成了影响，同时导致人们的思想观念逐渐发生变化。因此，相关工作者在积极探索新的思想政治教育工作方法时，发现了心理咨询对思想政治工作的作用，也正因如此，心理咨询才作为大学生心理健康教育的初始载体，与思想政治教育建立了重要联系。

随后，思想政治教育领域正式将心理咨询与心理健康教育引入其中，这足以表明当代大学生心理健康问题越来越突出，因此开展大学生心理健康教育非常有必要。1994 年 9 月，中共中央颁布了《关于进一步加强和改进学校德育工作的若干意见》，这是第一次正式使用"心理健康教育"这一名称。在此之后，心理健康教育逐渐受到了大家的重视，并且成为高校教育工作的一个重要组成部分，相关学者也开始了对心理健康教育的研究与探索。

我国大学生心理健康教育与思想政治教育具有必然的内在联系。

首先，从研究对象来看，大学生心理健康教育的研究对象主要是以心理健康素质为核心的个体心理发展；而思想政治教育的研究对象是以思想道德素质为核心的个体思想发展。不论是从心理与思想来看，还是从心理健康素质与思想道德素质来看，两者都是紧密联系在一起的。

通过对国内外的相关研究文献进行分析，可以发现影响大学生心理健康的内在因素主要包括两方面，一方面是内在的心理因素，另一方面是个体内在的生物学因素，这里主要讲心理因素。内在的心理因素主要包括人格特质、习惯性认知等。从理论角度分析，健全的人格是保证人们拥有良好心理健康素质的重要前提，这也是心理健康教育需要实现的目标。因此，在开展心理健康教育时，需要围绕人格发展这一核心进行，把握好人格这一变量，从特点、气质、性格等多个角度出发进行人格培养。在个体思想道德素质的整体结构中，心理素质是基础部分，一个人的思想品德的形成，需要从这个人的直觉、体验和情绪等多个方面出发，最终通过一个完整的心理过程得以体现。而思想观念是根本，一个人的思想观念是构成思想道德素质的核心内容，同时决定了人们思想道德素质的性质和方向。另外，还有道德素质。道德素质是调节一个人与社会和其他人之间关系的重要尺度，作为思想道德素质的重要内容，大学生的道德素质培养也是思想道德教育的重要内容。政治素质在一个人的思想道德素质结构中具有主导性作用，也是个体思想道德素质结构中的最高层次，对其他思想道德素质的形成与发展起到支配作用。一方面，个体的思想观念、道德素质、政治素质等是通过一定的心理活动产生和形成的，另一方面，这些内容也是个体心理层面的重要内容，是个体心理发展的高级心理现象，具有联系个体心理与行为的作用。

其次，大学生心理健康教育和思想政治教育的教育目标也是一致的。大学生心理健康教育与思想政治教育虽然在具体的目标上存在一定差异，如大学生心理健康教育更加注重培养大学生的心理健康素质，思想政治教育主要是促进大学生思想道德素质的完善。但是两者在根本目标上是一致的，都是为了提升大学生的综合素质，为社会培养全面发展的人才。

再次，大学生心理健康教育和思想政治教育的内容也是相关的。虽然两者在内容方面各有侧重，但在根本上还是相关的，因为心理和思想是具有联系的。我们可以发现，现实生活中很多心理问题和思想问题是融合在一起的，很多思想问题背后具有复杂的心理因素。所以很多思想问题实质上是由心理障碍导致的，而且心理问题也会引发相关的思想问题。所以在高校教育教学中，通过一定的思想政治教育可以解决一部分心理问题，而一些思想问题也可以通过心理教育来解决。

最后，大学生心理健康教育与思想政治教育之间的功能是相辅相成的。大学生心理健康教育本身具有德育功能，良好的心理状态能够有效促进思想政治教育内容的传播，当大学生拥有良好的人生态度时，他们面对挫折时就会更加坚强勇敢。另外，思想政治教育还具有较强的心理调节功能。思想政治教育是我国的优秀传统，涵盖社会生活的多个领域和方面，在一定程度上能够起到心理健康教育的作用。心理健康教育本身就是非常有效的一种自我教育方法，在心理治疗方面非常实用。大多数人只看到思想政治教育的政治功能和社会价值，却忽视了思想政治教育本身的价值，并没有意识到思想政治教育对个体发展具有重要的推动作用。思想政治教育的作用与价值并不仅仅是帮助人们解决思想问题，还包括启发人们的思维，让人们学会如何思考。开展思想政治教育的最终目标之一就是实现人们心灵之间的相互对话和彼此之间的情感交流，这才是思想政治教育本身的价值，并不只是为了维护国家稳定。因此，高校在开展思想政治教育时，不能只意识到思想政治教育的政治功能，还需要发现思想政治教育的精神价值。

我国大学生心理健康教育的产生与思想政治教育在发展过程中面临的困惑具有一定关系，心理咨询的引入对新形势下我国开展思想政治教育具有一定的推动和促进作用。从目前我国高校大学生心理健康教育的现状来看，大学生心理健康教育要想实现进一步发展，离不开思想政治教育的支持和推动。

随着我国大学生心理健康教育的专业化发展，具有思想政治教育学背景的专业人员在心理咨询工作队伍中所占的比例逐渐提升。一方面，具有思想政治教育学科背景的相关教育人员能够通过专业系统的学习，掌握心理咨询技能，继而充实到心理咨询的专业队伍中。另一方面，大学生心理健康教育本身就包括心理咨询这一部分，在大学生心理健康教育体系下开展相关课程教学，如开展心理健康宣传活动、进行校园文化建设等，离不开思想政治教育工作人员的参与和帮助。从大学生自身的发展来看，不能忽视心理健康而只考虑学业发展，因为大学生心理健康是大学生综合素质的重要组成部分。在促进大学生发展的过程中，不能仅仅将注意力放在表层的学业问题上，还需要关注大学生更深层次的心理问题，如大学生个人的人生观、价值观和道德观。改革开放之后，心理咨询开始与思想政治教育工作取得联系，一方面，心理健康教育逐渐进入思想政治教育领域，成为思想政治教育的重要组成部分，不仅增加了思想政治教育的开展渠道，也让人们的一部分思想观念发生了变化。另一方面，越来越多的思想政治教育工作者开始参与心理咨询工作，这也是我国心理咨询发展与国外心理咨询发展存在差异的原因之一。他们使我国的心理咨询在内容、目标和方法等多方面都具有中国特色，而这正是我国培养人才的重要体现。因此，将思想政治教育与心理健康教育进行融合具有极大的优势，是我国开展大学生心理健康教育的重要一环。

在我国大学生心理健康教育领域，有三支教育教学队伍：第一支是以思想政治教育为学科背景的思想政治教育工作者；第二支是以心理学为学科背景的心理学教育工作者；第三支是以医学为学科背景的医务工作者。其实除了这些队伍之外，还有以教育学、社会学等其他学科为背景的教育教学队伍，但是他们所占的比例相对较小。在开展大学生心理健康教育的过程中，这三支基于不同学科背景发展起来的教育教学队伍对心理咨询有着不同的理解，在开展教育教学活动时也有不同的方式方法。其中以思想政治教育为学科背景的大学生心理健康教育工作队伍是我国大学生心理健康教育的特色所在。利用思想政治教育的相关模式开展心理咨询，需要遵循心理咨询本身的原则和方法，但同时又离不开思想政治教育模式特色的支持，使我国的大学生心理健康教育具有中国特色。

心理咨询是我国大学生心理健康教育的重要内容和重要开展方式，因此在开展大学生心理咨询时，需要保证正确的发展取向，坚持以发展性心理健康教育为主导。有很多人只是将心理咨询当作解决心理疾病的咨询，这对心理咨询来说是一种误解。在大学生心理健康教育中，从教育对象这一角度来看，我国大学生心理健康教育的对象主要是全体大学生，虽然与大学生心理因素相关的负面新闻层出不穷，而且部分学生的确存在一定的心理障碍，但是从大学生群体整体来看，存在心理问题的仍然只占很小的部分。而在教育目标方面，大学生心理健康教育的总目标是帮助大学生实现心理健康，有效提升大学生的心理素质，激发大学生的潜能。我们需要对大学生心理健康教育有全面科学的认知，尤其是要对心理健康教育的任务有所了解，这样才能为大学生的心理发展提供充足动力。

高校大学生心理健康教育还需要注重自我发展与社会发展相结合的取向。西方国家的心理咨询是建立在人性观念的基础上的，其更加注重人的个性发展及自由平等，崇尚实现自我发展。我国很多高校中的心理学专家对于西方心理咨询理论有所借鉴，他们在开展大学生心理健康教育时，侧重于实现大学生个体人格的发展。但是我国大学生心理健康教育的开展模式包括思想政治教育模式，这使得我国大学生心理健康教育教学队伍意识到社会发展的重要性，只有实现个体与社会的相互协调促进、全面发展，才能充分体现出我国大学生心理健康教育的价值。对于大学生群体而言，通过开展心理咨询，能够提升大学生的心理素质，激发大学生的潜能，帮助大学生进一步处理好自身与社会的关系，从而在社会发展过程中做出应有的贡献，这本身也是个人价值与社会价值的相互统一。人和社会本身就是相互依存的关系，在个人身心健康的基础上才能强调个人对社会的贡献，通过促进大学生实现自我价值进而推动社会发展的导向，正是以思想政治教育为基础的心理健康教育模式的优势所在。随着社会的不断发展，人们对个人社会价值的忽视越来越严重，这也让很多大学生在自我实现的过程中经常出现空虚与迷茫的情况。相关学者与专家在讨论大学生心理健康教育时，经常会考虑个人价值与社会发展之间的关系，只有在个人心理健康的基础上实现个人的全面发展，同时达到个人发展与社会发展的和谐，才算是真正实现了大学生心理健康发展。

也正因如此，我们需要强调思想道德素质在个体心理健康教育发展过程中的重要作用。心理健康教育来源于心理咨询，在心理咨询不断发展的过程中，逐渐产生了多种不同风格的理论流派，如有侧重于潜意识的精神分析理论，还有以行为为主的行为主义理论等。在我国大学生心理咨询与心理健康教育领域中，一方面，强调在心理咨询过程中需要建立良好的咨询与访问关系，要求咨询人员和来访者之间产生共情；另一方面，在不断的实践与探索中，人们又逐渐意识到个体道德素质与心理健康之间的联系，所以在大学生心理健康教育中，思想道德素质对个体心理健康发展的导向作用也越来越明显。思想道德素质的提升本身是思想政治教育的目标之一，而在大学生心理健康教育中，大家往往比较注重心理素质与心理健康之间的关系，而忽视了思想道德素质与心理健康之间的关系。然而良好的思想道德素质不仅包括世界观、人生观、价值观等内容，同时还包括爱国主义、集体主义等优秀思想。由此可见，良好的思想道德素质在个体心理健康发展的过程中，能够起到重要的调节与导向作用。

二、传统心理文化观念与时代精神的相互融合

（一）中国传统文化中的心理调适思想

儒家文化是中国传统文化的主流，在不断发展的过程中，给我国的医学带来了一定影响，同时儒文化中有非常丰富的心理治疗思想。儒家文化认为社会道德规范和社会准则是人的良知，如果违背这一思想，就会导致个人出现精神层面的困扰。这一思想在心理健康教育中的体现是教育者需要对来访者的心理问题进行理性分析，进而通过对来访者进行一定的引导，改变其原有的不合理认知，保证

其能够适应社会发展。道家思想则主张效法自然，追求人们心灵的解放，要求人们不要勉强去做违背自然规律的事情，做到顺应自然、返璞归真，摆脱复杂的人际关系，实现人的个体价值。通过对我国古代的心理治疗医案进行研究分析可以发现，我国古代的医学家在临床实践中就已经掌握了多种不同的心理治疗方法。这些方法虽然没有形成非常严格的理论和体系，但是仍然比西方的相关理论更早。如身心和谐的思想，告诉我们在治疗疾病的过程中不仅要治身，还要治心。我国古代的医学家认为七情紊乱是导致生病的重要因素，所以便在七情理论的基础上创造了情志相胜疗法。这一方法利用起因与症状相克的情绪试图取得治疗的目的，是我国传统心理治疗的独创方法，同时也是现代心理咨询与治疗理论可以继承的重要资源。

由此可见，虽然我国的传统文化并没有形成系统化的心理健康教育体系，但是其中仍然有很多理论和方法值得借鉴与应用，对于现代意义上的心理健康教育具有极大的促进作用。随着时代的不断发展，当今社会人们面临的心理问题和社会问题已经无法在传统社会中找到解决方案，因此我国的传统文化思想要想体现出应有的价值，就需要不断与时俱进。当代的心理健康教育也需要对我国的传统文化进行一定的继承，同时结合当代的时代特征，实现本土化发展。

（二）中国传统文化的现代化发展

中国传统文化的现代化发展并不是将传统文化中的相关要素进行重新排列组合，而是以社会发展为基础，从大学生心理健康教育出发，寻找当今时代能够与中国传统文化相结合的点，在此基础上进行创新。

如可以将入世进取与挫折教育进行一定的结合。热心救世、不屈不挠的入世精神是儒家文化中的重要观念，入世也是对社会价值、社会道德等思想的肯定。儒家思想认为每个人都具有入世的责任，而且经历苦难有利于实现个人的成长，孔子也认为应对挫折本身就是一种美德，并且告诉学生在遇到挫折时要学会坦然接受，不能耿耿于怀。只有不断提升个人的适应能力和承受能力，才能在任何处境、面对任何问题时，都能够发挥自身的潜能，保证自己的身心不受伤害。儒家思想有很多言论告诉我们，应保持坦然的心态，正确看待挫折，在遇到问题和困难时，要善于忍耐，顾全大局，只有这样才能实现不断发展。而且挫折本身就是中国传统文化中的一种重要思想，对于当今开展大学生挫折教育具有重要的借鉴意义。心理学认为挫折是个体在从事某些活动的过程中，因为遇到障碍和干扰导致个人目标无法实现而产生的紧张状态。在遇到挫折的时候，人们通常会呈现两种不同的表现。一种是将挫折转化为力量，继而拥有更加强烈的面对挫折的勇气。另一种则是面对挫折时产生畏惧心理，进而丧失面对挫折的勇气和信心，同时表现出烦躁、焦虑等情绪。随着我国高校改革的不断推进，大学生面临的竞争压力越来越大，同时大学生个人经验不足，情感比较脆弱，在多重压力下，很容易因受到挫折而出现过度的焦虑。这时，为大学生开展挫折教育就非常有必要。在开展挫折教育时，教育者需要通过有效的方式方法让大学生正确认识挫折，学会在遇到挫折时进行自我调整，有意识地对挫折可能造成的负面影响进行防范，始终保持健康的心理状态。我国传统文化中的"自强不息""富贵不能淫，贫贱不能移，威武不能屈"等思想，都是在开展挫折教育时可以利用的资源。总之，将入世进取与挫折教育进行一定的结合，既可以对我国传统文化思想进行借鉴，又能够为大学生挫折教育提供丰富的内涵。

对大学生开展心理健康教育还可以将孝道与感恩教育进行一定的结合。孝道是奉养父母的基本准则，在我国数千年的发展历史中，孝一直是中国人始终遵循的道德准则和行为规范，而这也对中华民族的生活习惯产生了重要的影响。古人对于孝道的理解非常丰富，但不管内容怎样变化，最终的目的都在于通过良好的亲子关系促进人格的发展，最终实现自我价值。从现代社会心理学的角度来看，推崇孝道文化不仅要求人们做到尊敬父母，同时还向人们传达了一种立身处世之道。传统文化中的孝道其实蕴含着非常强烈的感恩意识，感恩是指人们在发展过程中对那些有利于自己的人或物具有的感激与回报之情。如孝顺就是对父母的感恩。当然，感恩并不仅仅局限于父母亲情，现如今已经存在于人类社会的各种行为规范中。2004 年 11 月 1 日，南京大学校园里张贴了一封标题为"辛酸父亲给大学儿子"的公开信，这一封信控诉了当前大学生群体中的盲目攀比现象，越来越多的大学生只知道一味地向父母索取钱物，却不知道体谅父母，将当代大学生不讲孝道、不懂感恩的辛酸事实阐述了出来。现如今的大学生群体中，有少数大学生仍然存在不讲孝道、不懂感恩的情况，他们不理解父母、不尊重父母，对父母的给予视作理所当然。如 2021 年 9 月，沈阳理工大学的学生赫某因与同学发生矛盾，连捅同学数刀导致同学身亡的事情。在这一事件中，他不仅伤害了同学的性命，也葬送了自己的未来，最终留给父母的只有悲伤和债务，也给父母带来了其他的压力。

感恩是需要借助教育进行引导的，感恩教育并不仅仅是一种以德报德的道德教育，更重要的是通过教育和引导，激发大学生的情感，唤醒大学生的善良。激发大学生的感恩之心，不仅需要进行理性分析和教育，还需要实现心与心之间的交流与互动。孝道是中华民族几千年来的优秀传统美德，深深地渗透进人们的内心，以感恩教育为引导进行孝道教育，能够对大学生进行有效引导，唤醒大学生的感恩之心，让大学生体谅他人的艰辛和付出，最终成为一个常怀感恩之心的人。

三、西方心理健康及咨询理论与我国国情的相互结合

在我国大学生心理健康教育领域中，西方心理咨询理论和西方心理咨询的相关方法具有很大的优势。因为不同的文化之间具有一定的共通之处，所以西方心理学理论中的很多方法对于我们分析解决问题也具有一定的借鉴意义。我国是一个拥有数千年发展历史的文明古国，如何对西方的相关理论进行合理应用，并且将其逐渐渗透到高等教育中，解决大学生面临的实际心理问题，是高校需要考虑的重要问题。

（一）中西方文化心理的差异

文化世界是由人类创造的，但同时也对人类不断产生影响，进而使不同的国家和民族形成了不同的性格、心理和思维方式。这都表明文化会对人们的心理产生重要的影响作用。由于受到地理、历史等因素的影响，我国和西方文化之间存在较大的差异，这些差异也对我们的心理活动与行为习惯造成深远的影响。

首先，从价值观念来看，中国人与西方人的价值观念存在较大差异。在西方人的价值观念中，人们对于个体价值的实现和个体意义非常注重，而在我国的传统文化价值体系中，集体主义则是价值观念的核心。我国的文化不仅强调祖国和人民的利益高于个人利益，同时还强调个人的价值需要在一定的社会群体关系中才能够得到有效体现。个人取向和社会取向之间的鲜明对比充分表明了我国与西

方文化在心理教育上存在重大差异。美国在开展大学生心理健康教育时，强调大学生要注重自我实现，体现个性，而我国的大学生心理健康教育则强调大学生要具有社会责任，注重集体利益。在开展大学生心理健康教育时，东西方文化之间的价值观念差异是高校需要重点考虑的因素。

其次，从大学生的社会化发展倾向来看。中华优秀传统文化的不断发展和影响，使我国学生的人格必然与西方国家的学生存在差异。我国的教学基本模式主要是以学校为中心，学生在教育教学过程中处于被动的地位。另外，在我国社会化发展的过程中，人际关系是重要的内容，这也在一定程度上表明大学生需要具有良好的合作意识，合群是衡量大学生心理健康的一个重要标准。我国的大学生还需要具有强烈的社会责任意识，在面对利益冲突时，需要始终保持国家利益、集体利益高于个人利益的自觉。这些价值观与西方文化中强调的自我价值实现存在较大差异。

我们也可以发现，从西方文化背景中发展起来的心理咨询理论具有非常明显的西方本土性特征，同时还具有较强的文化相对性。从西方的心理咨询发展历程来看，西方心理咨询的相关理论与西方社会发展是息息相关的。从文化因素本身的影响来看，不同的对象出发角度不同，所以具有不同的观点。西方心理咨询理论是西方心理学家在西方文化的不断熏陶下最终得出的相关结论，因为文化本身的相对性，这些理论在其他的文化中并不一定适用。我们可以发现，心理发展离不开个体所在的文化教育环境，而一个人的心理发展状况与所处的社会文化背景具有非常密切的联系。具有数千年历史的中华优秀传统文化对中国大学生的思想产生了非常深远的影响。因此，西方的心理咨询方法和相关理论需要与我国的国情契合，只有这样才能保证心理咨询与大学生的心理特征相适应。

（二）在借鉴过程中实现发展与创新

我国大学生心理健康教育起源于西方的心理咨询，通过对西方心理健康与咨询的相关理论进行一定的学习和改良，从而实现不断发展。

首先，从心理咨询与借鉴的观念方面来看，西方国家的心理咨询是当代人必不可少的一种精神需求，人们不会将心理问题当作见不得人的事，也不会将在心理咨询人员面前剖析自己当作一件可耻的事情。在西方社会有很多人主动寻求心理咨询师帮助，即使没有什么心理问题的人，也非常希望能够与心理咨询师进行交流和沟通，从而让自己的心态得到调整，激发个人的潜能。但是在中国则有所不同，人们在解决心理问题时更习惯于将心理咨询当作一种医学治疗模式，认为进行心理咨询就是看病或者承认自己存在精神疾病。在我国高校中，大学生的思想观念越来越开放，也有越来越多的大学生对心理咨询的认知产生了改变，虽然仍然有一部分大学生不能正确认识心理咨询，也不愿意主动寻求心理咨询师的帮助，但是不得不承认，我国的大学生心理健康咨询已经获得了很好的发展。

其次，从心理咨询与借鉴的原则方面来看，我国大学生心理健康教育对西方心理咨询的引入，不仅停留在相关理论和方法的借鉴方面，同时也对西方的思维方式和教育理念进行了一定借鉴。在我国的教育教学活动中，长期以来都是应用传统的灌输方式，这种方式忽视了人的价值与实际需求，从根本上说不利于大学生主体性的发挥，还制约了大学生心理健康教育的实际效果。而西方的心理咨询中蕴含着新型的教育理念，本着发展、尊重、真诚、平等、共情等多种咨询原则，对我国大学生心理健康教育发展具有重要的启示作用。

最后，从心理咨询与借鉴的方法方面来看，心理咨询起源于西方国家并且有100多年的历史，在这个过程中，不论是在理论层面还是在实践层面，心理咨询都已经取得了一定的成就，并且在非常广泛的领域中得到了应用。心理咨询的方法非常多，心理咨询的相关理论也非常丰富，其大概可以划分为四个不同的方向，分别是以精神分析为基础的精神分析疗法、以行为主义为基础的行为疗法、以人本心理学为基础的人本疗法和以认知理论为基础的认知疗法。其中的精神分析疗法开创了心理咨询的先河，发展到今天已经取得了非常丰硕的成果，虽然其中有很多理论观点与当今时代并不相符，但是不得不承认其对当今的心理健康教育具有非常深远的影响。

虽然我国的大学生心理健康教育对西方很多的相关理论和方法进行了一定的借鉴，但是我们可以发现西方的相关理论大多是建立在人性观基础上的，非常强调个体的独立、自由与平等及自我价值的实现，这与我国文化强调的集体意识和社会责任存在明显的冲突。任何一种理论和方法都是在特定的环境以特定的问题为基础产生的，所以必然是能够解决相应问题的，但是如果想使用一种方法和理论来解决多种问题和心理现象，那是不现实的，也是不科学的。任何理论和方法都不可能做到面面俱到，尤其是面对错综复杂的心理问题，哪一种理论都有可能存在欠缺。而且相关事实也证明，我国的大学生心理健康教育本土化发展是以我国的国情为基础制定的发展策略，同时还具有弘扬中华民族优秀传统文化的作用，能够有效实现西方理论与我国国情的充分融合。

第二节　我国大学生心理健康教育专业化发展趋势

我国大学生心理健康教育已经拥有四十年左右的发展历程。在相关部门的共同推动下，我国大学生心理健康教育已经由原来的个体发展到团体，大学生心理健康教育已经实现了有效的普及，并且取得了很好的发展成果。但是如果我们对大学生心理健康教育的本质进行研究，可以发现和西方国家的心理咨询相比，我国的大学生心理健康教育仍然处于发展的初始阶段，同时还存在相关工作人员水平参差不齐、缺乏规范的行业管理准则、服务质量有待提升等多方面的问题。通过深入研究表明，目前我国大学生心理健康教育专业化程度不足是导致这些问题的主要原因。很多高校工作者认为目前高校的大学生心理健康教育存在明显的专业力量不足的问题，而且相关的教师也缺乏专业科学的训练，这些因素都对大学生心理健康教育发展产生了一定影响。如果没有充分的专业化发展，没有足够的教育、培训和监督，那么心理健康教育的开展就无法达到理想中的效果，甚至可能对咨询对象造成一定程度的伤害。

一、大学生心理健康教育专业化发展的内涵

专业是一个科学术语，同时也是一个不断变化的概念，主要是指部分知识含量较高的特殊职业。具体地讲，专业是指相关从业人员通过进行专门的教育和培训，从而比较熟练地掌握某一领域的专门知识和技术，并且能够按照相应的标准进行专业化处理的活动。人们掌握了专业知识和技术，便可以更好地解决相关的问题，进而促进社会进步。而专业化主要是指在相应的时期内逐渐满足专业性的标准，并且成为专门职业、获得专业地位的一个过程。

随着经济的发展及科学技术的不断进步，社会分工越来越细，社会职业的专业化已经成为当今时代发展的重要趋势，如医生、律师、工程师等职业，都需要经历专业化的发展过程。大学生心理健康教育是在高等教育不断改革及社会发展变化过程中，逐渐兴起的一门新的学科，专业性非常强。清华大学樊富珉教授表示，心理辅导是一项专业性非常强的工作，囊括教育学、心理学、社会学、医学等多门学科领域的内容。要从事大学生心理健康教育相关工作，必须经过专业的培训才能胜任，如果缺乏足够的能力和条件，是无法承担心理辅导工作的，甚至有可能会对求助者造成一定的心理伤害。很显然，高校的大学生心理健康教育属于专业化发展的职业范畴，对从业人员有着非常高的专业要求，对职业也有着非常严格的标准。

从当前我国大学生心理健康教育现状来看，心理健康教育的价值及社会地位已经在我国社会中得到了一定的认可，而且国家有关部门也颁布了很多相关文件，着重强调开展心理健康教育是当前形势下高校思想政治教育拓展的有效途径，也明确表示了大学生心理健康教育是高校大学生素质教育的一个重要组成部分。如果没有国家相关部门的支持和推动，我国大学生心理健康教育也无法取得如今的成就。在国家支持力度不断加大的同时，我们必须认识到大学生心理健康教育是一种专业性和科学性都非常强的工作，也需要系统化全面性专业理论的支持，同时邀请专业队伍开展教学，只有这样才能保证大学生心理健康教育实现可持续发展。要实现大学生心理健康教育的价值提升，优化大学生心理健康教育的效果，仅依靠相关部门的行政文件是无法顺利完成的。虽然相关的政策文件在这一过程中能够有效推进大学生心理健康教育工作在形势上的开展，却不能为大学生心理健康教育提供连绵不断的动力。因此只有实现专业化发展，才是推动大学生心理健康教育发展的根本。

综上所述，我国大学生心理健康教育的专业化是专业定位和教育队伍专业化发展双向结合的产物，在这一过程中，我们需要明确教育专业化发展是确定大学生心理健康教育专业地位的基础，如果没有专业的教育队伍和高质量的教学效果，那么心理健康教育的专业地位就是空谈。因此要推动大学生心理健康教育的专业化发展，需要积极进行心理健康教育队伍的专业化建设，并以此为基础带动大学生心理健康教育专业的构建，促进相关理论的不断丰富，进而不断提高大学生心理健康教育的质量与水准，充分体现大学生心理健康教育的价值，促进大学生心理健康教育的发展。

二、大学生心理健康教育专业化发展的策略

（一）树立专业化发展理念

心理咨询不是简单的聊天，心理健康教育也与一般的课程教育并不相同。在开展大学生心理健康教育时，需要按照行业的专业标准进行，并不是什么人都可以参与的。我国大学生心理健康教育之所以能够实现飞速发展，其中最重要的原因就在于能够始终保证专业性。所以，树立专业化发展理念是保证大学生心理健康教育实现专业化发展的重要前提。

但是，从实际情况来看，仍然有一部分工作人员缺乏专业的理念和知识技能，在工作过程中也是根据自身的感觉判断，忽略了心理健康教育的专业规范和科学性。很多高校会在大学生入学之后对大学生进行心理调查，从而建立心理档案，这一项工作的专业性比较强，涉及心理测试等非常专业的内容，但是部分高校在开展这项工作时只是简单地进行测试和记录，工作并不够严谨，甚至大多数时候只是做表面工作。大学生心理健康教育的专业化发展是一项长期的、持续性的工作，不能操之过急，在高校开展大学生心理健康教育时，如果缺乏专业的意识和严谨的态度，很有可能降低大学生的参与热情，也会使大学生丧失对高校大学生心理健康教育工作的信任，最终导致这一项工作的开展偏离正确方向。

心理咨询工作发展水平比较高的国家，已经将心理咨询工作看作一项高级的专业活动。以美国为例，其对于从业人员的学历和专业性非常重视，从事心理咨询的相关工作者大多是医生、教师、律师等专业人士，同时还需要他们拥有研究生以上的学历。我国的大学生心理健康教育从 20 世纪 80 年代发展至今，已经得到了极大普及，并且得到了很多专业人士的认可。在这一发展过程中，大学生心理健康教育工作中的专业理念一直都是不可忽视的一个重要因素，这也是制约我国大学生心理健康教育进一步发展的因素。在当今时代，想要推动大学生心理健康教育发展，离不开专业发展理念的支持，只有这样才能为大学生心理健康教育

提供充足的发展动力。

（二）组建专业的大学生心理健康教育队伍

从当前的大学生心理健康教育来看，专业的教师队伍建设是我国开展大学生心理健康教育的核心所在，只有不断加强教育队伍建设，才能带动相关工作的开展，进而有效提升大学生心理健康教育的质量与水准。从我国相关的政策文件来看，高校的教职工肩负着引导大学生实现健康发展的重要责任，同时还需要根据大学生的思想动态，保证学校的相关工作与大学生心理健康教育进行有效融合。大学生心理健康教育队伍不仅要接受过专业的教育和培训，还要具有相关的从业资格，只有这样才具有为大学生开展心理辅导的资格。但是我国的大学生心理健康教育起步相对较晚，整体师资力量相对比较薄弱，不论是相关工作人员的数量还是整体质量，都与发达国家存在较大的差距，这也是我国大学生心理健康教育发展必须解决的重要问题。

从我国大学生心理健康教育队伍的人员构成来看，存在心理学教育背景、思想政治教育背景、医学教育背景等不同学科相互碰撞的复杂局面，这既是我国大学生心理健康教育具有的特色，同时也暴露了专业性不足的问题。但是随着人们对大学生心理健康教育的了解越来越深入，以及大学生心理健康教育工作实现了一定的拓展，人们对于什么专业的人可以从事这一工作的问题已经变得更加开放，甚至我们必须承认，不同学科背景的相关人员在从事这一工作时具有相对应的专业优势。所以我们不能再以西方国家的标准对我国的大学生心理健康教育工作人员进行衡量，也不能将从事这一工作的人员固定地局限在某一个或者某几个专业中。我国大学生心理健康教育的从业人员需要以我国的国情为基础进行选择，但是仍然需要接受过专业的、正规的、系统化的教育与培训，只有这样才能充分掌握、利用好相关的专业知识，从而更好地帮助大学生解决心理问题。是否接受过正规系统化的专业训练，是否有能力为大学生提供专业服务，已经成为衡量高校大学生心理健康教育队伍专业化发展的重要指标。

根据国际标准，专业系统化的培训主要包括四个方面，分别是理论学习、从业人员自身的素质与修养、心理辅导的方法和技巧训练及实习。但是我国大学生心理健康教育队伍则有所不同，主要是以以下三方面内容为主：第一个方面是理论知识学习，即通过专业的教育和培训，掌握系统化的理论知识，这是组成大学生心理健康教育队伍的基础；第二个方面是实践操作能力的培训，这要求我国的大学生心理健康教育工作人员掌握成熟的实践操作能力，在帮助大学生解决心理问题时，能够根据大学生的心理特征为大学生提供相对应的方法，进而有效帮助大学生消除心理压力；第三个方面是职业道德修养，从事大学生心理健康教育工作，不仅需要拥有专业的知识与技能，还需要具有较高的职业道德修养，而这也是大学生心理健康教育工作者必须具备的素养。在美国，所有的心理咨询师都必须遵守相关法律和道德准则，如果违背这些准则，不仅会失去职业资格，甚至还有可能遭受法律诉讼。

总的来说，心理咨询和大学生心理健康教育工作的专业性非常高，所以对于心理健康教育工作者也有着较高的要求，他们不仅需要拥有专业的知识，接受过专业的训练，同时还需要不断地进行实践和思考，只有这样才能为开展大学生心理健康教育提供有效保证。现如今，督导制度已经在大学生心理健康教育队伍中实行，这为心理健康教育队伍的专业化发展提供了一定的保障。督导制度是指由专业人士组成督导小组，定期在高校中对心理咨询人员进行指导和督查的制度。如果心理咨询的相关工作人员在工作过程中遇到了问题，可以与督导小组进行联系，在其指导下解决相关问题。但是督导制度在我国高校中的应用还有所欠缺，效果并不明显，因此高校仍然需要将专业工作人员能力的提升放在重要位置。

（三）进行科学的教育评估

世界卫生组织出版的《健康教育服务的计划和评价》认为健康教育评价是对健康教育活动方案及实施进行全面审核的过程，也就是指对是否达到目标、是否合理、完成进度、完成质量等多个方面的满意度进行判断和衡量。基于这一界定，可以认为心理健康教育评价就是使用统一制定的评价标准、运用科学的方法对心理健康教育目标、过程和效果等内容进行评判的一个过程。科学的健康教育评价是增强心理健康教育的重要手段，也是促进我国大学生心理健康教育专业化发展的保证。美国心理学家格林和西蒙斯将健康教育评价的内容划分为四个不同的方面，分别是对计划准备工作的评价、对教育活动设计和实施过程的评价、对近期效果的评价、对健康教育目标体系的评价。分别从四个不同的角度出发，涵盖了心理健康教育的整个过程。因此，我国大学生心理健康教育评价也可以从以下四个方面开展。

首先，对心理健康教育目标体系进行评估。心理健康教育的目标不仅是高校开展大学生心理健康教育的依据，还能为大学生心理健康教育的开展提供重要的指标。在进行教育目标设计时，需要保证教育目标符合我国大学生素质教育的总体目标，同时又要体现出心理健康教育的特色。最重要的是心理健康教育目标的设置不能假大空，要符合大学生的实际心理健康状态，在符合大学生心理素质发展的基础上推进教育活动的开展。由此可知，针对心理健康教育目标体系的评估，需要考虑目标构建的科学性与合理性，同时还要考虑到层次性和阶段性。

其次，对准备工作进行评估。大学生心理健康教育准备工作的评估主要包括高校心理健康教育的计划是否符合不同年龄、不同水平大学生的心理特征；心理健康教育计划是否能够体现出高校心理健康教育发展的总体目标；心理健康教育计划制定的方案是否具体可行等多个方面。

再次，对心理健康教育工作实施过程进行评估。对实施过程的评估主要包括心理健康教育实施过程中组织协调工作的基本状况；心理健康教育工作人员的培训和教育，如人员比例、人员的提升等；还有心理健康教育实施过程中使用的教学内容、教学材料、教学方法等方面。

最后，对短期内效果进行评估。当心理健康教育实施了一段时间之后，必然会取得一定的效果，这时需要通过对大学生心理素质变化情况进行一定的观察和测量，从而对大学生心理健康教育活动的效果进行一定的评估。这一部分的评价内容主要包括大学生对心理健康教育知识及技能的掌握情况、大学生对心理健康问题的认知变化等。

我国大学生心理健康教育评价一直都是一个薄弱环节，不仅缺少专业的理论作为指导，同时在教育评价过程中还存在一定的不良发展倾向，如过度重视外在形势。我国学者莫雷认为，在对心理健康教育进行评价时，不仅要从外在条件等方面进行判断，还要对心理健康教育的内在特征进行考虑。如果仅仅看到心理健康教育设备齐全、环境舒适、资料丰富，就认为心理健康教育工作开展得很好是不科学的，最重要的是要从大学生的角度出发，考虑大学生的心理素质是否通过相关教育活动有所提升，并且判断大学生的心理问题解决能力是否提升，这才是对心理健康教育进行判断的有效方式。在对大学生心理健康教育进行评价时，需要从四个不同的维度进行综合评价，对评价内容进行有效权衡，并且保证咨询工作的实际效果，在发现咨询工作存在不科学问题时，能够及时进行改正。

第三节　我国大学生心理健康教育综合化发展趋势

大学生心理健康教育本身就是多层次、多领域、综合性发展的系统教育工程，因此在高校开展大学生心理健康教育时，需要促进心理健康教育的综合化发展。

一、大学生心理健康教育综合化发展的内涵

大学生心理健康教育综合化发展的内涵主要是指教育目标的完善、教育内容的丰富及教育功能的拓展。

（一）教育目标的完善

大学生心理健康教育是一项有组织、有目的、有计划的教育活动，不断完善教育目标是大学生心理健康教育中的一项重要工作，目标制定情况甚至会对大学生心理健康教育后续工作产生一定的影响，因此，这一项工作在整个心理健康教育中处于核心地位。同时大学生心理健康教育目标的构建会受到多种因素的共同影响，在进行大学生心理健康教育目标制定时，需要保证目标符合素质教育的主要方向，还要体现出对大学生的人文关怀。具体来说，大学生心理健康教育的内容需要从大学生个体差异出发，尽可能满足不同大学生的心理发展需求。因此，大学生心理健康教育目标是既能够反映时代发展需求，也能够满足大学生个体发展的综合体系。

大学生心理健康教育目标既包括总目标，也包括在总目标引领下的具体目标。首先，为了保证大学生心理健康教育与我国教育发展趋势的一致性，在教学过程中，应保证总目标与国家要求相吻合，只有这样才能体现出大学生心理健康教育目标的具体内容。而具体目标则是总目标的细化和具体展现。我们可以发现，大学生心理健康教育的具体目标是非常多样化的，如帮助大学生解决失眠问题、改

变大学生的不良习惯、提升大学生的适应能力等。通过分析总结，大学生心理健康教育的具体目标可以分为几个不同的层次。第一个层次是心理健康教育的初级目标，如帮助大学生预防心理问题、促进大学生心理健康发展，这一层次的目标在大学生发展过程中能够有效帮助其缓解在学习和生活中出现的心理问题和心理矛盾，通过开展相对应的心理健康教育活动，能够提升大学生的心理健康意识，让大学生对心理健康的相关知识有所了解，从而更好地进行预防和识别。第二个层次是心理健康的中级目标，如提升大学生的心理品质和适应能力。这一层次的目标能够有效提升大学生的适应能力，使其在面对生活中的各种变化时表现出相对积极的心理和行为，并且在与他人相处的过程中表现出比较积极的心态。第三个层次是心理健康教育的高级目标，也就是开发大学生的心理潜能，促进大学生自我价值的实现。现代心理学的相关研究表明，人的心理潜能还远远没有得到充分的开发与利用，因此我国大学生心理健康教育需要通过开展相应的教育活动，帮助大学生预防和解决相关心理问题，同时逐渐提升大学生的心理素质，激发大学生的心理潜能。

但是从现实情况来看，我国高校的大学生心理健康教育仍然是以矫治性目标为主，也就是帮助大学生解决已出现的心理问题，为大学生提供有针对性的心理援助，等等。这一目标的核心就在于针对那些存在心理问题的大学生，为他们提供有针对性的服务。而对于绝大多数不存在心理问题的大学生，相应的教育和活动较为匮乏，这不利于大学生心理素质的发展与提升。由此可见，我国大学生心理健康教育的目标仍然停留在初级目标阶段，忽视了更高层次的发展。低层次的目标实现，仅仅是在数量与外在形势上促进了大学生心理健康教育的发展，无法有效提升我国大学生心理教育的质量。随着我国大学生心理健康教育事业的不断发展，高校对大学生心理健康教育的本质逐渐有所了解，同时也在不断尝试从目标层面实现突破，最终实现目标的完善。

（二）教育内容的丰富

大学生心理健康教育内容的确定既有主观性，也有客观性。大学生心理健康教育的目标、任务等决定了教育内容的客观性，但对心理咨询和心理健康教育的认识主观性较强，决定了在内容选择方面必然存在一定的主观性。基于此，大学生心理健康教育的划分方式是非常多样化的。从横向的角度进行划分，可以分为人生观与心理健康、学习与心理健康、自我意识与心理健康、人际交往与心理健康、挫折与心理健康等多方面内容。从纵向的角度来看，则可以根据心理健康状况表现将其划分为不同的层次：一是心理疾病咨询内容，主要帮助大学生解决心理问题、消除心理障碍，有针对性地提供对策、解决心理危机；二是情绪适应相关内容，咨询者会因为各种因素而呈现出适应不良的情况，这时他们就希望通过这样的方式得到心理帮助；三是心理发展内容，咨询者希望通过参与相应的大学生心理健康教育，提升个人的能力和心理素质。在新时代开展大学生心理健康教育工作，不仅需要积极进行心理健康知识的普及，让大学生逐渐对心理健康有所认识，同时还需要帮助大学生树立良好的心理健康意识。另外，还要向大学生介绍一些促进心理健康的方法，让大学生掌握学习方法，从而形成良好的学习习惯，不断激发个人潜能。通过推进大学生心理健康教育工作的开展，能够让大学生有效提升自我心理调适能力，进而消除存在的心理疑惑，也可以提升应对挫折的能力。

总体而言，大学生心理健康教育内容包括心理健康教育基本知识的普及，也包括心理调适方法的传授，还包括对大学生潜能的激发，以及大学生心理素质的发展等多方面内容。但是从我国当前大学生心理健康教育的实际情况来看，更多的内容偏向心理学基础知识的介绍和传播，以及心理问题的解决、大学生心理品质的培养等。对于大学生个人潜能的开发和发展等相关内容则有所忽略，在内容取向方面存在一定的偏颇。通过对心理健康教育相关内容进行完善，能够有效促进大学生心理健康发展。完善的心理健康教育内容也是心理健康教育取得成效的保证。从当今时代的发展趋势来看，随着人们对大学生心理健康教育认识的不断提升，教育内容的发展与完善已经成为大学生心理健康教育专业化发展过程中的一项重要任务。这一点对于我国大学生心理健康教育的开展方向具有重要引导作用，同时也是保证我国大学生心理健康教育始终具有生命力的重要因素。

（三）教育功能的拓展

心理健康教育功能是大学生心理健康教育本质的一种外在体现，通过对心理健康教育功能进行认识和研究，有利于帮助我们全面地把握大学生心理健康教育的本质和内涵。从大学生心理健康教育的目标与内容来看，教育功能可分为三个层次，初级功能是防治不同的心理问题；中级功能是提升大学生的心理适应能力；高级功能则是开发大学生的潜能，实现大学生的个人价值。这三种不同层次的功能分别体现了大学生心理健康教育的不同价值取向：问题解决型、生活适应型和发展促进型。同时这三种不同的价值取向又分别体现出大学生心理健康教育队伍中不同人的不同理解。

在开展大学生心理健康教育时，我们首先需要认识到心理健康教育的对象是人，而目的是解决人的心理问题、优化人的心理品质、开发人的心理潜能、促进人的综合素质发展。所以，在开展心理健康教育时，始终要将促进个人发展的相关功能放在重要位置，如在开展心理咨询时，要注重来访者的体验感，保证咨询活动能够有效帮助到来访者。当然，这并不代表在开展大学生心理健康教育时，就要忽视心理健康教育应有的社会性功能，其实这两者的功能是相互协调统一的。心理健康教育活动在促进大学生心理发展和人格发展的过程中也在无形中促进了人际关系的和谐发展，以及社会的稳定与进步。由此可见，开展大学生心理健康教育不能仅仅停留在教育对象的心理问题方面，而需要在此基础上不断拓展，心理健康教育的目标对于社会主义和谐社会的构建有着重要的推动与促进作用。

从我国当前阶段的大学生心理健康教育实践来看，除了少数心理健康教育工作成绩比较突出之外，大多数心理健康教育工作的功能仍然停留在初级层面，再加上部分功能存在一定的间接性，所以并没有得到人们的普遍认可。但大学生心理健康教育的各项功能并不是孤立存在的，彼此之间相互联系。如个体性功能的核心就在于人们为了实现自我发展，必然会在这一过程中遵循一定的规范，否则就会在自我发展的过程中与他人产生矛盾，进而引发心理问题。所以社会性功能的实现需要建立在与个体性功能相互协调的基础上，因此，心理健康教育功能中的不同层次，在本质上是一致的。个体性功能就是前文提到的对于学生个人发展的三个层次的功能，社会性功能就是个体性功能的总和。

二、大学生心理健康教育综合化发展的策略

大学生心理素质的发展是一个涉及多方面的系统化过程，在这一过程中，仅

仅依靠高校的心理健康教育是远远不够的，只有从多角度出发，才能实现心理健康教育的综合化发展。

（一）教育体系网络化

现如今，心理健康教育已经拥有了一套非常系统化的教育体系，同时教育观念也在不断更新。基于此，心理健康教育已经逐渐渗透到很多不同的领域中，也成为每一位大学生追求个人身心发展的重要需求，在促进大学生心理健康发展的过程中有着非常重要的作用，并且成为高校工作的有机组成部分。通过相关的调查研究发现我国大学生心理健康教育已经逐渐形成由校到系再到班的三级网络体系，包括：以心理咨询为核心的校级网络，由辅导员组成的系级网络和班级内部以选拔而来的学生志愿者为主的班级网络。校级网络是核心，能够对不同层级的心理健康教育辅导工作进行整合，借助网络这一连接点，帮助大学生解决各种实际问题。校级网络体系的整体规划和系级、班级中的工作人员培养是整个网络体系构建的重点与难点。从我国当前大学生心理健康教育开展实际情况来看，三级网络体系仍然属于理论层面的构想，在现实中的应用与实现难度非常高，但这是我国大学生心理健康教育综合化发展的趋势。在对高校大学生心理辅导模式进行探索时，需要从学校的整体情况出发进行考虑，注重不同部门和员工之间的联系，防止资源缺失。

大学生心理健康教育是由学校、家庭、社会等多方资源共同构成的综合教育体系，在这一综合教育体系中，学校的心理健康教育是影响大学生心理素质发展的重要因素，同时家庭和社会也发挥着非常重要的作用。在大学阶段，学校是大学生进行学习和生活的重要场所，但是学校的环境并不封闭，也会受社会、家庭等因素影响。所以大学生群体中存在的很多心理问题往往与家庭因素具有一定的联系，而且这些问题的解决还极大地依赖家庭的支持与配合。从社会影响方面来看，我们也需要意识到部分大学生存在的心理问题与社会因素具有重要的关联。我国正处于社会主义市场经济快速发展的阶段，人们的思想意识和道德观念都在改革开放的作用下发生了极大的改变。同时较大的就业压力、学习压力导致大学生在不同程度上出现信念模糊、心理失衡等问题。要帮助大学生缓解心理压力，离不开国家与社会的帮助，否则很难取得很好的成效。在为大学生开展心理健康教育时，还需要与专业机构进行合作，保证大学生心理健康教育朝着专业化方向不断发展。当然，专业化的发展进程，不是一两天就可以完成的，而且很多心理问题的治疗也不是通过言语交流就能够完全解决的，还需要配合一定的医疗手段，只有这样才能取得更好的治疗效果。一些因为心理问题造成的恶性事件产生的负面影响会对大学生心理健康教育造成猛烈的冲击，再加上目前我国大学生心理健康教育的整体水平相对较低，所以解决这些问题还具有一定的难度，因此更需要与专业机构积极保持联系，使大学生的心理问题得到专业的治疗。总而言之，大学生心理健康教育工作的顺利开展，离不开家庭、社会的全面支持，只有保证家庭、学校、社会三者之间的合作，才能构建起大学生心理健康教育体系的网络。

一些心理健康教育发展水平相对较高的国家，其心理健康教育服务都是建立在合作基础之上的，通过对地方资源、地方设备等进行有效整合，建立起相对完善的综合教育体制。在 20 世纪 80 年代初期，美国的高校心理健康教育就掀起了一股综合性发展浪潮，在这一股浪潮的推动下，美国的大学生心理健康教育逐渐呈现出综合化发展趋势。在当今时代，我国也需要意识到大学生心理健康教育工作仅仅依靠学校是不够的，还需要寻求多方力量的共同支持，只有这样才能保证大学生心理健康教育的效果进一步强化。

（二）教育参与全员化

保证全员参与大学生心理健康教育也是促进大学生心理健康教育体系网络化发展的必然要求。教育部颁发的《关于进一步加强和改进大学生心理健康教育的意见》中明确强调，不仅需要建设一支以专职教师为主、专兼结合、专业互补、相对稳定、素质较高的大学生心理健康教育工作队伍，同时还需要高校所有的教职工都肩负起引导大学生健康成长的责任，在学习和生活中对大学生群体进行仔细观察，把握好大学生个人的心理动态和心理状况，有意识地对大学生进行引导。由此可见，在高校大学生心理健康教育中，不仅需要组建专业的心理健康教育工作队伍，还需要联系广大的教职工，充分发挥他们的辅助作用。

在大学生心理健康教育全员化的综合发展过程中，学校领导的重视和支持是非常重要的，只有得到学校领导的支持，才能保证大学生心理健康教育的各项工作稳定进行，如教育经费的下拨、咨询机构的建设等，这些都是需要学校各个部门相互协调合作才能有效完成的工作。高校大学生心理健康教育工作需要有一位专业的主管人员进行领导，对大学生心理健康教育工作进行统筹协调，落到实处。大学生心理健康教育是一项专业性非常强的工作，如果没有专业的工作人员提供指导和技术支持，其专业化发展就无法得到保障。除了专业的工作人员之外，高校还需要重视学校辅导员、班主任的参与，因为辅导员和班主任与学生群体长期工作生活在一起，彼此联系比较紧密，他们更熟悉大学生的心理特征和行为方式，能够及时准确地发现大学生存在的心理问题。与此同时，他们的责任心和工作热情也比较强，具有非常丰富的与学生交流的经验，因此在开展工作时能够更好地发挥桥梁作用。当然也需要积极向广大的教职工进行专业知识的宣传，让他们掌握一定的专业知识和专业技能，在日常的教学和服务工作中，将心理健康教育的相关知识和观念融入实际工作中。另外，在学校内部还需要积极进行校园环境建设，改善和制定规范完善的学校管理制度，这些都会在潜移默化中对大学生产生影响。而对于大学生群体来说，他们自己也需要不断地学习，提升个人的心理素质，在无形中激发自身潜能。同学之间也需要相互帮助，及时发现自己与其他同学身上的问题，并且向教师和相关工作者进行反馈，运用多样化的方式提升心理健康教育的实效性。

我国香港特别行政区的大学生心理辅导工作在全员参与方面已经取得了极大的成效，并且香港的高校强调每一位教职工都要具有育人意识，他们会根据工作特点，参与大学生发展过程。此外，香港特别行政区的高校还会为教职工提供参与培养大学生的机会，让他们从各种活动中体会到促进大学生发展的意义。香港特别行政区高校的这些做法值得我们参考学习。

（三）教育阶段全程化

在不同的大学阶段，大学生面临的心理问题存在一定的差异和规律性。如大一阶段的大学生面临的主要心理问题就是适应问题，所以在为大一学生开展心理健康教育时，需要积极进行心理适应教育，让大学生对环境有清楚的认识，从而更好地适应陌生环境。大二、大三阶段的大学生主要是以学习、人际交往为主，他们会出现的心理问题主要是发展性心理问题，在这一阶段开展大学生心理健教育，主要是培养大学生的人际交往能力，帮助大学生树立正确的价值观念，促进个人成长与发展。而对于即将毕业的大四学生来说，他们面临的主要问题是求职和走向社会，所以在这一阶段需要提升他们的承受能力和应对挫折的能力，同时培养他们的竞争意识和社会责任感，为他们进入社会做好准备。在开展大学生心理健康教育时，需要了解不同阶段的大学生及不同学生的心理需求。高校在开展大学生心理健康教育的整个过程中，要有针对性地对不同年级的大学生开展不同的心理健康教育。在不同的阶段，相关的工作人员还需要制定阶段性的目标，保证目标与大学生发展需求相适应，只有这样才能体现出大学生心理健康教育全程化发展的趋势与特点。

第八章　我国大学生心理健康教育存在的问题及原因

改革开放至今，我国大学生心理健康教育取得了极大的发展，但是由于起步相对较晚，再加上其他因素的影响，我国大学生心理健康教育仍存在很多问题。如果不能对这些问题进行深入分析，必然会对大学生心理健康发展造成一定的影响。为了对大学生心理健康教育的问题进行调研，笔者在全国多所高校进行了问卷调查，共发放调查问卷 1600 份，收回有效调查问卷 1560 份。与此同时，笔者还对部分存在心理问题的大学生进行了访谈，根据相关访谈结果对大学生心理健康教育存在的问题和原因进行了总结。

第一节　我国大学生心理健康教育存在的问题

通过研究发现，改革开放至今，我国大学生心理健康教育存在的问题主要集中在管理方面、与思想政治教育结合方面、课程设置方面及师资队伍建设方面。

一、管理方面：工作管理体系冗杂

要想有效提升大学生心理健康教育工作的实效性，离不开高效顺畅的科学管理体系。只有保证工作管理体系的科学合理，明确工作体系内部不同人员的职责，建立完善的工作系统，才能为大学生心理健康教育工作的开展打好基础。通过调查研究可以发现，目前我国大学生心理健康教育工作在管理方面存在组织结构错位、不同岗位责任不明、管理机制不够完善等问题。

（一）组织结构错位

通过调查研究可以发现，我国高校大学生心理健康教育工作中的管理组织结构主要包括三种不同的形势，分别是包容式、并列式和独立式，这些方式在大学生心理健康教育机构中得到了非常广泛的应用。包容式主要是将大学生心理健康教育与思想政治教育结合开展的方式，而并列式和独立式这两种方式则存在一定的问题。

并列式是指高校在开展大学生心理健康教育工作时，依托教务、科研等部门，与学工部并列存在，由副校长进行领导开展的一种方式，这种组织结构在高校中存在的比例超过了 10%。但是并列式的结构存在一定不足之处。首先，弱化了大学生心理健康教育，也让大学生心理健康教育与思想政治教育之间的关系越来越疏远，无法直接为大学生思想政治教育工作提供有效的协助作用。其次，高校大学生心理健康教育的任务无法有效实现，高校在开展大学生心理健康教育时，构建的心理健康教育中心需要以高校的某一职能部门为基础，同时还需要这一部门的工作内容与大学生心理健康教育具有一定关联，只有这样才能保证大学生心理健康教育工作的有效开展。也正因此导致很多高校的心理健康教育工作人员同时也是高校教务处、科研部门的工作人员，极大地影响了对大学生心理健康教育工作的管理。

独立式是指高校的大学生心理健康教育不依赖任何部门，由高校的心理健康教育教师自行管理。在调查过程中发现，使用独立式组织结构的高校所占比例超过了 37%。准确来说，这种管理模式虽然看起来独立自主，但是没有与思想政治教育工作进行有机融合，导致大学生心理健康教育工作缺乏专业性。而且在高校中也没有管理部门直接对其进行管理，很多高校的大学生心理健康教育工作徒有其表，并没有与思想政治教育进行深入融合。如果高校设立独立的大学生心理健康教育部门，那高校内部所有与大学生心理健康相关的工作就应该都由该部门负责，这样一来心理健康教育中心的专业化资源就会局限在固定的范围内，无法充分发挥其应有作用。另外，由于高校的工作比较复杂，导致心理健康教育部门工作人员忙于应付高校安排的各项任务，无法全身心地投入大学生心理健康教育工作中，大学生心理素质提升、实现思想政治教育效果等任务也就无法有效完成。由此可见，独立式的管理组织结构会导致该部门被各种繁杂的事务牵制，进而影响心理健康教育的专业性发挥。

（二）不同岗位责任不明

大学生心理健康教育工作内部岗位职责模糊也是学校管理组织错位的一个具

体表现。学校中并列式模式和独立式模式的存在，使大学生心理健康教育工作人员往往被不同的部门领导与管理，这就导致他们的工作内容过于复杂混乱，进而影响大学生心理健康教育工作的开展。

大学生心理健康教育工作岗位职责模糊的问题主要体现在两个不同的方面。

第一个方面是过度强调心理咨询为核心的治疗倾向。在独立式的管理组织模式下，心理健康教育中心需要协调其他不同部门开展相应的工作和任务，需要积极配合其他部门开展各项工作，这就会导致心理健康教育中心的资源被其他部门过度利用。有的高校在进行心理健康教育工作测评时，会将咨询任务的完成量当作一个重要的标准，进而来衡量心理健康教育教师的工作情况。这样一来就会导致高校大学生心理健康教育工作忽视大学生的心理素质，将心理咨询当作工作重点。过度强调心理咨询无疑会导致学校的大学生心理健康教育工作过于肤浅和片面，甚至脱离大学生的实际心理需求，对于提升大学生整体心理素质并没有太大的作用与效果。

第二个方面是大学生心理健康教育万能化的岗位倾向，这一类型的高校在开展大学生心理健康教育时会过度夸大心理健康教育的作用，甚至认为心理健康教育就是解决大学生所有问题的钥匙，包括大学生存在的学习障碍、行为异常等，都被归结为心理问题，并且让心理健康教育中心负责解决。有人认为，心理健康教育是杜绝大学生抑郁和轻生的有效方法，当大学生存在心理问题或者想要轻生时，就会追究心理健康教育中心的责任，甚至有的高校将是否有大学生轻生当作大学生心理健康教育的考核标准。高校中的大学生心理健康教育职责被过分夸大，导致工作的目标过于模糊，甚至忽略了大多数普通大学生的发展需求，而且高校的大学生心理健康教育也没有充分融入大学生素质培养和大学生的全面发展中。

（三）管理机制不完善

高校大学生心理健康教育还存在管理机制与保障机制不完善的问题，这类问题也在一定程度上对大学生心理健康教育工作的开展造成了影响。

指导机制是高校开展大学生心理健康教育的主要方式，也是高校运用政策、制度和培训等方式对大学生进行心理健康教育的一种特殊机制。但是从目前情况来看，很多高校没有比较健全的心理健康教育指导机制。首先，高校大学生心理健康教育缺乏科学的规划和指导，心理健康教育工作只是高校教师在相关的课程中提到过，没有科学的规划。其次，缺乏心理健康教育工作制度的指导。在本次调查研究中发现，很多高校的相关制度只有整体框架，没有具体的工作制度设计和安排，所以不能为具体的工作开展提供有效保障。

除了指导机制缺乏之外，保障机制不完善也是一个重要的问题。保障机制能够为大学生心理健康教育工作提供物质和精神保障。但是高校心理健康教育工作缺乏充足的经费和预算，甚至部分高校在开展大学生心理健康教育工作时仍然需要从德育经费中划经费，没有对两者的资金投入进行有效区分。高校心理健康教育经费的申请程序非常复杂，而且心理健康教育经费大多会纳入德育经费中，这就使得心理健康教育经费的开支进一步减少，在开展大学生心理健康教育活动时，经常会出现心理健康教育中心申请拨款延迟发放的情况，最终延误了活动开展的时机。

二、结合层面：大学生心理健康教育与思想政治教育结合不足

促进大学生心理健康教育与思想政治教育之间的融合，是我国开展大学生心理健康教育的特色方式，更是促进大学生心理健康教育中国化发展的关键。从我国实行改革开放至今的发展历程中，思想政治教育有效促进了心理健康教育在我国高校中的应用和发展，使心理健康教育在我国高校中得到众多大学生的认可。但是在高校开展大学生心理健康教育时，两者的融合并不充分，具体体现在以下几个方面。

（一）观念结合不充分

在高校大学生心理健康教育中，心理咨询和思想政治教育之间的观念结合并不充分。通过调查发现，门诊室的治疗模式是高校开展大学生心理健康教育的主要模式。大多数高校在为大学生开展心理咨询时，主要是对西方的传统咨询方式进行模仿，精神分析法、行为主义疗法等仍然是目前高校中使用的主要方式。而且部分心理健康教育教师在开展心理咨询时，还存在抵触马克思主义理论的观念，只是错误地进行思想灌输，这样的方法很显然并不适合心理咨询和心理健康教育的开展。思想政治教育提倡通过"润物细无声"的教育方式对大学生进行引导，

在无形中占领大学生思想发展的主要阵地，进而获得更好的开展教育的时机。在开展大学生心理健康教育时，需要与思想政治教育进行一定的结合，积极对大学生进行引导，让大学生更加主动地参与心理咨询，从而帮助大学生解决心理问题。

也有一部分高校在开展大学生心理健康教育时，无法与思想政治教育中的三观塑造进行融合，仍然是以帮助大学生恢复正常的认知和感情状态为主，这就让大学生在学习与工作的过程中不能正确地获取社会主流认知，也就无法帮助大学生更好地融入社会，促进大学生的心理成长与发展。甚至有的高校将心理健康教育与思想政治教育完全隔离开，认为心理健康教育的目的就是纠正大学生的心理偏差，解决大学生的心理问题，而忽视了大学生心理健康教育对大学生心理成长具有的促进作用。因此在开展大学生心理健康教育时，需要将其与思想政治教育中正确的价值观念进行融合，在帮助大学生解决心理问题的同时，对大学生进行价值观的引导，促进大学生的心理发展。

（二）内容结合不充分

除了观念之外，大学生心理健康教育的内容与思想政治教育的融合也不够充分。目前来说，高校大学生心理健康教育主要是以心理健康知识解决心理问题的方法、心理调适的方法等内容为主，提升大学生心理素质的内容并不多。高校中很多教师会选择以适应社会和人际交往的相关知识作为主要内容对大学生进行教育，而与中国国情相适应的爱国主义和国家价值观，却没有充分融入大学生心理健康教育中。很多教师错误地认为与意识形态相关的内容并不能作为心理健康教育的内容进行教学。但我们需要意识到，在我国，政治生活和党的建设与大学生之间有着密切的联系，而且大学生党员的数量也在逐渐增多，甚至有一部分大学生群体能够直接参与全国人大代表选举，他们与国家和社会的发展方向也具有密切联系。换句话说，国家未来朝什么样的方向发展，会对大学生未来的成长环境及未来的生活产生重要影响，所以高校在开展大学生心理健康教育时，需要将大学生心理健康教育的相关内容与爱国主义情感的相关内容进行一定融合。

同时，还要将职业发展与人生规划的相关内容与大学生心理健康教育进行一定的融合。在实际的调查过程中发现，高校开展大学生心理健康教育的相关工作人员在进行职业规划教育时，通常会忽视职业尊重与奉献的相关内容，只注重大学生职业发展及个体性格特征对工作的影响，最终导致大学生在选择职业时重点关注个人隐私与个人价值，忽略了那些相对艰苦却有利于社会和国家发展的职业。另外，在进行职业选择时，大学生肯定会面临各种各样的困难与矛盾，这些困难和矛盾易导致大学生产生强烈的情绪反应。因此，高校在开展大学生心理健康教育时应对大学生进行积极正确的引导，帮助大学生树立正确的择业价值观，防止大学生出现心理问题。以脱离职业发展的相关价值观开展心理健康教育，是不利于大学生职业发展的。

当然，在开展大学生心理健康教育时不能固守心理学与教育学的传统观念，否则就会导致心理健康教育与社会公德教育内容无法充分融合。高校在开展大学生心理健康教育时需要认识到，个人心理的发展不仅是心理成长，更重要的是良好道德品质的塑造。但是反观当前高校心理健康教育，忽视了大学生道德品质的培养，并不利于大学生的全面发展，也不利于帮助大学生融入社会。这就会导致大学生对爱情、事业、家庭、社会中的各种责任关系缺乏认识，最终在面对各种冲突时无法进行有效的判断和思考。

（三）教学方法结合不充分

高校在开展大学生心理健康教育时，还需要改变以往不合理的教育方式，改变以前遇到问题再进行教育的被动情况，结合思想政治教育面向全体大学生进行谈话和咨询，通过多样化的方式开展大学生心理健康教育，进一步完善大学生心理健康教育的实际效果。如大学生心理健康教育中的团体辅导可以与思想政治教育中的主题班会和团组织生活进行有效结合。在开展主题班会或者团组织生活时，相关的教育方法在思想政治教育中产生了非常明显的效果，也能够有效提升大学生的集体意识。大学生心理健康教育的团体辅导法则是通过团队建设或者集体心理互助实现大学生心理成长的。这两种方法的实施都需要在一定的环境中，才能够有效激发大学生的集体精神和集体思想，进而相互借鉴，取长补短。但是在调查的过程中笔者发现，目前很多高校不能将两种方式进行融合以开展心理健康教育，大多是以开展主题班会对大学生进行思想引导，无法有效促进大学生心理发展，而且大学生由于缺乏关怀，也无法真正实现心灵成长。

在为大学生开展心理健康教育时，咨询辅导是常用的一种方法，但是没有与思想政治教育和社会实践的相关方法进行融合，对大学生的行为矫正并没有起到良好的作用，无法有效帮助大学生矫正自身的不良行为。思想政治教育的社会实践是积极对大学生进行引导，提升大学生专业能力和技能。如果将其与大学生心理健康教育中的咨询辅导进行融合，则能够帮助大学生养成良好的行为习惯，从而进一步获得社会的认可。但是在心理健康教育中，这种方法的使用频率非常低，与心理咨询辅导进行融合的情况更是少见。大部分高校开展大学生心理健康教育时，仍然使用传统的游戏、设置拓展训练等团体辅导方式，无法与真实的社会环境进行一定的结合，无法引导大学生对我国的国情、民情进行深入了解，在塑造大学生的行为方式和思维方式时，也缺乏真实的社会考验，无法提升大学生的心理素质。由此可见，在对大学生开展心理健康教育时，如果缺乏真实的社会环境考验，将无法达到预期效果。

目前，开展大学生心理健康教育的方法比较单一，无法与思想政治教育的组合方法进行有效结合，导致思想政治教育与心理健康教育的方法难以充分融合，在心理发展的认识上呈现不同的观点。在思想政治教育中使用的方法比较强调组合运用，进而形成合力，实现长期系统化的教育。虽然思想发展和心理发展的规律存在一定差异，但思想政治教育和心理健康教育的最终目标都是促进大学生的全面发展，所以在具体的教育教学过程中，仍然需要以促进大学生的成长和发展为目标，尽可能将两者的方法进行一定的结合，提升实际的教育教学效果。虽然很多高校为了促进大学生心理健康发展，在学校内部积极开展相关大型活动，但是这些活动起到的主要是辅导作用，无法为大学生带来比较深刻的影响。

三、大学生心理健康教育缺乏规范化的安排

高校大学生心理健康教育课程是开展心理健康教育的主要渠道，但是在具体实施的过程中，很多高校的心理健康教育课程存在多方面的问题，这些问题制约了心理健康教育教学效果的提升。

（一）课程设置不够规范

我国出台的《普通高等学校学生心理健康教育课程教学基本要求》（以下简称《要求》），对心理健康教育的课程设置提出了明确要求，但是其中仍然存在部

分不合理的问题，具体来说主要体现在以下两个不同的方面。

第一，当前高校的课程设置不够规范，对大学生心理健康教育产生了一定的影响。虽然《要求》中明确规定心理健康教育的相关内容要覆盖大一到大四所有阶段，但是现有的课程设置仅能满足高校一个学期的要求，无法对所有阶段大学生进行有效指导。在具体心理健康课程安排的过程中缺乏规范的指导，且心理健康教育课程内容缺乏，最终呈现出心理健康教育课程内容和课程设置不对等的情况。第二，高校大学生心理健康教育课程缺乏较强的约束力，导致课程设置无法达到预期的教学目标。《要求》中规定大学生心理健康课程设置既可以是公共必修课，也可以是公共选修课，但是对于课程内容没有明确的规定。在调查的过程中笔者发现，有很多高校将这一门课程当作选修课，并且课时相对较少，甚至通过讲座的形势进行，同时教师的教学素养参差不齐，在这样的情况下开展心理健康教育自然很难保证教学质量。由此可见，对基本的课堂进行规范并不能保证教学质量。

很多高校课程设置不合理，导致课程设置的相关内容无法实现有效覆盖，《要求》中规定的内容也无法有效完成。目前，很多高校只在大一的第一学期为所有大学生开设心理健康教育课程，在剩下的学期中没有进行监督和约束。而且教学内容只是以帮助新生适应大学环境为主，在提升大学生心理素质方面很难取得有效的效果。对于大学生来说，大二、大三阶段正是其发展的关键阶段，在这一时期开展心理健康教育课程更加重要，能够有效帮助大学生打好基础，但是很多高校忽视了这一阶段的心理健康教育，试图通过讲座来取代心理健康教育，无法达到心理健康教育课程的全面覆盖。

（二）教材选择不够规范

虽然《要求》对心理健康教学内容进行了规定，但是并没有指定统一的教材，高校目前还没有形成非常规范的教材选择标准。这一情况导致我国高校大学生心理健康教育并不能与《要求》相符。笔者通过实际调查发现，我国大部分高校并没有使用统一的心理健康教育教材开展相关教学，而且很多教师在教学过程中并不会使用教材。一方面，相关的教材得不到教师的认可；另一方面，教师选择的教材并不一定适合所有的大学生。而且很多教材对大学生的人格塑造和潜力激发很少涉及。甚至有的高校在选择心理健康教育教材时，只是根据相关负责人的个人喜好进行选择，所以当大学生心理健康教育工作的负责人发生变化时，教材也会发生改变，经常导致前后两届大学生学习的内容相差比较大。高校大学生心理健康教育教材选择缺乏标准，导致教学内容和教学效果都无法得到相应保障。

（三）教学方法不够规范

在高校开展大学生心理健康教育时，针对不同的教学内容需要使用的教学方法也具有一定差异。通过分析发现，开展心理健康教育可以使用课堂教学、课堂活动、案例分析、小组讨论、心理测试、角色扮演、情境表演等多种不同的教学方法，但是在实际的教学过程中，教学方法的使用存在不规范的情况。

首先，教学方法的使用缺乏指导与培训，导致实际使用情况与预计情况存在较大偏差。在教学过程中，由于缺乏专业的指导和培训，教师在使用部分教学方法时不够专业，教学效果也受到一定影响。如有的教师认为角色扮演就是指导大学生排练不同的话剧和小品，让大学生根据表演的内容简单地解决相应的心理问题。这样的认知流于形势，忽视了这一方法的内在作用与功能，无法有效使用这一方法帮助大学生提高心理行为能力。有的教师在教学时使用团体训练，但只是对大学生团体训练的任务进行引导，忽视了在这个过程中成员个体的体验与感受，无法充分挖掘每一位大学生的潜力，导致大学生的个性无法得到激发。

其次，教学方法使用缺乏有效的规范与监督，导致教学方法无法得到有效创新。《要求》中对开展大学生心理健康教育的方法并没有进行规范和约束，在实际的教学过程中，大多数教师使用传统的讲授方法进行教学，单方面的灌输占据了大学生心理健康教育课堂的主导地位，使课堂氛围不活跃，大学生的接收效果也大打折扣。情景表演等体验性比较强的教学方法，通常对教师的组织能力和专业功底有较高的要求，在实际调查中发现，很多教师的能力不足以支撑这些方法的实施，同时由于学校缺乏使用这些方法的经费和条件保障，导致大学生心理健康教学方法的拓展仍然比较滞后。

（四）教学评价不够规范

目前，高校大学生心理健康教育评价也存在一定的不规范问题，主要表现为评价方式不规范、不合理。在教学评价的过程中，以知识量的储备为主，忽视了大学生的心理素质。很多高校在对大学生心理健康教育教学效果进行评价时，使用的是传统的笔试方式。这种方式的极大弊端就是注重知识、忽视能力，并不能真正了解大学生的心理规律，也会影响大学生对知识的掌握。有的高校让大学生写心理健康教育学习心得体会的相关论文，通过论文来判断大学生对心理知识的掌握情况，这种评价方式也存在一定的不规范性，无法客观地对大学生的学习情况进行评价，最终可能造成误判。另外，缺乏规范的专业要求。大学生写相关论文，很大程度上取决于大学生个人的文字表达能力和逻辑思维能力，通过论文无法准确对大学生的心理素质进行判断。综上所述，目前使用的评价方式分别存在一定缺陷，无法真正将大学生的心理素质状况和发展趋势展现出来，也无法为后续教育工作的开展提供有效参考。

四、大学生心理健康教育师资队伍专业化程度不高

师资队伍的专业化程度将对大学生心理健康教育的效果产生直接影响。然而从目前来看，大学生心理健康教育师资队伍的专业化程度并不高，具备从事心理健康教育资格和背景的教师也是极少数。大多数在高校担任心理健康教育的相关教师并不具备心理健康教育的专业知识和能力，也没有掌握专业的心理健康教育技能，这对师资队伍发展产生了极大的影响。

（一）专业学历教育不足

通过调查发现，当前高校大学生心理健康教育师资队伍中接受过心理健康教育专业学历教育的教师数量非常少，导致这一现状的原因主要有以下两个方面。

第一，我国国内设置心理健康教育相关专业的高校相对较少，无法为大量心理健康教育学习者提供专业学习的场所，而且在我国设置有心理健康教育专业的高校，大多数的培养目标并不是培养大学生心理健康教育教师。总体来看，高校培养的从事高校心理健康教育的师资数量非常有限，而且大多数相关专业的毕业生在毕业之后从事的是中小学的心理健康教育工作，能够满足高校大学生心理健康教育需求的人才并不多，这导致了高校开展心理健康教育工作的师资力量缺乏较高层次的专业教育背景，在具体的教学和实践中，缺乏专业的理论和实践经验作为支撑，长此以往，不仅不利于高校大学生心理健康教育工作的开展，还会影

响心理健康教育的创新与发展。

第二，部分高校在招聘辅导员时并不重视其专业和学历，导致高校组建的心理健康教育师资队伍在专业知识方面并不达标。很多高校在观念层面就否定了辅导员聘用标准和专业学历之间的关系，在招聘辅导员时经常忽略专业因素，这也导致思想政治教育和心理健康教育相关专业的毕业生在应聘时得不到足够的重视，他们与理工科的相关毕业生具有同等的招聘条件，甚至有些理工科院校在招聘时，更倾向于理工科相关专业的学生，而忽视了思想政治教育和心理健康教育相关专业的学生，这些都是导致高校大学生心理健康教育师资队伍不够专业的重要因素。

（二）教师的专业知识和专业能力不扎实

心理健康教育教师职业资格认证是我国对心理健康教育教师专业技术能力进行肯定的证明，然而在目前，大多数在高校从事心理健康教育的教师中，持有这一资格证书的并不多。持有心理咨询师、职业资格认证是评价相关教师从事心理健康教育的一项重要标准，但是在大学生心理健康教育教师中，获得这一认证的教师数量不足一半。由此可见，缺乏专业的资质认证和技能保证是当前大学生心理健康教育师资队伍能力有限的影响因素之一，这导致心理健康教育教师的从业门槛过低，甚至有一些不具备相关资格的人员混入其中，导致教学效果受到严重影响。

（三）教师岗位的发展空间不足

教师岗位的发展空间不足也是影响高校大学生心理健康教育师资队伍建设的一个重要因素。大学生心理健康教育教师岗位的发展空间不足，主要体现在以下两个方面。

第一，高校大学生心理健康教育教师岗位设置不足。虽然《普通高等学校学生心理健康教育工作基本建设标准（试行）》规定，高校需要按照学生数量的相应标准比例来配备从事大学生心理健康教育的教师，但是并没有明确说明专职教师和学生的比例，导致目前大多数高校的专职教师存在发展的困境，甚至有一些院校以学校学生数量不多为由故意不设置心理健康教育教师岗位。因专职教师岗位设置的缺乏，所以高校大学生心理健康教育教学得不到专业的指导。同时许多其他学科的教师还需兼任心理健康教育工作，这就导致这些教师的工作压力过大，不仅无法保证心理健康教育工作的效果，甚至会影响其他课程教学，对大学生的心理健康发展不利。另外，高校中的心理健康教育实践活动缺乏专业的保证，更谈不上活动的覆盖和活动的质量。

第二，高校大学生心理健康教育教师的职业发展空间相对狭小。高校对大学生心理健康教育工作的成绩缺乏科学的肯定与激励，在对教师进行评价时，针对心理健康教育工作者的评选和奖励，与其他专业教师相比明显滞后。劳动成果得不到肯定也在一定程度上制约了心理健康教育教师工作的积极性。虽然《关于进一步加强和改进大学生心理健康教育的意见》明确提出，心理健康教育教师职业和支撑发展在原则上要纳入大学生的思想政治教育队伍建设中，但实际上高校并不能进行明确和统一，这也导致高校无法对心理健康教育教师的专业技能进行保证。由于各种因素的影响，很多高校中从事大学生心理健康教育工作的教师对自己的前途充满担忧。

第二节　我国大学生心理健康教育存在问题的原因

通过对相关的问题进行分析，总结出导致这些问题的原因，包括以下五个不同的方面：高校对大学生心理健康教育缺乏科学的认识、大学生心理健康教育无法实现教辅研的有机统一、高校缺乏完善的大学生心理健康教育体系、不同高校的大学生心理健康教育存在较大差异、大学生心理健康教育队伍建设力度不足。

一、高校对大学生心理健康教育缺乏科学的认识

高校对大学生心理健康教育缺乏科学的认识，导致在开展大学生心理健康教育时，无法从意识层面对教学活动的开展进行保证，因此与大学生心理健康教育相关的措施就无法有效落实。

（一）对心理健康教育和思想政治教育之间的关系认识不清

目前对心理健康教育和思想政治教育之间关系的讨论存在较大的争议，导致高校对大学生心理健康教育的认识存在一定偏差，进而导致高校大学生心理健

教育从根源上出现问题。在我国改革开放初期，大学生心理健康教育涉及的内容和需要解决的相关问题都是通过思想政治教育来实现的，所以有一部分人认为思想政治教育具备解决心理问题的能力，可以代替心理健康教育。在调查中发现，有 1/3 左右的教师认为心理健康教育和思想政治教育并不能完全等同，但是他们认为心理健康教育的内容应从属于思想政治教育，不同的地方在于开展心理健康教育需要依赖专业的心理学知识和相关技术。但事实是如果在开展大学生心理健康教育时，将心理健康教育的内容并入思想政治教育中，将无法正确处理好两者的关系，也会因此忽视两者本身具有的重要地位，这样的认识明显让心理健康教育在德育教育中的地位遭到弱化，在实际的工作中还需要被思想政治教育引领，由此逐渐边缘化，相关工作的开展也得不到有效保证。还有人认为大学生心理健康教育和思想政治教育的人才培养目标是一致的，同时部分内容也是相吻合的，可以进行融合统一，因此在开展大学生心理健康教育时，需要与思想政治教育进行有效结合，进而不断完善相关内容，最终实现教育目标。和上一观点相比，这一观点对思想政治教育和心理健康教育的关系认识更加科学，能够在认识到两者的关系并不等同的同时，强调在具体实践的过程中要促进心理健康教育和思想政治教育在理论层面与实践层面的融合，并且明确了两者在德育教育中的重要地位，同时也表明两者都存在创新发展和进步的空间。

（二）对心理健康教育的目标认识不足

虽然当前的形势要求在高校中普及大学生心理健康教育，同时我国的相关政策文件也明确要求面向全体大学生开设心理健康教育课程，但是高校对大学生心理健康教育没有科学的认知，导致大学生心理健康教育工作在开展过程中遇到了多方面的困难。客观来说，已经有越来越多的教师认识到大学生心理健康教育能够有效提升大学生的心理素质，但是仍然有很多教师在开展大学生心理健康教育时以解决大学生的心理问题为出发点，甚至有一些教师还存在错误的观念，认为心理健康教育就是针对少数存在心理问题的大学生而存在的，而不是针对全体大学生。教师对心理健康教育的目标缺乏科学认识，导致他们开展的心理健康教育比较片面，只认识到心理健康教育目标的一部分，低估了心理健康教育应有的作用。如果不能对大学生心理健康教育的目标有全面的认识，那么心理健康教育活动的作用就无法得到充分体现，自然就无法通过开展心理健康教育激发大学生的潜能，促进大学生综合素质的全面发展。在不全面的观念引导下，那些存在一定心理问题的大学生就会显得比其他大学生更加重要，也因此成为高校大学生心理健康教育的工作重点。这样的情况既不能为所有大学生的正常发展提供保障，也不能促进大学生心理素质的健康发展。

（三）对心理健康教育的职责认识不到位

从目前来说，高校大学生心理健康教育的重点是推进心理健康教育相关知识的普及，并且了解大学生的心理发展特征，进而逐渐提升大学生的自我心理调适能力。开展这一系列活动的教育主体是高校的心理健康教育专职教师和辅导员，因为其他专业教师对心理健康知识掌握不够充分，所以无法充分发挥出心理健康教育的作用。而且很多教师存在错误的观念，无法有效明确心理健康教育的职责。在不清楚心理健康教育职责的情况下，心理健康教育就会成为一种专业知识教育。因此，其他专业教师并不适合参与大学生心理健康教育，心理健康教育也应以专业的心理学教师为主进行教学。高校开展心理健康教育，如果忽视了心理健康教育在素质教育中的作用，就无法通过心理健康教育有效提升大学生的能力和心理素质。

二、大学生心理健康教育无法实现教、辅、研的有机统一

教、辅、研主要是指教学、辅导和科研，这三项工作是保证高校大学生心理健康教育有效开展的重要途径，但是在目前的大学生心理健康教育中无法实现三者的有机统一，导致大学生心理健康教育工作无法实现统一管理，也无法形成教育力量和师资之间的合力，严重影响了心理健康教育的实际效果。

（一）三项工作分裂明显

教、辅、研三项工作在大学生心理健康教育中长期处于割裂状态，无法对其进行统一的管理指导，给大学生心理健康教育工作造成了极大的困扰。

教、辅、研三项工作在内容方面缺乏有效衔接。教学、辅导和科研等工作长期处于割裂的状态，在具体教学过程中无法有效实现内容的统筹与协调。如在进行人际交往相关内容教学时，既需要通过课堂教学将人际交往过程中的心理特征、

应对方式，以及对人生成长的作用传授给大学生，又需要积极开展团体辅导和拓展训练等活动为大学生创建真实的环境，让大学生通过实践活动感受人际交往，进而实现个人成长。除此之外，还可以积极开展课题研究与实践调查，对大学生的人际交往情况进行掌握，进而根据实际情况进行内容补充，这不仅可以对大学生实践活动的效果进行检验，还能够为后续教学活动的开展提供良好依据，进而保证大学生心理健康教育的目标能够有效实现。但是教学、辅导、科研三项工作始终处于分裂的状态，就无法实现彼此之间的相互支持和相互融合，导致大学生的接受程度往往无法取得理想中的效果。

另外，教、辅、研三项工作无法形成促进大学生心理素质发展的强大合力。三项工作长期处于独立发展的状态，这也让心理健康教育主阵地出现了一定的问题，三项工作各自为政，无法形成科学合理的整体，也不能实现资源共享，所以无法为大学生心理健康教育工作的开展提供充足的教育资源，无法为大学生心理健康教育提供强大的发展动力。

（二）三项工作的评价体系割裂

目前，在对高校大学生心理健康教育师资队伍进行评价时，缺乏教学、辅导、科研三方面的评价，而且三项工作长期处于割裂状态，导致对教师的评价过于片面。高校辅导员是开展大学生心理健康教育的重要力量，但是很多高校在对辅导员进行评价时，只是以心理健康辅导内容为主，缺乏对辅导员的心理健康教育教学、心理健康教育研究能力的评价，使辅导员的心理健康教育发展受到一定的限制。高校辅导员在针对大学生开展心理健康教育时，也是以心理咨询和心理辅导等方式为主，为大学生提供的培训和实践机会非常匮乏，严重影响了大学生心理素质的提升。另外，对于从事心理健康教育教学的教师来说，他们在教学和科研等多项工作中往往忽视心理健康辅导的作用，导致这些专职教师并不具备心理辅导和心理咨询的能力，同时又缺乏足够的心理咨询案例进行教学，致使心理健康教育工作不够专业，对于大学生心理状态和心理问题的把握也缺乏生活气息。教学、辅导、科研三项工作的割裂使评价体系独立存在，进而只能从狭隘的视角对高校心理健康教育教师进行评价，这也是导致高校大学生心理健康教育师资综合素质较差的原因之一。

三、高校缺乏完善的大学生心理健康教育体系

目前，高校大学生心理健康教育的内容体系主要包括知识、技能和自我认知三个不同的层面。知识层面主要是指心理学的相关理论和内容，心理健康的标准和意义，大学生心理发展特征和异常表现，大学生自我心理调适能力的相关知识；技能层面主要是指自我心理技能发展，环境适应技能、沟通技能、人际交往技能、自我管理技能等各项技能；自我认知层面主要是指心理健康发展的自主意识、自身心理特征和性格特征对自身心理状况的客观评价，以及自我调适等。由此可见，我国大学生心理健康教育的内容体系不够完善，很多心理健康教育的相关领域并没有涉及。

（一）缺少针对不同年级和特殊群体的心理健康教育内容

大学生心理素质的发展是一个不断完善的动态化过程，也是一个发现问题和解决问题的过程，在这个过程中，需要针对大学生的各方面实际情况进行研究，从而把握大学生的身心特点和接受能力，最终确定心理健康教育内容，对大学生进行有效教育和引导。高校在开展大学生心理健康教育时，还需要针对特殊问题进行重点解决，根据特殊群体的心理发展情况，确定有针对性的教学内容并进行教育引导。但是从当前我国高校大学生心理健康教育情况来看，大多数是进行笼统的大学生心理健康教育教学，没有针对不同年级和特殊群体进行心理健康教育，导致大学生心理健康教育既不能贯穿于每一个年级的学生，也不能满足那些具有特殊发展需求的特殊群体的需要。因此，高校大学生心理健康教育在广泛性和特殊性方面尚有不足。

（二）与心理健康教育工作全面结合的内容比较匮乏

当前的高校大学生心理健康教育大多是将心理辅导和课堂教学进行结合，这种形势只能满足大学生心理健康教育的部分工作需求。高校大学生心理健康教育工作包括心理健康作业活动、心理健康教育讲座等多项内容，因此要实现与心理健康教育工作的全面结合，仅仅满足课堂教学和心理辅导的需求是远远不够的。高校大学生心理健康教育的内容还需要涉及大学生心理健康教育讲座、心理健康教育科研等多个方面。很多高校为大学生建立了心理档案，但是心理档案建设工

作与心理健康教育工作没有实现全面融合，很多高校的档案工作流于表面形势，无法通过档案有效推断出大学生的心理发展状况，借助档案工作开展心理健康教育效果不佳，也无法增强心理健康教育的针对性。总体来说，高校心理健康教育工作存在比较明显的随意性，与心理健康教育工作全面结合的内容较少，这对我国心理健康教育工作开展造成了极大的影响。

（三）缺乏开发大学生个人潜能的心理健康教育内容

高校开展大学生心理健康教育的目的不仅是帮助大学生解决心理问题，更重要的是提升大学生的整体心理素质，挖掘大学生的个人潜能，进而帮助大学生塑造积极向上的个性，促进大学生的全面发展。但是目前高校开展的大学生心理健康教育中，开发大学生个人潜能的相关内容比较缺乏，课程效果也不太显著。《普通高等学校学生心理健康教育课程教学基本要求》也提到了潜能开发，但是并没有实质的内容结构。虽然部分高校在开展大学生心理健康教育时逐渐认识到开发大学生个人潜能的重要性，并且增加了促进大学生思维发展的相关教学内容，但是能够有效提升大学生个人思维能力的内容仍然非常少。由此可见，高校大学生心理健康教育内容体系仍然有待完善，如果忽视了大学生个人潜能的开发，将会导致我国大学生心理健康教育始终停留在解决和预防大学生心理问题的层面，无法有效促进大学生个人的身心全面发展。

（四）缺乏与思想政治教育融合的内容

高校大学生心理健康教育与思想政治教育内容的融合不够充分和全面，最明显的体现就在于理想信念和价值层面。

首先，大学生心理健康教育与思想政治教育在理想信念、国家认同感、社会人际交往等方面缺乏有效结合。大学生是我国建设中国特色社会主义的接班人和重要力量，有必要对大学生积极开展理想信念教育，促进他们在成长与发展的过程中树立正确的价值观，自觉践行社会主义核心价值观。其次，特定的价值观念与心理健康教育内容无法实现有效融合。心理健康教育中的职业心理健康教育和爱情心理健康教育非常强调心理发展的规律性，但是缺乏社会的认可和相关内容的引导，导致实际的教育效果与发展目标存在一定的差距。价值观教育和心理健康教育内容的融合需要从深层次着手，保证价值观教育可以成为心理健康教育的一个重要组成部分，只有这样才能对大学生进行正确引导，从而让他们以更高的标准对个人发展进行衡量，而不是仅仅局限于个人需求的满足。

四、不同高校的大学生心理健康教育存在较大差异

现如今，高校大学生心理健康教育已经得到了党中央和政府的重视，但是在具体实施中还存在区域之间和学校之间的明显差异，这导致大学生心理健康教育的发展极度不平衡，政策实施得不到有效保障。

（一）大学生心理健康教育的区域差异

大学生心理健康教育最开始是在京、沪等相对发达地区的高校发展起来的，之后逐渐在长江三角洲等地区逐步普及。可以发现，相对发达地区的高校在心理健康教育工作方面具有比较丰富的经验，而中、西部地区的高校在心理健康教育方面则发展较为缓慢。因此，推进中、西部地区的心理健康教育专业化发展是一项非常紧急的工作。通过分析总结可以发现，大学生心理健康教育的区域差异主要体现在以下三个方面。

第一，心理健康教育机构的正规化普及存在差异。东部沿海地区的大学生心理健康教育起步相对较早，到目前为止，心理健康教育机构的普及度非常高，很多高校设置了专门负责开展大学生心理健康教育工作的部门和中心，大学生心理健康教育具有非常专业的管理模式，相关的基础设施也比较完善。但是我国中西部地区的高校开展心理健康教育的机构并没有实现普及，甚至还存在专职管理工作人员缺乏的情况。很多省份的高校没有设立权责明晰的部门来负责心理健康教育工作，大学生的心理问题都是由学校的辅导员和班主任负责。而且这些高校开展心理健康教育工作的方式也非常单一，主要是在发现大学生出现心理问题之后，对大学生进行心理疏导。

第二，大学生心理健康教育队伍的专业化程度存在一定差异。东部地区的很多高校是由硕士以上学位的专职教师来负责大学生心理健康教育工作的，而且这些教师大部分有国家心理咨询师资格，具备开展心理健康教育工作的专业能力。但是从中、西部地区的高校来看，很多开展心理健康教育工作的人员并未获得相关的职业资格认证，对心理健康这一概念的认识也不科学，这导致中、西部地区

高校的心理健康教育发展速度相对比较缓慢。

第三，心理健康教育发展程度的差异。从实际情况来看，东部地区很多高校的心理健康教育工作已经步入高质量发展的阶段，并开始追求心理健康教育精品课程的研发。但是中、西部地区高校的心理健康教育课程仍停留在追求规范化和常态化发展的阶段，甚至部分高校未开设相关的课程。在部分开设了心理健康教育课程的高校中，课程内容主要是以宣传心理健康知识为主，这与提升大学生心理素质的目标相去甚远。同时东部地区很多省份针对高校大学生心理健康教育制定了诸多政策与制度，并且通过丰富的心理健康教育案例来推动心理健康教育工作的开展。但是反观中、西部地区，心理健康教育课程仍然没有实现普及，进行案例教学更是难上加难。心理健康教育的区域差异越来越明显，甚至影响到大学生心理素质的整体发展水平，这一情况导致我国大学生全面发展的目标无法有效实现。

（二）大学生心理健康教育的校际差异

大学生心理健康教育发展不平衡的问题还体现在不同学校之间的发展差异使许多大学生的心理健康发展需求得不到有效满足。大学生心理健康教育的校际差异主要体现在本科院校和专科院校之间，而且两者的差异尤为明显。

本科院校和专科院校之间的差异首先体现在心理健康教育的目标和意识方面。普通本科院校的心理健康教育目标与大学生的素质发展和全面发展具有非常密切的联系，同时还将提升大学生的心理素质与促进大学生全面发展联系起来。但是在专科院校中，学校无法准确认识到心理健康教育的概念，也没有针对大学生心理健康教育制定明确的发展目标，部分专科院校开设的心理健康教育课程只是为了应付检查，心理健康教育工作形同虚设。从整体来看，专科院校开展的心理健康教育工作大多流于形势，缺乏实质内容，不仅没有发挥促进大学生心理素质提升的作用，甚至还无法体现出心理健康教育工作应有的价值与意义。

其次体现在心理健康教育师资队伍之间的差异。本科院校中至少有一名专业的心理健康教育教师，有些开展心理健康教育的教师还取得了心理咨询师资格证，具备开展心理咨询和心理辅导的专业能力。但是在专科院校中，不仅没有专职的心理健康教育教师，甚至心理健康教育工作只能由思想政治教师来担任并自行摸索，这样的师资状况很难为大学生提供专业的心理咨询服务，也让很多专科院校的大学生失去了接受心理健康教育的机会。

五、大学生心理健康教育队伍建设力度不足

大学生心理健康教育队伍建设也是高校开展大学生心理健康教育工作的一项重要内容，实现大学生心理健康教育队伍的专业化、职业化和专家化发展，是保证大学生心理健康教育效果的重要因素。然而目前很多高校的大学生心理健康教育队伍建设相对比较乏力，教学效果得不到有效保证。

（一）队伍建设的标准和制度无法与时俱进

改革、更新大学生心理健康教育队伍建设的标准，是保证大学生心理健康教育工作有效开展的关键因素。只有建设一支有规模、有体系、高质量的大学生心理健康教育队伍，才能促进大学生心理健康教育工作的持续开展。但是目前大学生心理健康教育队伍建设在标准完善和制度改革方面明显存在乏力的问题，主要体现在以下几个方面。

第一，高校没有积极进行心理健康教育师资队伍标准的改革。高校组建大学生心理健康教育师资队伍，一直是以《普通高等学校学生心理健康教育工作基本建设标准》中的规定为基础，对科学的师生比例缺乏有效认识，同时在开展工作时没有进行有效监督，导致心理健康教育教师无法充分发挥个人的实力。目前，在高校中承担心理健康教育工作的大多是辅导员，但是辅导员的工作内容非常繁杂，涵盖大学生思想问题、日常工作事务及各类学生活动，因此辅导员很难有足够的时间与精力开展大学生心理健康教育工作。这必然会对我国高校大学生心理健康教育工作造成极大的影响，而且也会导致大学生在出现心理问题时，教师无法及时察觉，进而造成严重的后果。

第二，高校大学生心理健康教育师资队伍专业能力的标准认定缺乏改革。高校对大学生心理健康教育教师的专业能力认定仍然以以往的标准和规定为准，缺乏从专业学历等方面进行明确的要求与限制，这就导致很多高校在招聘心理健康教育教师时，忽视了专业与学历等客观要求。专业和学历是保证师资力量专业性的重要基础，保证大学生心理健康教育教师具备专业的知识和理论能力是非常必

要的，只有这样才能为心理健康教育工作的开展提供保障。另一方面，高校在招聘辅导员时没有心理学专业和思想政治教育专业方面的要求，而且高校对辅导员的心理健康教育能力没有制定明确的标准和制度，大多数辅导员缺乏心理咨询能力和心理健康教育能力，这些因素在一定程度上制约了心理健康教育的专业化和职业化发展。

（二）大学生心理健康教育教师培训力度不足

早在 2005 年，教育部就发文明确要求对高校大学生心理健康教育骨干教师进行重点培训，有效提升大学生心理健康教育教师的专业能力。但是这样的要求也仅仅停留在建议层面，并没有制定完善和系统化的制度落实相关内容，所以很多高校只是在政策刚刚出台的时候，针对相关教师进行了培训，在之后则很少再组织教师培训。由此可见，大学生心理健康教育教师培训的机会非常匮乏，这一情况无法满足教师专业能力提升和发展的需求。而且大学生心理健康教育本身就是一项实践性非常强的工作，需要为这些教师提供丰富且充足的临床经验和案例，只有这样才能保证教师的专业能力不断提升。然而大学生心理健康教育教师培训力度不足，无法满足师资队伍的扩大和专业化发展趋势，更无法满足高校开展大学生心理健康教育的专业需求。这一情况不仅制约了大学生心理健康教育队伍的发展，也制约了大学生心理健康教育工作的进步。

第九章 提升大学生心理健康教育质量的措施

大学生心理健康教育，不仅应帮助大学生解决现有的心理问题，还需要不断增强大学生的心理素质，进而为中国发展及中国梦的实现培养更多的高质量接班人和建设者。基于此，下面主要针对大学生心理健康教育中存在的问题及原因提出有针对性的解决措施，从理论层面、内容体系和教育方法、师资队伍建设和教育环境四个方面出发，制定有效的措施。

第一节 以科学理论作为指导

大学生心理健康教育的发展历史告诉我们，只有以科学的理论作为指导，才能为大学生心理健康教育发展提供明确的方向，保证大学生心理健康教育能够有效帮助大学生解决心理问题，同时促进大学生心理健康发展。因此，要提升高校大学生心理健康教育的实际效果，就需要在科学的理论指导下开展相关活动。

一、以人的全面发展学说为指导

开展大学生心理健康教育的目的就是实现大学生的全面发展，因此高校在开展大学生心理健康教育时，应将马克思主义关于人的全面发展学说当作重要的理论指导，对相关的教育教学活动进行引导。

（一）人的全面发展学说引领心理健康教育开展方向

在人的全面发展学说中非常强调人的心智发展规律，其中讲到未来社会应是人类心灵自由发展的社会，共产主义社会不仅让人们在物质层面得到极大的满足，还要让人们的个性特征和精神追求得到极大的丰富，而在这一过程中，物质起到了一定的基础作用，能够有效促进人们心灵和精神的发展。各种实践活动也对人们的心智发展具有一定的促进作用，劳动和实践的本质特征也在一定程度上决定了人们心智发展的具体方向。马克思主义关于人的全面发展学说中的人的全面发展规律，能够为高校开展大学生心理健康教育提供一个相对明确的方向。

一方面，我国高校开展大学生心理健康教育要与人的全面发展相吻合，并且为大学生个性特征和心理品质的自由发展提供良好的环境与空间。另一方面，我国开展大学生心理健康教育强调实现人的心灵自由发展及个性特征的多元化，这正是人的全面发展理论的独特之处，同时还与心理健康教育相吻合。在人的全面发展学说的指导下，高校开展大学生心理健康教育应与社会主义理想追求相一致，培养具备建设中国特色社会主义能力的青年人。当然，高校在开展大学生心理健康教育时，还需要不断提升大学生在实践过程中的心理素质。实践能够对大学生的心理素质和个人能力进行有效锻炼，从而促进大学生的综合能力发展，同时实践作为检验标准，进一步明确了大学生的发展方向。总体而言，人的全面发展学说在高校开展大学生心理健康教育过程中，为教育教学活动提供了方向。

（二）人的全面发展学说促进大学生的个性发展

马克思主义中人的全面发展学说强调要实现人的自由、全面发展，并且将其与人自身的个性气质进行完美结合，由此可见，人的全面发展学说在对人的个性发展进行归纳时，具有其自身的规律。第一，每个人要实现个性的充分发展都是可能的，而且并不违背马克思主义对人的全面发展的相关要求，而这也为我国高校开展大学生心理健康教育，促进大学生个性发展提供了理论基础。第二，人的个性发展还需要具有一定的条件，只有当个人能力发展到一定程度，才能为个人的个性化发展提供有效支撑。因此，高校在开展大学生心理健康教育时，要注重促进大学生的全面发展，不能将教育教学活动局限于理论知识的传播，更要在这一过程中提升大学生个人的能力，通过积极的训练和培训，帮助大学生实现心理素质的全面发展，让大学生在实践中感受到个人的心理成长。

（三）人的全面发展学说确定了大学生心理健康教育的内容和途径

马克思在《1844年经济学哲学手稿》中对全面发展和实践劳动的关系进行了阐释，并且明确提出了实践劳动是人的全面发展的基础，在不断的实践劳动中，人们会产生各种各样的心理体验，不论是忧愁焦虑还是开心快乐，都体现了人们与事物之间的情感交流。由此可见，人的心理活动也是来源于具体的实践劳动，只有在不断的实践中，人们才能够体验到各种各样的情绪，进而产生心理调节能力。因此，人的全面发展学说为大学生心理健康教育的开展提供了最基本的内容与途径，即通过实践活动对大学生的心理素质进行锻炼。而这也在一定程度上决定了大学生个人的心理活动特征，能够有效拓宽大学生个人的视野，让大学生在实践的过程中感受到与人交往而产生的情感。同时实践活动还是心理健康教育研究的来源，对大学生心理健康教育进行研究，必须以实践活动为基础，只有这样才能对相关经验进行检验，并不断完善。

二、以科学发展观为指导

科学发展观强调以人为本，树立全面、协调、可持续的发展观，注重实现社会的人的全面发展。因此，科学发展观的相关理论内容也对我国高校开展大学生心理健康教育有着非常重要的影响作用，能够为大学生心理健康教育的开展和实践提供重要的指导。

（一）科学发展观能够明确大学生的主体地位

科学发展观强调以人为本，因此要求高校在开展各项工作时，都要以大学生为主体进行。如在开展大学生心理健康教育时，就需要尊重大学生个人的主体地位，以大学生为核心开展大学生心理健康教育工作，任何忽视大学生这一主体的心理健康教育活动都是不科学的，同时也无法体现出其应有的价值。

以大学生为主体开展大学生心理健康教育，首先需要以大学生个人的成长需求为出发点，同时还要以提升大学生个人的心理素质为目标。总体来说，大学生心理健康教育的核心是大学生，因此相关教育活动都需要围绕大学生进行，只有这样才能保证各项工作的科学性，并且明确工作开展标准。如在进行心理健康教育教材选择时，应保证教材能够有效促进大学生个人的心理发展，而不是以教师个人的喜好为依据，只有这样才能够把握好大学生个人的心理健康发展规律，真正有利于大学生发展。在开展大学生心理健康教育时，还要注重方式方法，保证选择的方法符合大学生个人心理发展规律，同时能够有效调动学生的积极性，而不是只进行简单的理论知识灌输、通过考试来衡量大学生对理论知识的掌握情况。因此，在开展大学生心理健康教育时，要将那些有利于大学生个人心理素质发展的内容，当作心理健康教育的主要内容，而不是仅仅局限于心理学和教育学的相关理论知识，否则很有可能将大学生个人的认知结构局限在一定的框架内，无法促进大学生创新思维和创新意识的发展。尤其是对大学生心理健康教育教学效果进行考核时，不能拘泥于传统的考核形势，而要将大学生心理素质的提高当作重要的检验标准。高校大学生心理健康教育工作的内容必须与大学生心理素质发展相契合，同时工作开展的方式也需要以提升大学生个人心理素质为准，将大学生个人心理素质的变化情况作为检验心理健康教育的标准。

（二）科学发展观能够促进大学生心理健康教育管理模式的创新

大学生心理健康教育不仅是教育问题，也是社会发展问题的一个重要部分，而科学发展观的相关内容，为大学生心理健康教育工作的有效管理提供了全新的思路。首先，高校在开展大学生心理健康教育活动时需要对各种教育资源进行有效整合，从整体出发对各项具体的教育活动进行统筹。大学生心理健康教育是一项复杂的系统化工作，不能简单地依靠某一个部门对心理健康教育进行管理，而是需要高校不同部门之间的共同合作，进行管理方式的创新，保证大学生心理健康教育工作稳定开展。因此，高校可以在学校内部建立心理健康教育中心，对全校的心理健康教育工作进行整体规划，同时心理健康教育中心需要与其他部门进行合作，对学校内的教育教学资源进行有效整合，充分发挥对心理健康教育工作的管理和引导作用，实现大学生心理健康教育的协调发展。其次，高校开展大学生心理健康教育工作还需要实现不同职能部门的统筹协调。高校的管理层需要对学校内部各个部门明确提出相应要求，推动心理健康教育活动的协同开展，有效实现管理方式的转变与创新，优化高校大学生心理健康教育的效果，从而突破当前我国大学生心理健康教育发展的瓶颈。

三、以构建和谐社会理论为指导

构建社会主义和谐社会要求高校开展大学生心理健康教育需要从人们对社会发展的需求出发，明确大学生心理健康教育应有的科学地位，同时还需要不断满足人们对和谐社会发展的渴求，不断对大学生心理健康教育的相关内容进行丰富和完善。

（一）明确大学生心理健康教育的地位和作用

党的十六届六中全会颁布了《中共中央关于构建社会主义和谐社会若干重大

问题的决定》，这一文件明确提出了需要促进人的心理和谐发展，同时还需要加强人文关怀与心理疏导，帮助人们正确认识自己和社会，从而以积极健康的心态面对挫折和困难，最终塑造自信理性、积极向上的社会心态。由此可见，心理健康教育工作的地位得到了进一步的明确。

我们在看待大学生心理健康教育的地位时需要从以下几个方面进行理解。首先，大学生心理健康教育发展需要满足大学生对和谐社会追求的需要。在开展大学生心理健康教育时，要保证大学生对和谐社会的内涵特征及其他理论内容有一定的了解，同时让大学生对和谐社会的发展产生强烈的情感归属，并且投身于和谐社会的构建中，最终实现自我价值。其次，大学生心理健康教育本身就是大学生实现社会化发展的一个载体，而且大学阶段是大学生逐渐走向社会的关键期，大多数大学生在大学毕业之后会进入社会参加工作，由此可见，高校承担着促进大学生社会化发展的重要任务。所以，高校开展大学生心理健康教育就需要承担起实现大学生与和谐社会发展的职责，同时在这个过程中帮助大学生塑造健全的人格与良好的心理素质，让大学生对和谐社会有全面的认识，并且以良好积极的心态参与和谐社会建设。

（二）丰富大学生心理健康教育的内容

在构建社会主义和谐社会的过程中，需要以积极的态度来面对各种矛盾，并且从正面解决这些矛盾，只有这样才能不断增加社会中的和谐因素，最终促进社会的和谐发展。从改革开放至今，我国社会实现了极大的发展，但是在这一过程中，大学生在心理健康方面出现了很多新的问题，因此要实现大学生心理的全面发展，就需要积极面对这些矛盾，并且增加和谐内容。在这一思想的引导下，大学生心理健康教育的内容可以从以下几个方面不断进行完善和丰富。首先，以积极的态度来面对大学生心理发展和社会主义人才需求之间的矛盾，同时积极解决这些矛盾，在解决矛盾的过程中，不断丰富社会发展的相关内容，实现人际关系的和谐发展，帮助大学生增强个人对国家和集体的归属感。其次，积极解决大学生心理发展现状与自身潜能开发之间的矛盾，解决这些矛盾能够有效激发大学生个人的潜力，使大学生形成创造性发散思维，进而体现出个人对社会发展的价值。最后，还需要增加和谐心理发展的相关内容，通过这些内容帮助大学生对和谐社会的整体结构有所认知，更加积极地参与和谐社会的建设。

四、以创新人才观为指导

党的十八大之后，习近平总书记对青年人才的培养提出了更高的要求，不仅需要保证大学生个人专业素养的提升，还需要培养大学生的创新创造能力，进而为我国社会发展提供源源不断的动力。创新人才观要求高校在开展大学生心理健康教育时，要以提升大学生的创新创造能力为基本要求，有针对性地丰富相关教育内容，促进教育方法创新，为我国发展培养质量更高的人才。

（一）将提升大学生的创造力作为大学生心理健康教育的内容

当代大学生需要树立科学精神，同时不断提升个人的创新思维，才能在继承前人知识的基础上不断超越和不断创新，而这也是当今时代培养人才的重要标准和内容。早在 2015 年，国务院就颁布了《关于深化高等学校创新创业教育改革的实施意见》，明确提出要培养更大规模的具有创新精神和实践能力的创新创业人才。这一要求也为我国高校开展大学生心理健康教育提供了更加丰富的内容，使高校开展大学生心理健康教育可以从新的角度出发。在开展大学生心理健康教育时，不能仅以心理健康教育相关理论内容为主，还需要将创新能力的培养当作重点，充分激发大学生个人的潜能。高校的大学生心理健康教育承担着激发大学生潜能的责任，同时还需要帮助大学生实现思维模式的创新，让大学生能够以更加超前的认知看待社会发展，进而满足社会发展需求。这一过程不仅能够激发大学生的内在潜能，还能够为社会发展提供一定的条件，帮助大学生更好地适应未来社会的发展。因此，高校在开展大学生心理健康教育时，需要保证相关的教育内容不断得到创新，最终适应社会发展和个人发展的需求。如通过不断的教学实践，丰富相关的理论内容，同时进行发展规律的讲解，开发大学生的思维。因此，在开展大学生心理健康教育时，需要围绕创新型人才培养丰富相关内容。客观来讲，国内外的相关研究已经为创新型人才培养提供了非常丰富的经验和成果，我们可以通过借鉴对教育教学结构进行补充，并且设置专业的教学课程，对大学生创造力提升进行引导。我国在培养创新型人才的过程中仍然缺乏经验，不仅需要向其他国家借鉴，更需要与我国的实际情况进行结合，探索具有中国特色的人才培养理论和工作方法。

（二）引导大学生心理健康教育方法的创新

心理健康教育的核心内容是帮助大学生解决心理问题，消除大学生的心理困惑，实现大学生个人的心理成长与发展，最终帮助大学生养成良好的心理素质。高校在开展大学生心理健康教育的过程中，需要教师与大学生进行积极的互动与交流，教师用仁爱之心对大学生进行引导，促进大学生的健康发展。高校心理健康教育教师在为大学生提供心理咨询和心理辅导时，要本着仁爱之心，做到与来访者共情，相互理解，建立情感支撑，只有这样才能保证心理咨询工作的实际效果。尤其是面对"00后"大学生，在帮助他们解决心理问题时，需要充分了解"00后"大学生的个性特征，与他们实现心灵沟通，拉近彼此距离。同时，还要以仁爱为基础进行大学生心理健康教育方法的创新。开展大学生心理健康教育不仅要尊重科学的教学规律，积极进行教学方法的探索，还需要为大学生个人的健康成长不断提供全新的理论，实现大学生心理健康教育内容的创新。大学生心理健康教育应尊重学生、理解学生，同时还需要做到因材施教、有教无类，只有这样才能取得最佳效果。

第二节　优化教育内容及方法

一、丰富大学生心理健康教育的内容

教育内容是大学生心理健康教育中非常重要的一部分，不断丰富大学生心理健康教育内容也是提升大学生心理健康教育效果的重要方式。通过不断丰富大学生心理健康教育的内容，还能够与社会发展需求相适应，顺应时代发展趋势，解决大学生发展过程中面临的现实问题。

（一）高质量的人际交往教育

当今社会是合作与发展的社会，不仅要实现城乡之间的协调发展，在每一项具体的工作中还要实现个人和集体的协调发展，这对个人的人际交往能力提出了更高的要求。只有人们具有较强的团队协作能力和正确的集体主义价值观，才能在发展的过程中正确处理好自己与集体的关系。因此，在开展大学生心理健康教育时，要将人际交往教育当作重要的教育内容。一方面，不断提升大学生的沟通能力，进行沟通动机、沟通特点、沟通方式等内容的教学，帮助大学生掌握更高的沟通技巧。这样一来便可以帮助大学生个人构建一个相对完善的人际交往体系，再加上不断实践，能够有效提升大学生个人的人际交往能力。另一方面，在教学过程中，还需要积极对大学生进行引导，帮助大学生树立正确的集体观念，这一部分教育内容包括集体主义精神的相关概念，帮助大学生在思想层面认识到集体主义精神的本质，并且积极主动地接受集体主义精神。只有这样才能在实践的过程中体现出集体主义的价值。较高的人际交往能力和深厚的集体主义精神能够让大学生在实践的过程中展现出个人的价值，并且在人际交往过程中更好地适应社会发展需求。

（二）元认知教育和全面化教育

随着时代的发展，高等教育的教学目标、教学方式和教学任务都在不断发生变化，现如今，高校教学不仅仅是知识传授，更重要的是不断提升大学生个人的学习能力和学习素养。因此，在开展大学生心理健康教育时，需要不断增加新的内容，将提升学习能力的元认知教育和学业辅导的全面化教育充实其中。

首先，在开展元认知教育时，让大学生对元认知进行一定的了解。元认知教育就是通过对大学生进行引导，帮助大学生对个人的学习和认知能力进行一定的了解和调节。以前高校的教育主要通过灌输的方式提升大学生的学习能力，对于大学生兴趣的培养没有太好的效果。但是在现代社会，大学生在学习过程中会遇到很多新的问题，大学生需要对个人的认知结构有正确的认识，才能不断激发个人潜能，进而根据个人发展情况及时进行调整，为自己制订合适的发展计划。由此可见，元认知有着反省认知的含义，主要是指人们对个人进行检验、评估和调整。而元认知的基础便是认知，如果大学生不能对自己进行正确的认知，个人发展就会受到影响。元认知教育的相关内容不仅包括元认知的概念、基本结构等相关知识，还包括学习能力层面的元认知体验及学习能力的元认知监控，只有对这三方面内容进行充分了解，才代表对元认知有了一个基本的了解。也只有这样才能有效增强大学生个人的心理调控能力，进而更好地提高个人的智商和情商，激发个人的潜能，更好地预防自身出现心理疾病。

其次，为大学生积极开展全面化教育。大学生心理健康教育的学业辅导内容主要是从心理学和教育学的角度进行的，能够在这一过程中帮助大学生进一步明确个人的学习兴趣和发展动机，进而掌握更好的学习方法。大学生的学习目标不仅是单纯地学习知识和掌握技能，每一位大学生都是有思想的，他们在学习过程中会产生更高的目标。因此，在开展大学生心理健康教育时，需要将全面化发展的内容融入其中，通过教学帮助大学生树立正确的学习观，并且引导大学生将个人学业与国家和社会的发展融合在一起。全面化教育的内容主要包括以下四个方面：第一，对大学生进行引导，制定适合自身的学习目标，在确定学习目标时，要以大学生个人的发展需求和社会实际情况为基础进行制定；第二，通过教学，激发大学生个人的求知欲，并且对大学生进行引导和鼓励，让大学生更加积极主动地参与到社会实践和课外活动中，运用自己所学的知识解决各种问题，在实践中体会知识的魅力；第三，让大学生以自身为基础，充分满足个人的学习兴趣，学习与个人兴趣相一致的知识；第四，帮助大学生学会正确归因，不论个人的学习成功或者失败，大学生都应该正确归因，只有这样才能以积极健康的心态面对之后的挑战。

（三）潜力激发教育

开展大学生心理健康教育需要注重大学生个人的全面发展，在这一过程中激发大学生的潜能是必不可少的。每一个人的潜力都是无限的，通过合理有效的方式，能够充分激发每一位大学生的内在潜力。从当今社会的发展趋势来看，潜力激发教育已经成为高校教育中的重要内容，因此有必要将其增加到大学生心理健康教育内容中，并且积极开展。

在激发大学生个人潜能的过程中，首先，需要开发大学生的创造潜能。只有保证大学生始终具有较强的想象力和创造力，才能为社会发展提供源源不断的动力，因此激发大学生的创造潜能，有必要成为高校大学生心理健康教育的重要内容，并且将其作为大学生心理健康教育的任务之一。高校开展激发大学生创造潜能教育，可以分为两个步骤：第一步是积极培育大学生的创造精神，通过创新教育，帮助大学生树立全新的观念，不因循守旧，同时还要将创新与大学生个人的实际生活进行联系，只有这样才能让大学生更加真实地体会到创新的重要性；第二步是通过不断地教育，提升大学生的创造能力。在创造能力培养的过程中，一方面，增加逻辑思维教育的相关内容，逻辑思维教育能够帮助大学生的形象思维、想象思维、灵感思维等得到一定发展。另一方面，高校还要进行非智力因素内容的教育，通过这些内容的教学能够为大学生创造力的发展提供一定的心理保障，如坚韧不拔的意志、友好的团队合作意识、不断创新的兴趣等。这些内容对大学生创造潜能的开发具有重要的促进作用。所以，高校在开发大学生个人创造潜能时，需要从意识教育和能力提升两方面出发，为社会培养创造性人才。

其次，提升大学生的感觉潜能、计算潜能和空间潜能。感觉潜能的开发非常依赖于大学生的感觉器官，大学生需要利用自己的感觉器官，对外部事物的变化进行感知，从而进行有效判断，为后续工作提供指引。在开发感觉潜能时，不仅要让大学生对感觉现象的基本规律有所了解，树立科学的感觉潜能开发认知，还需要对周围事物始终保持较高的敏感性和探索欲，只有这样才能为个人感觉潜能的发展提供良好的环境。

计算潜能主要是指人们对数字敏感的能力，还包括归纳和数字转换。计算潜能与众多学科有非常密切的联系，因为很多学科需要进行大量计算，所以开发大学生的计算潜能，对于大学生个人未来的发展至关重要。在开发大学生计算潜能时，需要引导大学生对计算思维产生明确的认知，并且了解计算潜能的特征和作用，只有这样，大学生才能逐渐对计算潜能产生兴趣，进而在此基础上构建科学的认知体系。大学生还要积极参与相关的能力训练，如数字能力训练和归纳、转化能力训练等，通过不断训练提升自己对数字和图表的敏感性，增强个人的逻辑能力和计算能力。

空间能力主要是指人们通过看地图或者其他形势，正确通过某一空间范围的能力。空间能力也是人们在自然空间中生存发展的一项必备技能。在开发大学生空间潜能的过程中，可以从两方面进行：一是帮助大学生树立正确感觉空间的观念，并且将空间观念融入创造潜能教育中，通过教育引导，帮助大学生正确认识空间观念的意义和特点；二是积极开展相关的训练，对大学生的空间认知能力、空间想象能力和空间收纳能力进行有效锻炼。

（四）社会责任感教育和职业归属感教育

目前，在我国高校大学生心理健康教育中，涉及大学生职业生涯规划的相关内容主要是以职业方面的设计为主，而且大多是以激发大学生的职业兴趣和动机为核心，将职业与个人的心理发展紧密联系在一起。然而在为大学生进行职业生涯规划教育时，不能仅仅从大学生个人需求的角度出发，因为每一个人的职业发展都不是独立存在的，而是与社会发展和国家发展紧密相连。因此，针对大学生开展职业生涯教育，还需要有效提升大学生的社会责任感和职业归属感，让大学生以正确的态度面对自己的职业生涯发展。

在大学生心理健康教育职业生涯规划中，需要进行社会责任感教育，让大学生在认知层面意识到职业本身具有的规定性，从而对大学生进行引导，帮助大学生有效适应职业发展要求，同时守护好自身的职业底线，对自己从事的岗位和职业保持敬畏之心。教师在进行这一方面内容教学时，首先，应对国家就业和保障政策进行积极讲解，让大学生对我国的就业形势有一定的认知。大学生作为新生力量，在就业过程中首先看重的是薪资待遇，而这也是他们步入社会实现独立生存的第一需求，因此国家在制定相关的就业和保障政策时，应从这一方面入手，给予大学生足够的信心，从而使大学生将更多的精力投入个人职责和价值实现中。其次，积极开展职业道德教育，保证职业发展能够在规范的道德准则下进行。通过职业道德教育帮助大学生养成良好的职业行为规范，同时在自己的岗位上认真履行相应的道德责任和义务。最后，职业兴趣也至关重要，因为职业兴趣是保证大学生长时间从事某一职业的重要前提，只有保证大学生从事的职业与自己的职业兴趣相一致，才能使大学生始终对自己的岗位充满兴趣，并且更加积极地实现自我价值。大学生想要在未来的职业生涯中维持个人的职业兴趣，离不开对个人需求和自身个性的探索，同时还需要从个人职业兴趣出发进行有效剖析，只有这样才能使自己在职业中找到精神寄托，获得职业幸福感，始终对职业充满热情。

参与职业活动也是人们进行的最长时间的社会实践，如果大学生对个人的职业缺乏归属感，那么就会在参与职业活动时产生消极心理，导致出现焦虑和抑郁的情绪，进而出现严重的心理问题。所以，有必要在大学生心理健康教育中增加职业归属感的教育内容，让大学生对自己未来就职的岗位有深入的了解，并且对自己即将就职的岗位充满热情。在培养大学生的职业归属感时，首先，需要帮助大学生了解岗位的相关信息，并且获取职业发展的相关内容，主动寻找与个人价值标准相符的职业。其次，还要在工作的过程中对岗位的经营决策和行为规范产生认同，更快地融入岗位的经营模式中。最后，大学生还需要具有强烈的主人翁意识，不论在什么岗位，都要学会进行自我适应和自我管理，主动对集体产生责任感，并且在这一过程中发挥个人的作用。

二、大学生心理健康教育方法创新

高校开展大学生心理健康教育是一项系统化工程，在选择教育方法时，应根据实际情况进行考察，选择最优的方案才能取得最佳效果。因此，高校需要针对教学内容进行教学方法创新，不断探索心理健康教育与思想政治教育相结合的新方式。

（一）以现代信息技术为基础的教育方法

随着改革开放的不断深入，提升大学生的心理素质成为高校开展大学生心理健康教育的主要目标。然而从当前情况来看，我国大多数高校开展大学生心理健康教育仍然是以传统的课堂讲授方法为主，有少部分高校设置了心理咨询。由此可见，我国大学生心理健康教育存在方法单一的问题。要想有效提升我国大学生心理健康教育的实际效果，要充分利用现代信息技术开展心理健康教育教学。

首先，高校需合理利用现代信息技术进行心理健康教育教学，发挥信息技术的作用，对大学生的心理发展状态进行预警，同时实现专业资源的共享。随着时代的发展，现代信息技术已经深深地融入大学生的生活和学习中。利用现代信息技术能够有效调动大学生的积极性，让大学生更加积极主动地参与到大学生心理健康教育中。这一趋势已经势不可当，为我国高校开展大学生心理健康教育带来了新的机遇。如以现代信息技术为基础进行慕课教学，可以将传统课堂延伸到线上，为大学生提供更加充分的学习时间。这种教学方式有效颠覆了传统教学方式的局限性，同时为大学生提供了更加充足的学习资源。大学生心理健康教育与专业教学并不相同，心理健康教育的目标并不是进行知识传授，而是要在教学的过程中帮助大学生实现知识内化，从而逐渐提升大学生的心理素质，养成健康的心理状态。因此，利用信息技术开展大学生心理健康教育教学就显得更加合适。在利用信息技术开展大学生心理健康教育教学时，第一步，要以现代信息技术为基础对心理健康教育知识进行模块划分。在上课之前，引导大学生观看相应的教学视频，了解教学视频内容，同时让大学生进行小组讨论，对相应的知识进行深入理解。第二步，通过小组合作、参与实践等方式，对视频教学内容进行深化，将其转变为个人的意识和自主行为。第三步，进行模块教学。通过个人评价和小组评价进行学习效果的反馈，准确掌握大学生的心理发展状况。

其次，高校还要积极利用信息技术研发精品课程等教育资源。精品课程的研发离不开专业教师队伍，还需要借助高校的教学方法进行专业内容教学。随着现代信息技术的不断发展与推广，如何有效利用网络技术实现资源共享成为高校开展心理健康教育的重中之重。目前，我国大学生心理健康教育精品课程大多来自东部地区的高校，对精品课程的宣传与推广能够进一步带动我国更多高校心理健康教育教学的发展。利用现代信息技术的发展带动精品课程资源的研发，需要从以下几个步骤出发。第一步，各个地区的精品课程研发团队进行合作交流，积累经验。在精品课程研发的过程中，需要向他人取经，弥补自身在某些方面存在的不足。只有这样才能逐渐带动全国高校的大学生心理健康教育发展。第二步，利用网络将大学生心理健康教育课程的教学大纲和实践活动进行公开，鼓励网友进行评论和参与讨论，为课程的进一步修改和完善提供意见。第三步，建立完善有效的激励机制。各高校要根据学校自身的实际情况，对大学生心理健康教育教师进行鼓励，积极推广精品课程，对参与研发精品课程的教师进行奖励，保证精品课程的质量得到不断提升。

最后，现代信息技术还能对大学生的心理进行实时监控。西方很多国家已经开始利用现代信息技术对大学生的心理疾病和心理问题进行监控。利用现代信息技术能够及时准确地把握大学生的心理发展状态，从而进行有效的心理预警和管控，这一发展为我国开展大学生心理健康教育提供了有效借鉴。西方国家还针对心理疾病预警研发了专业的反馈仪器，来访者只需要佩戴专业的仪器，脉搏和心跳就会被实时监控，同时数据会通过网络传送给心理咨询师。心理咨询师通过对这些数据进行分析，便可以把握来访者的心理状态，并且及时发现那些需要心理援助的对象。另外,高校还可以以现代信息技术为基础,构建专业的微信公众平台,积极向大学生推送心理健康发展的相关内容,借助微信公众号联系大学生、心理健康教育教师、心理咨询师等不同的群体,保证不同群体之间能够实现实时的互动与交流,最终促进大学生心理健康教育覆盖范围的扩大。

(二)客观地借鉴西方的心理健康教育方法

相比较而言,西方国家的心理健康教育发展历史相对较长,至今已经取得了非常丰富的成果,西方国家的心理健康教育有很多方法值得我们学习和借鉴。但我们需要注意的是,不同国家的发展会受到国家的背景文化等因素影响,所以在对西方心理健康教育方法进行借鉴时,需要将其与我国的实际国情进行有效融合,做到取长补短,只有这样才能有效提升大学生心理健康教育的实际效果。

一方面,可以学习西方的幸福教育法,同时将其与我国的大学生心理健康教育进行有效融合。随着我国社会的不断发展,心理健康教育逐渐成为我国高校越来越重视的一项工作。在西方的大学生心理健康教育中,幸福教育法是非常经典的一种教学方法。大学生通过这一方法参与心理健康教育能够获得非常充足的幸福感,进而对心理健康教育充满兴趣。这一方法的核心规律是以人们最柔软的心灵为基础,积极对大学生进行引导,进而激发大学生的健康心理。我们在对西方国家的幸福教育法进行学习时,还需要将其与具有中国特色的中国大学生心理健康教育进行融合。在对西方的幸福教育法进行借鉴时,我们不仅要学习这一方法为人们带来心理安慰,还需要发挥具有中国特色的心理健康教育方法的作用,对西方的幸福教育法进行有效补充和完善。具体可从两个角度出发:一是积极学习幸福教育法的相关课程,提高这一教学方法的适应性,进而有效提升整个教学课堂的生机与活力。使用这一方法时,需要以大学生个人的生活及现实生活为基础进行教学,借助现实生活中的各种载体开展大学生心理健康教育,让大学生可以更加直观地体会到大学生心理健康教育的作用与意义。二是将其与马克思主义进行一定的融合,立足于幸福的主观性和客观性的统一,保证大学生个人的幸福感能够与劳动实现相互统一,最终促进个人与社会的共同幸福。总之,高校需要对大学生自身的幸福体验进行有效审视,并且在这一过程中让大学生获得更加充分的幸福价值。同时,高校还需要借助多种方式积极向大学生进行马克思主义幸福观的传播，引导大学生对各种思维进行理性分析。

另一方面，可以将感恩教育融入大学生心理健康教育中。感恩教育也是西方心理健康教育发展历史中非常经典的一种教育方法，在心理健康教育中得到了极大的发展与推广。美国的感恩教育形势非常多元化，同时与大学生的日常生活具有紧密的联系。我国在开展大学生心理健康教育时，完全可以对西方的感恩教育进行一定的借鉴，同时将其与我国的优秀传统文化进行有效融合，赋予感恩教育一定的哲理意义。在高校中利用感恩教育进行大学生心理健康教育，可以通过以下四种方法进行：第一种方法是在教学过程中积极开展具有生活气息的实践活动，然后鼓励大学生积极参与，最终激发大学生的感激关怀等感情，让大学生能够形成充满关爱的人际关系；第二种方法是利用中国的传统文化丰富感恩教育的相关内容，通过对经典的弘扬，帮助大学生对"感恩"进行理解；第三种方法是引导大学生进行体验，在体验的过程中逐渐养成良好的感恩意识；第四种方法是需要借助家庭、学校和社会等多方力量，通过多元化的渠道，为大学生的心理健康发展提供良好的关系网络，构建一个立体化的教育网络系统。

（三）合理利用科研教育方法进行教学

科研教育方法主要是指通过开展以心理健康教育为主题的相关科研活动，帮助大学生解决各种心理问题，提升大学生解决心理问题的能力。积极开展相关的科学研究活动不仅能够为大学生带来丰富的实践经验，还能够提升大学生的综合实力。

使用科研教育方法开展大学生心理健康教育教学时，需要利用各种科研活动帮助大学生进行学习，对心理健康教育的内容有全面深入的了解，进而掌握心理健康教育的本质和规律。利用科研教育方法开展大学生心理健康教育，不仅能够有效提升大学生的实践研究能力，让大学生掌握心理健康教育的相关方法与理论，还能够发挥科研教育方法本身的作用，即通过组织相关的科研活动，对大学生心理健康教育的内容进行有效补充。

通过科研教育方法开展大学生心理健康教育，还有利于积极培养心理健康教育队伍。科研教育方法本身就是对大学生心理健康教育工作进行鉴定、诊断和引导的一种方法，所以在利用科研教育方法开展大学生心理健康教育工作时，需要充分实现教学、辅导、科研的融合，不断提升大学生心理健康教育教师的工作能力。使用科研教育方法开展大学生心理健康教育，能够积极鼓励相关教师进行合作和互动，并且不断促进研究方法的改进与完善，有效提升大学生心理健康教育的质量。教学、辅导、科研是大学生心理健康教育教师需要具备的三种基本能力，在高校开展大学生心理健康教育的过程中积极使用科研教育方法，能够有效实现三种能力的协调发展，最终促进教师综合能力的提升。

（四）促进大学生心理健康教育方法和思想政治教育方法的结合

在高校开展大学生心理健康教育的过程中，积极促进心理健康教育方法和思想政治教育方法的结合，已经成为当今时代的发展趋势。我们需要客观地看待心理健康教育方法和思想政治教育方法，两者各有所长，将两者进行整合能够实现彼此优势的融合，从而进一步突出高校大学生心理健康教育的实际效果。对大学生心理健康教育方法和思想政治教育方法的整合，可以采取以下措施。

首先，大学生心理健康教育和思想政治教育具有一定的共性，在教学过程中，可以从两者的共性出发，对两种方法进行整合。在开展大学生心理健康教育过程中，可以通过使用一部分思想政治教育的教学方法，保证心理健康教育课堂更加贴近社会现实，从而满足大学生的发展需求，让大学生能够正确处理好思想和心理之间的关系，并且以科学的方法解决各种心理问题。还可以借助思想政治理论课程的教学方法进行心理健康教育内容的宣传，有效提升心理健康知识的普及，让更多的大学生对心理健康教育的意义和价值进行了解。如高校在开展大学生心理健康教育教学时，可以组织专题研讨会，结合国家的相关政策文件与时政进行分析，或者借助具体的案例，帮助大学生对相关知识进行了解。在促进大学生心理健康教育方法与思想政治教育方法的结合时，仍然不能忽略大学生的主体性地位，并且还要根据不同年级的大学生进行不同内容的教学，做到因材施教，促进大学生对心理健康教育内容的掌握。

其次，在进行心理咨询时，可以将其与思想引导进行一定整合，因为两者都具有帮助大学生摆脱思维禁锢的作用。通过将两者进行整合，能够逐渐消除大学生对心理咨询存在的误解，为高校辅导员开展心理健康教育做好铺垫。整合两种方式可以从以下两个方面入手：一是从制度层面促进两者的整合。针对高校开展的大学生心理健康教育制定专门的工作条例，既要保证大学生心理健康教育有章可循，还要积极鼓励辅导员利用思想政治教育的工作方法开展心理健康教育。二是在日常的思想引导工作中进行心理咨询，通过心理咨询帮助大学生解答心理困惑，鼓励大学生以积极的心态应对自身的心理问题。这一方法能够为解决大学生心理问题奠定良好的基础。

第三节　加强师资队伍建设

高校开展大学生心理健康教育的关键一环就是师资队伍。要想不断提升高校大学生心理健康教育的实际效果，高校还需要组建一支专业的、具备社会主义核心价值观、综合素质较高、心理素质过硬的大学生心理健康教育师资队伍，为高校培养全面发展的人才打好基础。

一、促进师资队伍的充实和发展

考虑到大学生心理健康教育工作的专业性和职业性，高校开展心理健康教育必须由专业的教师来实施。因此，不断充实师资队伍就成为当前高校的首要工作。

（一）辅导员队伍的发展和充实

辅导员是大学生心理健康教育师资队伍的一个重要组成部分，然而考虑到辅导员的专业背景相对比较复杂，同时在心理健康教育的专业知识掌握层面又参差不齐，所以并不是每一位辅导员都具备开展大学生心理健康教育的资格。在发展辅导员队伍的过程中，需要针对辅导员组织专业的培训和实习活动。西方国家对辅导员制定了非常严格的实习要求，以此保证辅导员具备开展心理健康教育的职业素养。我们可以对西方国家的相关制度进行借鉴，同时通过专业的培训充实辅导员的专业能力。在促进辅导员发展的过程中：一方面，要积极组织大学辅导员开展专业的心理健康教育培训；另一方面，还要鼓励辅导员积极参加省级以上的心理健康教育方法培训，参与相关的经验交流活动，丰富个人的心理健康教育教学经验。

（二）完善专职教师和辅导员的评聘标准

要胜任心理健康教育教学，需要保证从业者具备专业的心理健康教育知识和心理咨询技能。由此可见，高校大学生心理健康教育对师资力量提出了较高的要求，而准入标准则是保证教师开展心理健康教育的基础。在美国和欧盟的学校中，心理学准入制是目前世界上最成熟的制度。这些制度不仅非常成熟，同时又非常规范，我国高校可以对这些国家的准入制标准进行学习和借鉴，再结合我国大学生心理健康教育的开展情况，从学历、专业、能力等多个标准出发，对专职教师和辅导员进行评判。尤其是在能力认证方面，高校可以要求专职教师或者辅导员具备国家心理咨询师或者心理医生的相关资格认证证书。同时高校管理层还要鼓励辅导员积极参加各种心理健康教育的培训活动，做到与时俱进，保证心理健康教育相关知识的及时更新。

二、提升师资队伍的综合素养

提升大学生心理健康教育的质量不仅要充实大学生心理健康教育的师资队伍，还要不断提升师资队伍的综合素养。

首先，在提升大学生心理健康教育师资队伍的综合素养过程中，要提升教师的职业道德素养。因为大学生心理健康教育本身是具有双重功能的一种教育活动，因此提升师资队伍的职业道德素养，可以保证教师为大学生提供更加优质的教学服务，还能够帮助大学生更好地塑造个人的心理素质和人格。提升大学生心理健康教育师资队伍的职业道德素养，需要做到以下四方面：第一，积极开展心理健康教育教师的思想工作，不断提升教师的责任感和使命感。因为心理健康教育教师不仅要帮助大学生解决心理问题，还需要通过开展教育对大学生进行引导，实现大学生的心理发展与成熟，最终激发大学生的潜力。第二，从大学生心理健康教育的实际工作出发，积极促进大学生发展，尊重大学生的个人隐私，尤其是需要保护好那些存在心理问题的大学生的隐私，在没有经过大学生同意的情况下，不能将大学生的个人信息进行公开。第三，对教师开展诚信教育，这也是教师具备开展大学生心理健康教育资格的基础。在教学过程中，要以个人的实际情况为基础开展工作，不能进行超出个人能力范围的心理健康教育工作。在遇到个人无法解决的问题时，可以向其他教师或者专业人士寻求帮助。第四，教师还需要具备奉献精神，尤其是作为大学生心理健康教育教师，需要为大学生的发展提供服务，同时需要满足社会主义人才的发展需求，充分发挥个人的模范带头作用，提升个人的理论能力和专业水准，通过实际的工作获得大学生的信任和认可。

其次，要提升大学生心理健康教育教师的思想政治素养。因为教师个人的三观会在教学过程中得到体现，并且对大学生个人的发展产生重要影响。思想政治素养过硬的教师能够在教学过程中对大学生进行正确引导，使大学生在自我发展的过程中实现个人价值，满足国家的人才培养需求。在提升大学生心理健康教育教师的思想政治素养时，要对他们开展理想信念教育，让他们能够正确地认识社会发展规律，并且具备强烈的社会责任感。另外，还需要激发教师的爱国主义情怀，进行民族精神的弘扬，将民族精神融入心理健康教育中，通过教学活动对大学生进行引导。

最后，要提升大学生心理健康教育教师个人的心理素质。考虑到大学生心理健康教育这一职业的特殊性，需要在提升教师心理素质的过程中建立完善的督导机制和培训机制，教师每年都需要接受专业的培训和督导，从而有效提升个人应对突发事件的能力，丰富个人经验。除此之外，还要提升心理健康教育教师的自我心理调节能力，在高校内部组织教师开展心理健康教育的相关活动，为教师提供足够的休息娱乐时间。

三、构建全面的心理健康教育队伍培训体系

从目前来看，我国针对大学生心理健康教育教师的培训体系并不完善，同时在培训内容、培训制度、培训机制等多个方面都有所欠缺。因此，有必要在后续的工作中构建全面的培训体系，并且不断丰富心理健康教育的培训方法。

（一）构建完善的培训体系

我国在构建大学生心理健康教育教师培训体系时，可以向西方一些国家的高校学习。因为这些国家已经建立起以政府、社会、高校等多种途径为基础的培训体系，同时还包括自主性学习和强制性培训等不同性质的培训内容。当然在借鉴其他国家的经验时，要与我国的大学生心理健康教育开展情况进行结合，最终构建符合我国大学生心理健康教育队伍发展的培训体系。

首先，积极进行心理健康教育学历教育，在全国的师范院校中增加心理健

教育专业，扩大招生名额，为更多的大学生提供学习心理学的机会。实力比较雄厚的学校，还可以在教育部批准之后招收硕士和博士。其次，为培训创造良好的条件，在全国范围内逐步构建大学生心理健康教育师资培训基地，有计划、有目的地培养专业的大学生心理健康教育教师，保证心理健康教育教师的质量和数量。再次，积极对辅导员进行培训，帮助辅导员对心理健康教育的相关知识进行理解和掌握，包括心理健康教育的基本理论和相关方法，使辅导员在日常教学生活中与大学生和谐相处，掌握大学生心理发展动态，更好地开展大学生心理健康教育工作。最后，建立心理健康教育朋辈学习体系，鼓励不同高校的大学生心理健康教育教师进行交流，丰富个人经验。

（二）丰富大学生心理健康教育师资培训的内容和方法

高校开展大学生心理健康教育，还需要不断促进师资队伍培训内容和培训方法的创新，做到与时俱进，进而充分激发教师的潜能，提升教师的综合素养。为此，我们也可以借鉴西方的相关经验，同时与我国的国情进行结合，实现相关内容的创新与发展。在大学生心理健康教育师资队伍的培训内容方面，可以以我国的优秀传统文化和社会主义核心价值观为基础，与国情和世情进行结合，构建专业的理论体系内容。同时还需要进行实践内容的创新。随着社会的不断发展，大学生心理健康教育师资培训活动也要做到与时俱进，因此在开展心理健康教育师资培训时，可以利用相关技术手段、先进的专业仪器和设备。总之，大学生心理健康教育师资培训的内容和方法也需要不断进行创新和发展，只有这样才能保证培训质量的稳步提升。

四、优化师资队伍的工作条件

不断优化高校师资队伍的工作条件，也是吸引人才和留住人才的一项有效措施。

（一）解决大学生心理健康教育教师的薪资待遇问题

解决大学生心理健康教育教师的薪资待遇问题是优化师资队伍工作条件的首要步骤，解决这一问题需要从三个方面进行。第一，对教师的基本薪酬予以保障，尤其是对辅导员和班主任来说，他们不仅需要管理日常事务，还需要负责大学生的心理健康教育，因此可以给予他们一定的津贴和补助。第二，对于大学生心理健康教育教师的科研经费也要给予一定的保障。可以在学校内部设立专项基金，保证大学生心理健康教育教学研究、咨询辅导等各项工作能够实现有效融合。第三，对于那些参与培训的教师来说，也需要承担他们的培训费用，并且定期组织专业培训，提升他们的个人能力和素养，为开展大学生心理健康教育做好准备。

（二）促进大学生心理健康教育教师职称评定标准的改革

在对大学生心理健康教育教师职称进行评定时，需要考虑心理健康教育工作的特殊性，同时还要以具体的工作内容为基础，对教师的个人能力进行评判。从教学、辅导、心理咨询和科研四个方面，对教师的综合能力进行评判，保证教师能够胜任大学生心理健康教育这一工作。在对大学生心理健康教育教师进行考核时，不仅要对教师的思想表现、职业道德表现、个人能力等进行考核，还要对教师的工作态度、纪律遵守情况进行判断，保证教师能够按照要求完成自己的本职工作。

（三）对优秀教师进行表彰和鼓励

我国进行大学生心理健康教育至今，已有众多的学者和教育家为我国大学生心理健康教育发展做出了贡献，他们的贡献也应得到相应的鼓励和褒奖。新时期，也有很多大学生心理健康教育工作者做出了非常优异的成绩，他们也应成为高校教育工作的模范和典型。为了鼓励这些教师，并且激发他们的热情，非常有必要对他们进行表彰和鼓励。在对这些教师进行表彰和鼓励时，首先，可以授予他们一定的荣誉称号，在工作中积极对他们进行提拔。其次，在物质方面对他们进行奖励。最后，还可以设立激励机制，鼓励所有的教师进行竞争。这样的方式能够有效激发大学生心理健康教育工作人员的工作热情，让他们更加全身心地投入教育事业中。

第四节 优化教育环境

教育环境也会对心理健康教育活动的开展产生重要影响。因此高校在开展大学生心理健康教育的过程中，有必要积极进行环境优化，创造良好的心理健康教育环境。

一、优化大学生心理健康教育的社会环境

社会环境一直以来都是影响大学生心理健康教育开展效果的一个重要因素。而且大学生心理健康教育本身就是在一定的社会环境中进行的，必然会受到社会环境中的物质、精神等要素的影响。因此，要提升大学生心理健康教育的实际效果，就需要从社会环境出发不断进行优化。

（一）优化政策环境

虽然近年来我国政府部门陆续出台了很多相关的文件和政策，为大学生心理健康教育的开展奠定了良好的政策基础，但是从实际情况来看，大学生心理健康教育的政策仍然有待完善。优化政策环境需要从以下两方面开展：第一，针对政策的执行，建立完善的监督评价机制，保证高校可以对现有的心理健康教育政策进行有效执行。不仅要倡导学校进行自查，还可以组建专项小组，对不同的学校进行抽查，尤其是中西部地区执行力度较差的学校，要保证学校对政府制定的相关政策已进行有效执行，进而推进大学生心理健康教育工作的开展；第二，促进大学生心理健康教育政策环境的创新，为高校开展大学生心理健康教育活动提供良好的氛围，并且积极推进相关政策的普及。高校也可以利用新媒体技术进行政策的宣传与推广，树立教育工作典型，进行教学经验分享。通过开展教育教学活动，及时发现当前大学生心理健康教育政策中存在的不足，进而通过法定程序进行改进，保证政策的科学性，发挥政策对大学生心理健康教育的促进作用。

（二）构建社会服务环境

目前，高校心理健康教育队伍师资力量是非常有限的，无法满足大学生一对一的辅导需求。在高校开展大学生心理健康教育时，需组织大学生进行实习，鼓

励大学生参与社会实践。多元化的心理健康教育活动开展形势对心理健康教育教师提出了更高的要求。因此有必要发挥社区、企业和公共服务机构对心理健康教育教师的帮助和支持作用，为高校大学生心理健康教育活动的开展创建良好的社会服务环境。

首先，可以在社区中积极进行大学生心理健康教育知识的普及，这能为大学生心理健康教育活动的开展创建良好的社区氛围，在无形中对大学生进行影响，促进大学生健康心理的形成。其次，在企业中体现出企业对大学生心理健康教育的重视，积极为大学生提供实践的机会，加强大学生对知识和技能的掌握，让大学生在实习期间实现个人的思想转变，并且有效提升个人的社会适应能力。最后，在社会公共服务机构方面，还需要不断提升大学生个人的责任感，引导大学生广泛地参与到大学生心理健康教育队伍联合培养工作中，为大学生心理健康教育工作的开展提供更加多样化的途径。总体来说，在社会中发挥不同主体的作用，有效优化社会服务环境，可为高校大学生心理健康教育工作的开展提供重要保障。

二、优化大学生心理健康教育的学校环境

学校环境对大学生心理健康教育活动的开展具有非常直接的影响作用，相对而言，和谐轻松的学校环境能够在无形中陶冶大学生的情操、净化大学生的心灵、提升大学生心理健康教育的效果。因此，高校有必要在开展大学生心理健康教育的过程中创建良好的学校环境。

（一）营造全员关心大学生心理健康教育的和谐校园环境

营造全员关心大学生心理健康教育的校园环境，需要保证学校内部的全体教师都要对大学生进行关心和帮助，积极与大学生和谐相处，帮助大学生有效解决现存的人际交往障碍，同时积极参与到和谐校园环境建设中，并且被这一氛围逐渐感染，最终促进个人品质的发展。教师还需要在这一过程中主动关心大学生，与大学生建立良好的师生关系，让大学生感受到人际交往的温暖。在营造全员关心大学生心理健康教育的和谐校园环境时，首先需要保证高校的教师承担起应尽的职责，对大学生群体表现出足够的关心和爱护，无论是在学习中还是在生活中，都要做到尊重大学生、理解大学生，与大学生进行深入交流。同时还要在与大学

生相处的过程中建立起良好的人际关系，引导大学生掌握人际交往的知识和技能，在人际交往过程中感受到交往带来的愉悦感。其次需要促进大学生与教师关系的发展，教师要利用自己的爱来感染大学生、引导大学生，在无形中帮助大学生养成良好的心理品质，并且为大学生的发展提供强大的精神动力。

（二）积极进行校园文化建设

校园文化是指师生在教育活动实践过程中逐渐形成的，具有校园特色的教书育人的精神、理念、物质环境等内容的综合。一般来说，良好的校园环境能够有效提升大学生的心理健康水平，引导大学生实现心理健康成长。进行校园文化建设需要做到以下几点。

第一，积极对学校内部的文化核心进行挖掘，以校园文化精神为基础，引导大学生树立正确的三观，并且有计划地进行中国优秀传统文化的教学，将社会主义核心价值观的相关内容融入高校文化建设中。还要以我国的创新发展理念为基础，积极进行校园文化改革，利用校园文化激发大学生的使命感和责任感，保证大学生能够在未来的发展过程中取得更好的成绩。第二，要组建专业的大学生朋辈辅导心理健康教育协会，为校园文化建设注入心理健康教育的相关内容。这样一来，不仅可以有效丰富校园文化，还能够在无形中起到大学生心理健康教育的效果，促进大学生健康心理的形成。如可以在学校内部积极开展一些心理健康相关的知识竞赛、进行心理健康相关的话剧表演，充分发挥朋辈影响的作用，促进大学生心理素质的提升。

三、优化大学生心理健康教育的班级环境

班级是高校开展教学活动的基本单元，在开展大学生心理健康教育的过程中，班级所具有的地位可想而知。因此，高校需要加大班级环境优化的力度，从班级环境入手，解决大学生心理健康教育发展的困境。在班级中要充分发挥班主任和辅导员的主导作用，积极引导班级内的所有大学生进行班级环境的建设，为大学生心理健康教育的开展提供良好的环境基础。班级环境建设需要做到以下两点，分别是组建班级内部的心理健康教育队伍和寻找适合班级心理健康教育的教育模式。

（一）组建班级内部的心理健康教育队伍

在班级内部开展心理健康教育，需要充分发挥班级心理健康教育队伍的影响作用，他们也是在班级内部开展大学生心理健康教育工作的主要负责人，所以在优化班级环境时，要提升他们的个人素质，进而带动班级整体心理健康水平的提升。首先，保证对班主任和辅导员进行心理健康教育，尤其是从长远的角度出发，要解决班级内部心理健康教育人员素质较低的问题，积极鼓励班主任和辅导员参加各种心理健康教育培训，提升个人的专业素养。其次，班主任和辅导员也可以在班级内部选择优秀的大学生作为培训对象，通过对他们进行有针对性的教育教学，让他们系统地掌握心理健康教育的相关知识和技能，从而带领班级内部的其他同学进行学习。在一个班级内部，骨干学生发挥着至关重要的作用，通过对这一部分力量进行利用，能够营造出浓厚的心理健康教育氛围。在班级内部可以积极开展沙龙和辅导活动，培养大学生的团队精神和合作意识。让这些骨干学生对班级其他学生的心理状况进行监控，及时发现大学生存在的心理问题。

（二）寻找适合班级心理健康教育的教育模式

进行班级内部心理健康教育环境的优化是一项复杂的工作，需要以班级内部心理健康教育的实际情况为基础制定相应的措施，并且将这项工作逐渐渗透到班级的各项工作中，最终形成发展合力。高校在开展心理健康教育时，需要以心理健康教育的专业内容为主题，开展不同形势的主题班会，在班级中营造出浓厚的心理健康教育氛围。通过氛围的影响，让大学生逐渐对心理健康教育产生强烈的情感体验，进而促进自身的个性发展。另外，辅导员还可以以班级为单位对大学生进行团体辅导，向大学生传授一些切实可行的技巧，帮助个人解决部分心理问题。也可以利用游戏的方式，激发大学生的兴趣爱好，在相对活跃的氛围中帮助大学生解决心理困惑。总之，开展班级心理健康教育需要积极寻找适合班级的心理健康教育方法，有效提升心理健康教育的实际效果，促进大学生的心理健康发展。

结　语

随着我国教育体制改革不断深化，高等教育已经实现了转型发展，这有利于提升我国国民的整体素质，但同时也出现了很多新的问题。如高校规模的不断扩大，使每年的大学生人数越来越多，但大学生的整体素质并没有得到有效提升。再加上我国经济的不断发展，人们的物质生活水平得到了一定的提高，社会环境变得更加复杂，在各种因素的影响下，出现心理问题的大学生越来越多。因此，积极以大学生为主体进行大学生心理问题的研究非常有必要，只有这样才能从根本上对大学生可能出现的心理问题进行预防和治疗。

在对大学生可能存在的心理问题进行剖析之后，还需要寻找科学有效的方式，帮助大学生解决这些问题，同时提升大学生的心理素质，实现大学生的全面发展。在这一过程中，对大学生进行心理健康教育就是一项非常有效的措施。我国开展大学生心理健康教育至今已经取得了很好的成绩，但是基于社会环境的复杂，传统的大学生心理健康教育已经无法满足当今时代大学生心理发展的需求。因此，我国高校需要以我国的国情为基础，不断对大学生心理健康教育进行改革与发展，充分发挥大学生心理健康教育在解决大学生心理问题方面的作用，同时还要将大学生心理健康教育面向全体大学生，在帮助大学生解决心理问题的同时，不断提升全体大学生的心理素质，让大学生成长为推动社会进步和国家发展的优秀人才。从我国大学生心理健康教育的发展历程来看，经过多年的发展，大学生心理健康教育已经对心理学、教育学等多学科的成果进行了吸收，同时还对西方国家的大学生心理健康教育经验进行了借鉴。之后，我国的大学生心理健康教育还需要体现出中国特色和自身优势，只有这样才能在未来的发展中取得更加耀眼的成绩，引导更多的大学生走向成功。

参考文献

蔡婉君. 积极心理学融入大学生心理健康教育研究 [J]. 淮南职业技术学院学报，2022，22（4）：106–108.

蔡啸镝，刘跃峰. 体力活动对维吾尔族大学生心理资本和身体自尊的干预效果评价 [J]. 职业与健康，2022，38（20）：2842–2845.

曹松林，周筠，陈慧. 疫情常态化背景下大学生心理防疫机制研究 [J]. 当代教育论坛，2022（5）：59–67.

陈芳姝，张忠. 课程思政对大学生心理健康教育源头管理优化的启示与借鉴 [J]. 大连大学学报，2022，43（4）：129–134.

董慧，杨淑莉. 校园文化建设过程中大学生健康教育的价值意蕴与实施策略 [J]. 武汉船舶职业技术学院学报，2022，21（3）：95–99.

杜珍琳，刘胜通. 大学生专业心理求助特点探究及启示 [J]. 科教文汇，2022（18）：49–53.

冯丽. 大学生心理健康集成化远程辅导平台开发 [J]. 信息技术，2022，46（9）：84–88.

高子怡，范林. 女大学生心理健康状况及相关因素研究 [J]. 科学咨询（教育科研），2022（8）：33–35.

郭欣，邵泽冉，王溪镁，等. 安全视域下电信诈骗对大学生心理的影响及对策探究 [J]. 经济师，2022（9）：237–238+240.

何红娟. 新时代大学生心理健康问题安全教育研究：评《大学生心理健康教育：积极心理学的运用》[J]. 安全与环境学报，2022，22（4）：2305–2306.

侯欣彤. "铁桶式"校园封闭管理期间大学生心理健康情况分析 [J]. 辽宁师专学报（社会科学版），2022（4）：96–98.

黄紫薇，常扩，李雅超，等. 成人依恋和心理资本在父母教养方式与大学生心理健康间的链式中介作用 [J]. 中华行为医学与脑科学杂志，2022，31（8）：736–742.

贾珊珊."法治意识"课程思政理念在大学生心理健康教育"恋爱与婚姻"专题中的运用 [J]. 品位·经典，2022（16）：126-128.

江婷，熊英."三全育人"视域下大学生心理健康教育中的积极元素探析：以武汉商学院为例 [J]. 公关世界，2022（16）：36-38.

蒋立. 积极心理学视域下高校开展大学生心理健康教育的实践路径 [J]. 医学食疗与健康，2022，20（24）：133-136.

蒋瑀，王华珍. 短视频传播对大学生心理健康影响分析 [J]. 黑龙江科学，2022，13（16）：127-129.

李青. 基于大学生网络心理健康教育的高校图书馆数字阅读推广研究 [J]. 科技风，2022（27）：134-136.

李响，赵立成. 大学生心理问题变化趋势中的教育管理策略探析 [J]. 锦州医科大学学报（社会科学版），2022，20（4）：64-67.

林蔚. 微电影拍摄在大学生心理健康教育教学中的应用：以情绪 ABC 理论为例 [J]. 科教文汇，2022（16）：78-81.

刘文娟. 大学生心理健康协同保障机制构建途径探析 [J]. 山东开放大学学报,2022（4）：62-64.

罗瑞奎. 回归与重构：中国本土心理学视角下的大学生心理健康教育 [J]. 中国农业教育，2022，23（4）：82-88.

马笑雪. 思政视域下大学生心理健康教育探究[J]. 信阳农林学院学报,2022,32（3）：149-152.

饶芳，谭菊华，程术兵. 道德法律与心理健康教育对大学生成长的重要价值 [J]. 中国学校卫生，2022，43（9）：1441-1442.

沈红雷. 大学生成长因素关联度分析研究 [J]. 科技风，2022（25）：166-168.

盛慧. 大学生应对方式与心理健康水平的关系：情绪调节自我效能感的中介作用 [J]. 心理月刊，2022，17（17）：14-16.

石洁洋，温馨靓. 高校护理学专业新生心理健康状况调查分析：以吉林医药学院为例 [J]. 心理月刊，2022，17（16）：228-230.

苏小路.高校大学生心理健康教育模式及实践路径研究：评《大学生心理健康教育理论与实践》[J].中国学校卫生，2022，43（9）：1443.

孙景福，陈东旭.党史文化融入大学生心理健康教育的路径探析[J].宿州教育学院学报，2022，25（4）：35-39.

唐彪，廖念，李协吉.体育锻炼对大学生心理健康的积极影响：评《体育与卫生健康》[J].中国学校卫生,2022，43（8）：1284.

田梦瑶.新媒体与大学生心理健康教育融合发展的路径研究[J].产业与科技论坛，2022，21（17）：147-148.

王浩，俞国良.恋爱中大学生依恋焦虑与心理健康的关系：恋爱关系质量的中介和调节作用[J].心理科学，2022，45（5）：1092-1098.

王雪芹.大学生心理健康教育课程思政建设的实施路径分析[J].黑龙江科学，2022，13（15）：121-122+125.

王宇晗，尹智华，王学航.后疫情时代大学生思想政治教育与心理健康教育融合发展[EB/OL].（2022-09-15）[2022-10-18].http://kns.cnki.net/kcms/detail/ 21.1384. C.20220915.1006.002.html.

王韵.互联网时代高校心理育人的优化路径[J].科教文汇，2022（16）：32-35.

吴虹.卫生职业院校学生心理健康教育实践研究[J].黑龙江科学，2022，13（17）：76-78.

徐乐薇，贺鹭.信息化时代大学生心理健康问题的新变化：评《网络环境下的大学生心理健康教育》[J].中国学校卫生，2022，43（9）：1276.

徐增鎏.艺术疗愈在高校的运用研究[J].艺术教育，2022（9）：64-67.

杨欢.构建大学生心理健康教育模式的理论探讨[J].黑龙江教师发展学院学报，2022，41（8）：98-100.

杨洁.音乐教育对大学生心理健康的作用[J].大众文艺，2022（18）：97-99.

叶琳琳.或然与必然：大学生心理健康课程的同课异构[J].天津职业大学学报,2022，31（4）：48-53.

于晓亮.新媒体背景下贫困大学生心理健康教育工作中的问题与改进策略[J].无锡职业技术学院学报，2022，21（5）：20-24.

张方华.茶文化在加强大学生心理健康教育中的应用研究[J].福建茶叶，2022，44（10）：152-154.

张辉，李雪.大学生心理健康与思想政治教育的协同效应分析[J].医学教育管理,2022，8（4）：419-422+437.

张丽娟.OH卡技术在大学生心理健康教育中的应用研究[J].湖北开放职业学院学报，2022，35（18）：131-133.

张绿次，蒋玉勤，曾丽萍.大学生积极心理品质与心理健康的关系：以广西东部某高校为例[J].教育观察，2022，11（26）：19-22.

张志刚，刘丹丹.父母教养方式与大学生心理健康关系的性别差异研究[J].黑龙江教师发展学院学报，2022，41（10）：112-114.

赵学琴.五阶教学法在大学生心理健康教育课程中的应用研究[J].高教学刊，2022，8（27）：107-110.

钟小蓉.单亲家庭大学生情绪调节自我效能感在家庭教养方式与心理健康间的中介作用[J].教育观察，2022，11（26）：6-9+18.

周万翔.园艺福利活动对大学生心理亚健康干预可行性探讨[J].现代园艺，2022，45（18）：173-176.